国家社科基金
后期资助项目

临时仲裁制度
立法研究

毋爱斌 等 著

A Study on Legislation of
Ad Hoc Arbitration System

西南大学出版社
国家一级出版社 全国百佳图书出版单位

图书在版编目(CIP)数据

临时仲裁制度立法研究 / 毋爱斌, 苟应鹏著. -- 重庆：西南大学出版社, 2024.3
ISBN 978-7-5697-1727-3

Ⅰ.①临… Ⅱ.①毋… ②苟… Ⅲ.①仲裁法 - 立法 - 研究 - 中国 Ⅳ.①D925.7

中国国家版本馆CIP数据核字(2023)第096123号

临时仲裁制度立法研究
LINSHI ZHONGCAI ZHIDU LIFA YANJIU

毋爱斌　等　著

责任编辑：	王玉竹
责任校对：	张　琳
装帧设计：	闻江文化
照　　排：	杨建华
出版发行：	西南大学出版社(原西南师范大学出版社)
	网　　址:http://www.xdcbs.com
	地　　址:重庆市北碚区天生路2号
	邮　　编:400715
	电　　话:023-68868624
经　　销：	新华书店
印　　刷：	重庆市圣立印刷有限公司
成品尺寸：	165 mm × 238 mm
印　　张：	12.75
字　　数：	255千字
版　　次：	2024年3月　第1版
印　　次：	2024年3月　第1次印刷
书　　号：	ISBN 978-7-5697-1727-3
定　　价：	68.00元

国家社科基金后期资助项目
出版说明

  后期资助项目是国家社科基金设立的一类重要项目,旨在鼓励广大社科研究者潜心治学,支持基础研究多出优秀成果。它是经过严格评审,从接近完成的科研成果中遴选立项的。为扩大后期资助项目的影响,更好地推动学术发展,促进成果转化,全国哲学社会科学工作办公室按照"统一设计、统一标识、统一版式、形成系列"的总体要求,组织出版国家社科基金后期资助项目成果。

全国哲学社会科学工作办公室

目录
CONTENTS

绪　论…001
　　一、问题的缘起…002
　　二、临时仲裁制度的立法理念…005
　　三、研究方法…008

第一章> 临时仲裁制度的历史嬗变…011
　　一、域外临时仲裁制度的历史演变…013
　　二、我国临时仲裁制度的历史发展…021
　　三、我国临时仲裁制度发展的总体性…027

第二章> 我国建立临时仲裁制度的必要性与可行性…031
　　一、我国建立临时仲裁制度的必要性…033
　　二、我国建立临时仲裁制度的可行性…039

第三章> 临时仲裁的适用条件…051
　　一、我国《仲裁法》不应当仅规定涉外商事临时仲裁…052
　　二、临时仲裁主体适格…054
　　三、临时仲裁客体正当…057
　　四、临时仲裁协议合法有效存在…061

第四章> 临时仲裁协议的构成要件…067
　　一、临时仲裁协议的形式要件…068
　　二、临时仲裁协议的实体要件…070
　　三、临时仲裁协议的程序要件…071

第五章＞ 临时仲裁中的仲裁员选任…079
一、仲裁庭的组成方式…080
二、仲裁员的选定与指定…083
三、仲裁员的选任标准…088
四、仲裁员的公正性与独立性要求…091
五、仲裁员的回避…094
六、仲裁员的替换…095

第六章＞ 临时仲裁程序的进行…097
一、临时仲裁程序规则的域外考察…099
二、临时仲裁程序中的规则机制…113
三、网络临时仲裁的适用机制…127

第七章＞ 临时仲裁裁决确认程序的建构…139
一、我国建立临时仲裁裁决确认程序的必要性…141
二、我国建立临时仲裁裁决确认程序的可行性…145
三、临时仲裁裁决确认程序的规范构造…154

第八章＞ 临时仲裁的监督机制…159
一、行业自律与司法监督并行的监督方式…160
二、临时仲裁裁决撤销制度的机制构建…162

第九章＞ 临时仲裁程序的机构介入…173
一、法院介入临时仲裁…174
二、仲裁机构介入临时仲裁…175
三、临时仲裁辅助机构介入临时仲裁…177

参考文献…187

后记…195

绪论

一、问题的缘起

党的十八届四中全会通过的《中共中央关于全面推进依法治国若干重大问题的决定》明确提出了"完善仲裁制度,提高仲裁公信力"的改革任务。最高人民法院积极贯彻落实党的十八届四中全会决议内容,着力改革完善仲裁司法审查制度,鼓励仲裁制度创新发展,在2016年12月30日发布《关于为自由贸易试验区建设提供司法保障的意见》(以下简称《自贸区司法保障意见》),为我国自由贸易试验区的发展提供强有力支持。《自贸区司法保障意见》第9条第3段规定:"在自贸试验区内注册的企业相互之间约定在内地特定地点、按照特定仲裁规则、由特定人员对有关争议进行仲裁的,可以认定该仲裁协议有效。"这一条款被认为是"在我国自贸区有条件地开放临时仲裁制度"的先行规定。

《自贸区司法保障意见》第9条第3段从司法改革的方向首先破除了我国自1995年起生效的现行《仲裁法》不承认临时仲裁的痼疾,这无疑是我国仲裁法治发展史上的一个重大进步。在自贸区内对临时仲裁制度先行先试可以为我国《仲裁法》的修改积累特色经验,从而推动我国仲裁制度的完善以及仲裁事业的进一步发展。2018年9月7日,修订《仲裁法》被列为全国人大常委会二类立法项目,立法工作随后如火如荼地展开。2018年12月31日,中共中央办公厅与国务院办公厅联合发布的《关于完善仲裁制度提高仲裁公信力的若干意见》要求,"总结仲裁工作实践经验,充分挖掘我国优秀传统文化,借鉴国际仲裁有益经验,研究修改仲裁法,不断完善符合中国国情、适应新时代发展要求的中国特色社会主义仲裁制度"。在这一背景下,临时仲裁的制度研究迫在眉睫,毕竟以法律形式承认临时仲裁的地位是一国仲裁制度成熟的明显标志。[1]

所谓临时仲裁实际上是一种没有仲裁机构主导的仲裁模式,指的是根据双方当事人合意确定的仲裁协议,在纠纷发生后,由双方当事人指定的仲裁员组成仲裁庭,按照当事人合意设定的程序规则审理其间纠纷,并在仲裁裁决作出后仲裁庭即行解散的仲裁模式。[2]临时仲裁之所以有确立的必要,其基本的根据就在于商事纠纷的公正、高效解决依赖国际化、法治化的商事纠纷解决机制,而作为国际商事争端解决机制的重要组成部分,临时仲裁在我国有着广阔的应用市场和发展前景。已有研究表明,临时仲裁

---

[1] 祁壮:《构建国际商事仲裁中心——以〈仲裁法〉的修改为视角》,《理论视野》2018年第7期,第47页。
[2] 李璐玲、张娜:《自由贸易区法律问题研究》,中国政法大学出版社,2014,第129页;宋朝武:《仲裁法学》,北京大学出版社,2013,第3—4页。

在解决争议上高效、经济、灵活,能够更好地吸引投资者进驻自贸区。[1]临时仲裁的意义在于,弥补机构仲裁行政色彩浓厚、程序冗长等制度缺陷,满足商事主体对诉讼外纠纷解决机制包容性、灵活性与效率的要求,以及对仲裁员中立性、公正性的合理期待。确立临时仲裁制度,有助于充分尊重当事人意思自治,加快推进我国仲裁制度改革创新,提升仲裁公信力,提高仲裁服务国家全面开放和发展战略的能力。

从历史发展脉络来看,也是先产生临时仲裁这种纠纷解决机制,当临时仲裁发展成为一种较为固定的争议解决方式之后,才产生了机构仲裁。在临时仲裁模式下,当事人拥有更充分的意思自治,可以自由设定程序规则,仲裁庭拥有更大自主权,仲裁成本低、效率高,仲裁结果具有可执行性等优点。即使是在机构仲裁出现以后,临时仲裁亦有着强大的生命力,至今仍为国际社会所通用,被视为符合中西方共同的文化观,有利于形成双赢互利的新型纠纷解决机制和文化[2]。

20世纪以来,国际商事仲裁的理论与立法都在致力排除不同法系与国家间的各种法律、文化、经济与政治的障碍,以方便国际经济与贸易交流。临时仲裁以其独特的优势逐渐被国际社会广泛认可。1976年,联合国第31次大会正式通过《联合国国际贸易法委员会仲裁规则》(UNCITRAL Arbitration Rules),为国际性临时仲裁案件提供了可供参考和操作的规则指引。这一规则是联合国国际贸易法委员会结合不同法系仲裁法的共同规定而制定的,为处理不同法系与不同法制国家间的国际仲裁案件提供了一套可行的解决方案。同时,该规则在不同法制中求同存异以获得共通,尽量对各国不同的仲裁规定进行了统一,得到了更多国家或地区的接受。1985年,联合国国际贸易法委员会主持制定《国际商事仲裁示范法》,其中第2条A项[3]对临时仲裁的效力再次进行了确认。我国在1986年加入的《纽约公约》(《承认及执行外国仲裁裁决公约》),也包括了临时仲裁裁决。秉着"有利于执行"(pro-enforcement bias)的公约理念,"我国法院有义务对外国临时仲裁裁决予以执行。实践中,我国法院也确实会执行外国的临时仲裁裁决"[4]。

从国内来看,对临时仲裁制度的探索也在进行中。中国国际经济贸易

---

[1] 赖震平:《我国商事仲裁制度的阙如——以临时仲裁在上海自贸区的试构建为视角》,《河北法学》2015年第2期,第160页。
[2] 范愉:《自贸区建设与纠纷解决机制的创新》,《法治研究》2017年第1期,第83页。
[3] 《国际商事仲裁示范法》第2条(A):本法所称"仲裁"是指无论是否由常设仲裁机构进行的任何仲裁。
[4] 张铁铁:《我国法律制度对商事仲裁性质的误解——从临时仲裁谈起》,《北方法学》2020年第4期,第105页。

仲裁委员会在我国未放开临时仲裁之时，就曾介入临时仲裁案件。2005年5月1日实施的《中国国际经济贸易仲裁委员会仲裁规则》第4条第2款规定："凡当事人同意将争议提交仲裁委员会仲裁的，均视为同意按照本规则进行仲裁。当事人约定适用其他仲裁规则，或约定对本规则有关内容进行变更的，从其约定，但该约定无法实施或与仲裁地强制性法律规定相抵触者除外。"由此突破了当事人只能适用机构仲裁规则的限制，但案件的管理与裁决仍然由仲裁机构进行，因而实际上仍属于机构仲裁案件。2012年和2015年修订的《中国国际经济贸易仲裁委员会仲裁规则》进一步明确，"当事人约定适用其他仲裁规则的，由仲裁委员会履行相应的管理职责"。尽管仲裁委员会的此种介入做法值得商榷，但这无疑是在现行《仲裁法》下对临时仲裁制度的一种新探索。

在最高人民法院发布《自贸区司法保障意见》以后，情况变得更为明朗一些。2017年3月23日，珠海市横琴新区管委会和珠海仲裁委员会联合发布《横琴自由贸易试验区临时仲裁规则》。这是中国大陆第一部临时仲裁规则，标志着临时仲裁在中国境内已真正落地施行。2017年9月19日，中国互联网仲裁联盟制定并发布了《临时仲裁与机构仲裁对接规则》，这是国内第一部临时仲裁和机构仲裁对接规则。截至2019年初，超过300例临时仲裁案件与广州仲裁委员会进行对接，[①]且多数通过"易简网"进行操作。2019年12月，最高人民法院发布《关于人民法院进一步为"一带一路"建设提供司法服务和保障的意见》《关于人民法院为中国（上海）自由贸易试验区临港新片区建设提供司法服务和保障的意见》，进一步肯定了自贸区内实行的临时仲裁模式。2021年3月26日，最高人民法院发布的《关于人民法院为北京市国家服务业扩大开放综合示范区、中国（北京）自由贸易试验区建设提供司法服务和保障的意见》第19条同样规定："支持在自由贸易试验区内注册的企业之间约定在特定地点、按照特定仲裁规则、由特定人员对相关争议进行仲裁。恪守国际公约义务，依照《承认及执行外国仲裁裁决公约》承认和执行外国仲裁裁决。"这不仅重申了自贸区内临时仲裁模式的可行性，还明确表示要依照国际公约，承认和执行外国仲裁裁决，其中自然包括了临时仲裁裁决。

尽管在最高人民法院的宏观指导下，各自贸区开始了对临时仲裁的有益探索，并初见成效，但目前仍旧存在立法缺位和程序规则不完善等问题。从比较法上来看，完善的临时仲裁制度包含着许多内容，例如，临时仲裁制

---

① 数据仅为约数，未完整统计，包括选择广州仲裁委、广州仲裁委东莞分会、广州仲裁委中山分会和中国南沙国际仲裁中心进行对接的案件。

度的规范目的,临时仲裁案件的通信规则、保密性规则,临时仲裁争议司法审查的受理法院与审查标准,仲裁员选任资格与仲裁员选任僵局时的解决规则,仲裁员法律责任规则,临时仲裁临时措施规则,以及临时仲裁正当程序规则,等等。[①]然而,《自贸区司法保障意见》等指导意见并未对临时仲裁的适用机制进行规定,现有临时仲裁制度研究也多从与机构仲裁制度的比较出发结合域外经验进行假想式构建,缺乏本土特色。虽然《横琴自由贸易试验区临时仲裁规则》与《临时仲裁与机构仲裁对接规则》借鉴域外做法,对临时仲裁的适用规则进行了有益探索,具有一定的创新性。但从规范层级上来讲,《横琴自由贸易试验区临时仲裁规则》与《临时仲裁与机构仲裁对接规则》效力较低,亦未在全国普及,并不能为全国范围内临时仲裁的适用提供合法依据,仍旧面临合法性质疑。

2021年7月30日,司法部对外公布了《中华人民共和国仲裁法(修订)(征求意见稿)》(以下简称《仲裁法修订意见稿》)以及《关于〈中华人民共和国仲裁法(修订)(征求意见稿)〉的说明》(以下简称《仲裁法修订起草说明》),修改完善我国仲裁制度。《仲裁法修订意见稿》第91—93条专门规定了临时仲裁制度,正式拉开了我国临时仲裁制度立法的序幕。根据《仲裁法修订起草说明》的解释,我国《仲裁法》增加并规范临时仲裁制度是因为,临时仲裁作为仲裁的"原初"形式和国际通行惯例,在国际社会中普遍存在并被各国法律和国际公约所认可。同时,考虑到我国加入了《纽约公约》,外国的临时仲裁裁决可以在我国得到承认和执行的实际,应平等对待内外仲裁,因此增加了"临时仲裁"制度的规定,但结合我国国情宜将临时仲裁的适用范围限定在"涉外商事纠纷"。[②]值此立法之际,有必要对域内外临时仲裁制度进行体系性研究,特别是对临时仲裁制度存在的社会经济文化背景进行深入考察,结合我国仲裁法治环境,为临时仲裁在我国全面铺开提供一套具体可行的操作方案,借此完善我国仲裁制度,提升仲裁公信力和国际竞争力。

二、临时仲裁制度的立法理念

临时仲裁极具灵活性与普适性,同时较低的仲裁成本促使其在域外备受当事人欢迎,长期是英国、西班牙、葡萄牙、希腊等国家或地区法院诉讼

[①] 张圣翠、傅志军:《我国自贸区临时仲裁制度创新研究》,《上海财经大学学报》2019年第2期,第142页。
[②] 参见《仲裁法修订起草说明》。

最为有效与可靠的替代纠纷解决方案,同时也为这些国家或地区带来了重要的外汇收入。对于我国来说,临时仲裁制度亦可进一步推动"一带一路"倡议实施与自由贸易试验区建设,提升我国在国际贸易中的话语权。作为一项历史悠久、经受时代考验的纠纷解决机制,临时仲裁在世界上诸多国家的广泛应用和长盛不衰证明了该制度符合时代发展的趋势,其价值取向亦符合我国当前全面推进依法治国总目标所追求的立法理念和价值目标,是能够真正满足人民利益需求的制度。我国《仲裁法》在确立临时仲裁制度时,需要秉承以下价值或精神。

(一)坚持中国特色

临时仲裁立法在我国尚属首次,《仲裁法》在构建临时仲裁制度时,必须以人民为中心,要满足最广大人民群众的利益需求,使临时仲裁能够真正服务于人民。在制度理念层面,临时仲裁制度的建立健全必须要坚定不移走中国特色社会主义法治道路,必须符合习近平法治思想的基本内涵。"习近平法治思想,本质上是坚持和发展中国特色社会主义在法治领域的理论体现,是习近平新时代中国特色社会主义思想的重要组成部分。"[①]这就要求我国要建立的临时仲裁制度必须是符合我国国情和实际的制度。我们可以学习域外国家或地区的先进经验,但不能全盘继受,必须要具有中国特色,符合本土法治环境。坚持中国特色与国际接轨相统一,充分总结吸收经过实践检验的中国特色经验。我国的临时仲裁制度必须体现人民利益、反映人民愿望、维护人民权益、增进人民福祉。

(二)遵循意思自治

"当事人的意思自治是商事仲裁的首要原则。"[②]意思自治的基本含义是"一个合同应该适用何种法律应当由当事人决定"[③]。临时仲裁作为仲裁的种类之一自然也需要严格遵循这一立法理念和基本原则。当事人意思自治是临时仲裁得以存在和发展的基础。临时仲裁程序由双方当事人自行约定,仲裁庭由当事人选定,仲裁机构只需适时介入,可以说几乎所有事项均由当事人双方协商而定,更加充分地体现了当事人对于仲裁活动的自治性和契约性。在临时仲裁中,当事人的意思自治原则得到了极大程度的尊重,不仅能够提高当事人参与仲裁的积极性,还有利于保障当事人对仲

---

① 栗战书:《习近平法治思想是全面依法治国的根本遵循和行动指南》,《中国人大》2021年第2期,第7页。
② [德]施米托夫:《国际贸易法文选》,赵秀文选译,中国大百科全书出版社,1993,第608页。
③ [德]罗伯特·霍恩等:《德国民商法导论》,楚建译,中国大百科全书出版社,1996,第90页。

裁裁决的自觉履行,真正契合我国坚决将非诉讼纠纷解决机制挺在前面的改革目标。

(三)秉承效益精神

"效益"作为一种经济学概念,表示投入、产出以及成本与收益之间的相互关系,其在法学领域尤其是程序法领域出现频率非常高,主要作为一种立法理念指导实践在获得最大效果的同时耗费最少的司法资源,从而降低司法成本提高收益。在临时仲裁制度的各种价值需求中,效益精神体现得尤为突出,不仅体现在临时仲裁本身相较于法院诉讼更加高效、便捷,还体现在临时仲裁与机构仲裁相比在程序上更能满足当事人快速解决纠纷的要求。从程序上看,由于没有固定的仲裁机构进行主导,临时仲裁省去了许多复杂的管理程序,仲裁规则的选择也可以根据案件的实际情况进行自由变通,相较于机构仲裁更具灵活性和针对性。从时效性来看,临时仲裁在仲裁员选任、送达和仲裁裁决审查期限等程序上均无固定遵循的程序,这有利于推进仲裁进行,充分满足仲裁当事人在短时间解决纷争的高效期盼。从经济性来看,临时仲裁与机构仲裁相比节省了仲裁机构行政管理的费用,降低了争议解决的成本,满足了某些未达到支付标准但依旧需要仲裁帮助客户的需求。可以说,临时仲裁所凸显的"效益"精神在其立法理念中占据首位,在仲裁领域中有着不可或缺的价值。

(四)维护公平正义

公正是各领域均不可或缺的价值评估标准,亦是一项重要的立法指导理念。在临时仲裁中,公正精神的体现来自对当事人意思自治的充分尊重。相较于诉讼和机构仲裁,临时仲裁更加关注当事人之间的公平正义。亚里士多德曾谈到,在某种意义上,仲裁不是局限在法律框架内的公正,因为仲裁员在进行仲裁工作时考虑的是各方当事人的公正,而法官只依据法律。[1]具体而言,双方当事人在临时仲裁中不仅可以协商一致共同选择所适用的规则,甚至可以合意授权仲裁员解除严格适用法律规则解决争议的责任,依据公平善意作出裁决,[2]极大地体现了公正精神。临时仲裁中,仲裁当事人虽然享有高度的意思自治,但也需要坚守公平正义的基本价值目标,诚实守信,善意履约。

---

[1] Katsoris C.N., "Symposium on Arbitration in the Securities Industry Foreword," *Fordham Law Review*, Vol. 63, No. 5(1995): 1501-1504.

[2] 朱克鹏:《国际商事仲裁的法律适用》,法律出版社,1999,第195页。

三、研究方法

(一)比较研究法

承认在中国大陆开展的临时仲裁乃是自"一带一路"倡议实施与自由贸易试验区建设开始的,而域外对临时仲裁制度的立法与实践已有多年的历史,在理论研究、立法技术、临时仲裁制度运行实践上都积累了较为成熟的经验,对此需要借鉴分析。比较分析法的运用主要体现在两个方面。一是通过比较分析,提出问题。这是从域外类似情形提供的制度供给的比较研究中得到启发,从中发现我国自由贸易试验区对临时仲裁制度进行先行先试所存在的理论问题与实践问题,以及临时仲裁制度在我国铺开的可行性问题。二是通过比较研究,借鉴并解决问题。通过对域外临时仲裁制度体系和背景的研究,从中研讨制度设计的合理性,从而为我国临时仲裁制度移植或本土化创新提供参照和样本。对此,主要对英国、西班牙、希腊、葡萄牙、瑞典、新加坡、挪威、意大利、澳大利亚,以及我国香港和澳门特别行政区等十几个国家或地区的立法和实践进行考察分析,并尽力寻找最新资料,力图真实反映上述国家或地区当下的立法和实践状况。

(二)历史分析法

我们要看清临时仲裁的历史发展情况,就需要对临时仲裁的域外立法和实践展开细致比较,发现其中的异同及变化规律,从而更为全面地了解信息,加深对临时仲裁的认识。仲裁制度的发展本就源于临时仲裁,目前占据仲裁主导位置的机构仲裁亦肇端于临时仲裁。临时仲裁制度早在古罗马和古希腊时代就得到了重要发展,然后随着历史发展变得越来越国际化与现代化。我国临时仲裁的现代化始于晚清,并随着时代发展有所变化。对此,历史分析法,既可以展现出临时仲裁制度的历史演变的过程,也可以探寻制度变化背后的社会因素,以此使临时仲裁的制度构建能够满足当下社会需求并具有一定的前瞻性。

(三)文献研究法

文献研究法是史学、哲学、社会学和法学最常使用的研究方法。通过高校馆藏图书、高校图书馆在线文献资源、新闻媒体网站等途径,搜集国内外关于临时仲裁制度的研究文献以及《联合国国际贸易法委员会仲裁规则》《国际商事仲裁示范法》等国际商事仲裁条例关于临时仲裁的规则架构。总结出我国临时仲裁的理论现状和实践现状,以及我国全面引入临时仲裁制度后可能存在的适用困境,例如临时仲裁裁决的执行、临时仲裁的监督机制等问题,从而"对症下药",结合本土法治环境建构起具有中国特色的、能够运行顺畅的临时仲裁制度。

第一章

临时仲裁制度的历史嬗变

对任何制度进行立法论层面的思考,首先都应当从该制度背后的历史发展轨迹挖掘出深存的社会因素,以使制度构建变得更有"亲切感"。对临时仲裁制度进行历史分析,可以为我国《仲裁法》建立临时仲裁制度提供有力依据,真正"知来处,明去处"。临时仲裁也被称为特设仲裁、非机构仲裁,我国台湾地区称其为专案仲裁,①我国香港地区称之为随意仲裁。临时仲裁指的是根据双方当事人约定的仲裁协议,在相关纠纷发生后由双方当事人指定仲裁员组成仲裁庭负责审理他们之间的有关争议,并在审理终结、仲裁裁决作出后仲裁庭即行解散的制度。②在临时仲裁下,仲裁庭是为了解决特定的争议而设立的,随着仲裁庭完成相应仲裁任务,仲裁庭便会自行解散。

在欧洲仲裁史上,以19世纪中叶为界,在此之前临时仲裁"一家独大",此后机构仲裁逐渐发展。但是,随着仲裁制度的法治化、现代化与国际化发展,加上"各国在法律层面上并不区分临时仲裁与机构仲裁,因而临时仲裁作为一个法律概念并不清晰"③。这导致域外对临时仲裁与机构仲裁的区分并不明显,默认"仲裁"包含临时仲裁与机构仲裁两种模式,制度规则统一适用。机构仲裁是指仲裁程序依据特定仲裁机构的仲裁规则,仲裁庭的组成也需依照该规则,且仲裁庭需接受此仲裁机构行政主导,在机构内或指定的地点进行仲裁的仲裁模式。④在机构仲裁下,仲裁机构或仲裁单位是常设性的,即使仲裁机构在解决完当事人之间的仲裁争议之后,仲裁机构也不会消失,同时还会进一步提供相应的仲裁服务。

从历史发展轨迹来看,仲裁制度的发展本就源于临时仲裁,是商人自治的产物。目前在世界范围内占据主导位置的机构仲裁实际上也肇端于临时仲裁。在我国重视机构仲裁而忽视临时仲裁的现状下,以及在深化对外开放的大背景下,探寻国内外临时仲裁制度的起源发展,并对比我国自贸区内临时仲裁机制的发展现状,可以为我国《仲裁法》建立临时仲裁制度提供较为全面的社会历史信息,从而建构起一套具有中国特色、中国背景的临时仲裁制度。

---

① 蓝瀛芳:《是否应承认非机构仲裁》,《仲裁》2015年第12期,第95页。
② 赵秀文:《国际商事仲裁法》,中国人民大学出版社,2014,第26页。
③ 张铁铁:《我国法律制度对商事仲裁性质的误解——从临时仲裁谈起》,《北方法学》2020年第4期,第104页。
④ 蓝瀛芳:《专案仲裁与机构仲裁的分野及其不同的程序机制》,《仲裁》2015年第4期,第3页。

一、域外临时仲裁制度的历史演变

(一)古埃及

公元前1500年,临时仲裁在古埃及产生,主要用于解决同行业商人在交易过程中发生的纠纷。[1]有证据表明,此时的古埃及已经在适用仲裁制度。[2]虽然当时的"仲裁"可能更加原始,与我们今天所说的仲裁有一定的差异,但在当时的社会历史背景下,本身就很难区分仲裁、调解、诉讼三者,因为那时国家、政府、法庭等概念还未出现。即便如此,在古埃及仍旧出现了临时仲裁这一纠纷解决机制。

(二)古希腊与古罗马

临时仲裁是一种没有固定仲裁机构介入,由当事人自愿协商达成合意,将争议提交给临时组成的仲裁庭进行审理并作出仲裁裁决的制度。[3]临时仲裁最大的特点便是仲裁庭的"生死"由争议的"生死"所决定,争议在,仲裁庭在;争议消,仲裁庭散。

随着人类社会的进一步发展,仲裁已成为古希腊、古罗马时代解决争议的常用手段。[4]当时的古希腊人已经开始运用仲裁的纠纷解决方式解决各种争议。[5]甚至现代社会普遍接受的一些仲裁原则和理论在当时已经被广泛运用。古希腊时代,仲裁已经广泛应用于商事仲裁领域,尤其是临时仲裁制度被广泛运用于解决当时的各类商事纠纷。最开始仲裁主要是用于解决古希腊氏族部落的内部纠纷。公元前621年,仲裁制度的内容就已经被古希腊的德拉古写成了明文。例如,城邦之间发生的争议,一般使用仲裁的方式来解决。[6]在古希腊时代,双方当事人将会选择一个明智且中立的人作为仲裁员,如果存在多个仲裁员,那么将采取多数人的意见。[7]

在古罗马时代,著名的《十二铜表法》中也有多处关于仲裁的记录,其

---

[1] 刘冰:《构建〈海峡两岸仲裁中心仲裁规则〉临时仲裁制度研究——以〈横琴自由贸易试验区临时仲裁规则〉为借鉴》,《海峡法学》2018年第1期,第11页。

[2] Zhang Tietie, *Ad Hoc Arbitration in China* (New York: Routledge Press, 2019), p. 14.

[3] 宋朝武:《仲裁法学》,北京大学出版社,2013,第3页。

[4] Earl S. Wolaver, "The Historical Background of Commercial Arbitration," *University of Pennsylvania Law Review*, No. 83. (1934): 132; Martin J. and Hunter H., "Arbitration Procedure in England: Past, Present and Future," *Arbitration International*, Vol. 1 No. 1 (1985): 82. Nicholas Geoffrey Lempriere Hammond, "Arbitration in Ancient Greece," *Arbitration International*, Vol. 1 No. 1 (1985): 188.

[5] 谢石松主编《商事仲裁法学》,高等教育出版社,2003,第15页。

[6] 江伟:《仲裁法》,中国人民大学出版社,2009,第23页。

[7] Zhang Tietie, *Ad Hoc Arbitration in China* (New York: Routledge Press, 2019), p. 15.

中在第七表"土地和房屋"一章中就有相关规定。例如,"疆界发生争执时,由长官委任仲裁员3人解决之"①。由此可见,当时仲裁已经为官方所认可,并用于解决特定的争议。除此之外,罗马的《民法大全》"论告示"第二编也记载了法学家保罗的观点:"为解决争议,正如可以进行诉讼一样,也可以进行仲裁。"②这表明临时仲裁制度在古罗马得到了广泛运用。

古罗马时代,仲裁员的权力来源于双方当事人与仲裁员之间形成的协议。③地中海沿岸商人之间的争议随着地中海沿岸经济的快速发展也在与日俱增,为了有效解决这些纠纷从而保证商事贸易的顺利进行,当事人通过协商,在自愿的基础上选择了中立的第三方来对纠纷进行裁决。④通过共同约请第三方进行居中裁决解决争议的方法也逐渐成为当时商人们解决纠纷的习惯方法。⑤临时仲裁因其高效性、简便性和易接受性迅速被地中海沿岸的商人们广泛接受。不过,由于临时仲裁产生之初的目的是解决地中海沿岸商人之间的商业纠纷,因而这一时期的临时仲裁制度并不为国家司法制度所规范。

临时仲裁制度在古罗马和古希腊得到了重要发展,临时仲裁制度变得越来越国际化,并且商业临时仲裁也在不断发展。前者体现在临时仲裁适用的范围越来越扩大化,后者表现在临时仲裁在商业贸易中适用率越来越高。⑥"公元11世纪左右,随着商事活动在地中海沿岸、意大利各城邦之间的日益频繁,专门用于调整跨国商事关系的商人习惯法逐渐产生,其中内容已涉及商事仲裁。"⑦这进一步表明临时仲裁制度开始被用于处理国际商业贸易争端。

仲裁制度在中世纪也得以存在,在此期间,意大利、法国、德国和英国仍在运用仲裁制度。⑧至13、14世纪,意大利商事仲裁比较活跃,出现了国际商事仲裁。⑨为了促进地中海沿岸商事贸易的进一步发展,《商事法典》应运而生,该法典旨在通过仲裁方式解决商人之间的贸易纠纷。此时,"瑞典的一些地方法院开始承认以仲裁方式解决商事争议的合法性"⑩。

---

① 周枏:《罗马法原论》(下册),商务印书馆,2014,第1027页。
② 张荣:《中国建立临时仲裁制度的困境及对策》,《经贸实践》2018年第15期,第9页。
③ Arthur Englmann, *A History of Continental Civil Procedure* (Boston: Little, Brown and Company, 1927), p. 259.
④ 宋朝武主编《仲裁法学》,北京大学出版社,2013,第34页。
⑤ 黄进、宋连斌、徐前权:《仲裁法学》,中国政法大学出版社,2002,第15页。
⑥ Zhang Tietie, *Ad Hoc Arbitration in China* (New York: Routledge Press, 2019), p. 15.
⑦ 邓瑞平、孙志煜:《论国际商事仲裁的历史演进》,《暨南学报(哲学社会科学版)》2009年第6期,第93页。
⑧ Zhang Tietie, *Ad Hoc Arbitration in China* (New York: Routledge Press, 2019), p. 15.
⑨ 陈忠谦:《仲裁的起源、发展及展望》,《仲裁研究》2006年第3期,第45页。
⑩ 邓瑞平、孙志煜:《论国际商事仲裁的历史演进》,《暨南学报(哲学社会科学版)》2009年第6期,第93页。

(三)17世纪至20世纪初期

1.英国

在英国,临时仲裁一直是解决纠纷的主要手段。甚至有人称,"普通法的历史有多久,临时仲裁的历史就有多久"[①]。早在1347年,英国的年鉴就提到了仲裁,但是直到1697年仲裁才被议会承认为一项正式的法律制度。[②]世界上第一部《仲裁法典》也诞生于1697年的英国。[③]在国际商事领域,当事人有权适用仲裁解决纠纷,但是法院也有权对仲裁协议予以撤销。

在中世纪教会法盛行的背景下,个人的幸福与追求处于被压制状态,反对专制、反对天主教会、追求世俗幸福是当时的时代主题。随着主权民族国家的兴起,中央王权集中与商人自治权之间不可避免地发生矛盾,最终以王权革命的胜利为标志。王权在与商人自治权的斗争中取得了胜利,但是为了保障商业贸易的繁荣发展,商人的自治权也需要进行一定程度的保留。故而,商人之间自治解决纠纷的仲裁制度得以被官方所承认,并由法院对仲裁行为进行监督。

1697年《仲裁法典》的问世标志着英国议会对仲裁的承认。但是,由于此时中央集权制在英国的发展,仲裁在一定程度上受到了政治国家的敌视,国家司法权对仲裁进行了严格的限制。在英国"司法至上"思想的影响下,仲裁一直被认为是司法权的附属。也正是由于这种尴尬的地位,仲裁制度解决纠纷的效能被进一步忽略和限制。随着英国资本主义的发展,资产阶级的发展壮大,社会生活中争议、纠纷大量涌现,司法权"不堪重负",仲裁制度再次因其自身优越性出现在官方的视野中。英国在1889年制定了成熟且专门化的《仲裁法》,1979年《仲裁法》明确确认仲裁的独立性。

随着商业贸易的发展,商事贸易纠纷也不断增加,商人们为了高效、快速地处理纠纷,通常会选择贸易领域较为权威的人物进行"裁决",这就是英国仲裁的雏形。临时仲裁是19世纪中期之前的唯一形式。[④]自19世纪以来,机构仲裁开始逐步发展,与临时仲裁"平分秋色"。英国逐渐出现了以商人习惯作为裁判规则的商事法院,该商事法院"实际是现代意义上的

[①] Keren Tweeddale and Andrew Tweeddale, *Arbitration Law* (London: Blackstone Press, 1999), p. 1.
[②] 罗楚湘:《英国仲裁法研究》,武汉大学出版社,2012,第8页。
[③] 高菲、徐国建:《中国临时仲裁实务指南》,法律出版社,2017,第8页。
[④] Liang Yaning, "The Admission of Ad Hoc Arbitration in Mainland China" (Ph. D. diss., City University of Hong Kong, 2016), p. 18.

仲裁机构"①。利物浦棉花协会②在1863年起草了包含仲裁协议的标准合同,其中规定合同当事人可以将争议移交仲裁机构进行仲裁,③这也被认为是最早的机构仲裁,但这扩大了仲裁的适用范围。与此同时,仲裁机构的出现也规范了仲裁的发展。英国的官方仲裁机构伦敦国际仲裁院(LCIA)④以及国际商会(ICC)⑤分别于1892年和1920年在伦敦和巴黎成立,仲裁机构的发展进一步促进了英国机构仲裁的规范化发展。

2.新加坡、澳大利亚与我国香港特别行政区

将这三个国家(地区)放在一起是因为其法律制度或多或少带有英国普通法系的色彩,仲裁制度也不例外。当然,在国家独立或主权恢复之后,这些国家(地区)在国际趋势的推动下也在积极探索自身的仲裁立法。

新加坡的仲裁历史较为悠久,其法院系统于1826年建立,⑥1839年的判例制度中已存在仲裁制度的适用。⑦新加坡《仲裁条例》于1890年颁布,之后被1953年版本取代,在新加坡脱离英国的殖民统治之后,其将1953年版本命名为《仲裁法》。在20世纪,为了进一步提升仲裁的国际性,新加坡于1995年颁布国际仲裁法,实施仲裁领域的双轨制,明确国际仲裁受国际仲裁法规制。此后,新加坡在2002年颁布新的《仲裁法》取代了原仲裁法,该仲裁法至今适用。根据新加坡《仲裁法》的规定,临时仲裁协议是合法有效的,⑧没有指定仲裁机构的要求。据此,新加坡不仅在理论上承认了临时仲裁制度,在司法实践中同样运用临时仲裁规则处理案件。

澳大利亚仲裁法是澳大利亚民事诉讼法中的一部分。为了在国际商业仲裁上与《国际商事仲裁示范法》保持一致,澳大利亚在2006年修改了

---

① 邓瑞平、孙志煜:《论国际商事仲裁的历史演进》,《暨南学报(哲学社会科学版)》2009年第6期,第93页。
② 由英国纺织业者所共同组成的团体,以促进业者的共同利益,并对所有的进口原棉加以分级,便利棉花交易的进行。
③ 罗楚湘:《英国仲裁法研究》,武汉大学出版社,2012,第45页。
④ 英国伦敦国际仲裁院(London Court of International Arbitration,简称LCIA),伦敦国际仲裁院的职能是为解决国际商事争议提供服务,它可以受理当事人依据仲裁协议提交的任何性质的国际争议。
⑤ 国际商会(International Chamber of Commerce,简称ICC),是国际民间经济组织。其宗旨是:推动国际经济的发展,促进自由企业和市场组织的繁荣,促进会员之间经济往来,协助解决国际贸易中出现的争议和纠纷,并制定有关贸易、银行、货运方面的规章和条款。
⑥ Liang Yaning, "The Admission of Ad Hoc Arbitration in Mainland China" (Ph. D. diss., City University of Hong Kong, 2016), p. 18.
⑦ Michael J. Moser, *Arbitration in Asia* (Huntington, New York: JurisNet, LLC, 2008), pp. SING-5.
⑧ Liang Yaning, "The Admission of Ad Hoc Arbitration in Mainland China" (Ph. D. diss., City University of Hong Kong, 2016), p. 19.

《仲裁法》,自此,澳大利亚被认为是《国际商事仲裁示范法》的典型国家。[1] 而1985年联合国国际贸易法委员会主持制定的《国际商事仲裁示范法》第2条第A项对临时仲裁的效力进行了确认。

基于历史发展的因素,我国香港地区仲裁制度的发展一直受到多种因素的影响,诸如英国法的变化、地方法律改革、国际仲裁规则的推动等等。[2]在香港的法规文件中,明确规定"仲裁"是指任何仲裁,不单指机构仲裁,在立法层面明确承认临时仲裁。

3.瑞典

14世纪中叶,瑞典的某些地方法典中已有关于仲裁的规定。瑞典的第一个专门的仲裁法令出现在1887年。瑞典在1919年对其仲裁法令进行了重要修改,并在1927年加入《关于执行外国仲裁裁决的日内瓦公约》,1929年通过《瑞典仲裁法》《瑞典关于外国仲裁协议和仲裁裁决的条例》,专门就国际商事仲裁相关问题作了规定。[3]

《瑞典仲裁法》中有两类不同的规则,其中一类是不可排除规则(jus cogens),另一类是可排除规则(jus dispositivum)。前者是指当事人不得依据合同进行排除的规则,后者是指除非当事人另有约定,否则应该予以适用的规定。[4]其中,后者包括以下三种种类:真正的强制性规则(true mandatory rules)[5]、有限选择的规则(limited choice rules)[6]、不可排除的权力(non-excludable powers)[7]。

瑞典的仲裁程序分为临时仲裁和机构仲裁两种,对争议的解决适用哪种仲裁程序由当事人进行选择。临时仲裁庭是为特定争议所设立的,只适用《瑞典仲裁法》,[8]但若是当事人另有约定适用无须仲裁机构参与的仲裁

---

[1] Giuditta Cordero Moss, *International Commercial Arbitration*(Cambridge:Cambridge University Press,2013),p.109.

[2] Michael J. Moser and Teresa Y. W. Cheng, *Hong Kong Arbitration:A User's Guide*(New York:Wolters Kluwer Law & Business,2014), p. 22.

[3] 马德才编著《仲裁法学》,南京大学出版社,2016,第16页。

[4] 沈达明、冯大同:《瑞典的法律与仲裁》,对外经济贸易大学出版社,2015,第100页。

[5] 《瑞典仲裁法》第17条规定:"仲裁裁决必须以书面做成,并由仲裁员签字。"真正的强制性规则要求当事人必须怎么做或者禁止怎么做。

[6] 《瑞典仲裁法》第18条规定:"双方当事人可以规定作出仲裁裁决的期限,但也可以对此不作任何规定,在这种情况下即适用法定的6个月的期限。"但是无论如何,当事人只能在以上两种做法中作出选择。

[7] 《瑞典仲裁法》第21条规定:"受损害的一方在某些情况下对裁决提出异议的权利是不得以协议予以排除的,但他却不一定要行使这项权利。"即受损害方当事人的权利不可进行排除,但是否进行行使则取决于权利人的自主决定。

[8] [美]拉斯·休曼:《瑞典仲裁法:实践和程序》,顾华宁译,法律出版社,2012,第5页。

也是可以的。据此,瑞典的仲裁组织也有两种:一种是仲裁机构,即常设仲裁机构用于解决纠纷;另一种是临时仲裁,该种形式是由双方当事人合意指定仲裁员从而组成临时仲裁庭处理争议。

与临时仲裁注重当事人之间的合意性不同的是,瑞典的机构仲裁中仲裁机构可以协助指定仲裁员。斯德哥尔摩商会仲裁院是瑞典最重要的仲裁机构,成立于1917年。该仲裁机构就具有独立性,其所作出的仲裁裁决是具有终局性的,不受商会的审查,即使该仲裁机构是商会机构的一个机构。[①]仲裁庭审理案件时,可以选择在斯德哥尔摩商会大厦进行,也可以选择在其他地方进行。同时,该仲裁机构的存在在一定程度上也促进了临时仲裁制度的发展。例如,《斯德哥尔摩商会仲裁院管理适用〈联合国国际贸易法委员会仲裁规则〉的仲裁》旨在为临时仲裁当事人代为指定及替换仲裁员,以便临时仲裁程序顺利进行。[②]

瑞典的临时仲裁是完全基于当事人的合意所进行的,一般是由双方当事人指定仲裁员开始,并没有常设仲裁机构的协助。当然,基于当事人的合意性,当事人有时也可能无法达成合意,尤其是在选择仲裁员之时,此时可以请判决执行处进行协助解决。[③]除了在选定仲裁员方面可以请判决执行处协助解决之外,如果在仲裁程序中,有仲裁员阻碍仲裁程序的进行之时,判决执行处也可以进行协助解决。当仲裁一方当事人不执行临时仲裁裁决之时,胜诉一方当事人可以向判决执行处申请强制执行。

临时仲裁得以区别于机构仲裁的一大特征便是其解决纠纷的快速性和高效性,因此,临时仲裁裁决应当在提起仲裁之日6个月内作出。但此规定也不是一成不变的,如果临时仲裁裁决确实无法按时作出,如仲裁一方当事人为外国居民时,此时仲裁程序会变得相对复杂一些,因此在该种情况下,临时仲裁裁决的作出期限不受6个月的时间限制。

瑞典临时仲裁制度不仅仅适用于国内人员,还会被用于处理相关国际贸易争端。在瑞典,外国人也可以适用临时仲裁程序。但是也有相应的条件,要么双方当事人指定瑞典作为仲裁地点,要么被诉人是瑞典的居民。

(四)临时仲裁制度的国际化发展

19世纪中期以后,作为解决争议的仲裁制度逐渐得到了国际社会的广泛认可。19世纪末到20世纪初期,仲裁制度得到了迅速的发展,许多国

---

① 沈达明、冯大同:《瑞典的法律与仲裁》,对外经济贸易大学出版社,2015,第102页。
② 赖震平:《我国商事仲裁制度的阙如——以临时仲裁在上海自贸区的试构建为视角》,《河北法学》2015年第2期,第161页。
③ 沈达明、冯大同:《瑞典的法律与仲裁》,对外经济贸易大学出版社,2015,第102页。

家顺应时代的要求,纷纷进行仲裁立法。英国在1889年颁布《仲裁法》,瑞典在1887年正式制定仲裁法律。随着英国和瑞典仲裁法律的影响,世界各国均制定了相应的仲裁法律。德国在1877年《民事诉讼法》中对仲裁制度的具体内容作了较为全面的规定。1790年,法国在大革命期间国民会议中视仲裁为解决商人之间争议的最合理方法。法国1800年《法院组织法》明确规定,公民有权将其争议交由仲裁员裁判。法国在1806年《民事诉讼法》中对仲裁作专编规定。[1]1887年,阿根廷颁布诉讼法典,对仲裁进行详细规定。1854年,美国最高法院认可仲裁员有权作出具有拘束力的裁决,并在1925年颁布的《联邦仲裁法》中承认了仲裁裁决的效力。[2]1890年,《日本民事诉讼法》对仲裁进行专章规定并规定了国际商事仲裁制度,在日本主要是由日本商事仲裁协会进行商事仲裁。韩国统一将临时仲裁和机构仲裁定义为仲裁,并在实践中运用临时仲裁解决争议。

随着各国对仲裁立法的加强,以及各国之间商事贸易的发展,为了解决各国之间的争议纠纷,国际上对于仲裁制度也越来越重视,不断加强对于仲裁的规范化和制度化。与此同时,各国司法制度却"囿于其管辖权的冲突无法发挥各自调整功能"[3],国际商事临时仲裁的价值得以进一步凸显,临时仲裁裁决也因《纽约公约》而容易被他国承认并执行。《纽约公约》中的"仲裁裁决"不仅指机构仲裁裁决,还指临时仲裁裁决。

国际商事仲裁裁决最初是通过国家间缔结的双方司法协助条约进行互相承认与执行的。随着国际商事贸易的进一步发展,仲裁包括临时仲裁的适用范围进一步扩展。1889年《蒙得维的亚公约》发展为对仲裁裁决地方性、区域性的认同。1961年《关于国际商事仲裁的欧洲公约》、1966年《统一仲裁法的欧洲公约》、1972年《关于解决经济、科学和技术协作而发生的民事法律争议的仲裁公约》、1975年《美洲国家间关于国际商事仲裁的公约》以及1979年《美洲国家间关于外国判决和仲裁裁决域外效力的公约》等都促进了区域间国际商事仲裁的发展。[4]

至于国际商事仲裁国际化进程则是始于1923年,该年国际联盟主持缔结了关于承认仲裁条款的《仲裁条款议定书》,仲裁协议的效力首次在国际社会上得到承认。[5]《仲裁条款议定书》与1927年《关于承认与执行外国仲裁裁决的公约》标志着国际仲裁协议和仲裁裁决的承认与执行实现了迈

---

[1] 马德才编著《仲裁法学》,南京大学出版社,2016,第16页。
[2] 邓瑞平、孙志煜:《论国际商事仲裁的历史演进》,《暨南学报(哲学社会科学版)》2009年第6期,第94页。
[3] 邓瑞平、孙志煜:《论国际商事仲裁的历史演进》,《暨南学报(哲学社会科学版)》2009年第6期,第97页。
[4] 邓瑞平、孙志煜:《论国际商事仲裁的历史演进》,《暨南学报(哲学社会科学版)》2009年第6期,第97页。
[5] 宋朝武主编《仲裁法学》,北京大学出版社,2013,第8页。

向国际化道路的第一步。①为了进一步规范仲裁制度的体系化和配套化，1958年《纽约公约》、1976年《联合国国际贸易法委员会仲裁规则》、1985年《国际商事仲裁示范法》、1995年《建立世界贸易组织的马拉喀什协议》等国际仲裁文件进一步推动了国际仲裁制度的发展。

1958年《纽约公约》宣示临时仲裁判断与机构仲裁判断都是仲裁的判断，具有同等的效力。1976年《联合国国际贸易法委员会仲裁规则》供各国当事人在进行临时仲裁时所选用。1985年《国际商事仲裁示范法》明确规定仲裁是指任何仲裁，不论是否在常设仲裁机构所进行。这也是国际上进一步对临时仲裁的适用进行国际性的统合，以助力临时仲裁制度的发展。可见，随着社会的发展，纠纷和争议的增长，临时仲裁作为最传统、最典型的仲裁方式之一，逐渐为国际社会重申并进行统合，以解决国际商事贸易纠纷。需要特别提及的一点是，在1899年欧洲和平会议决议设立海牙常设仲裁院之前，所有各类国际仲裁事件均是按照临时仲裁方式予以处理。②

一般来说，当事人选择临时仲裁是因为临时仲裁在快速解决纠纷方面效果显著。但是临时仲裁也有其缺陷存在。临时仲裁是基于当事人的合意所进行的，这种合意在一定程度上表现为"随意性"，即当事人在选择仲裁员时会带有一定的随意性。若是当事人"随意"选择的仲裁员资质不适宜解决该争议、纠纷或当事人无法达成合作进行仲裁程序，则将会在实体上影响纠纷解决质量，在程序上影响纠纷解决效率。不仅如此，因为临时仲裁的仲裁程序适用法律一般为仲裁地的法律法规，但是在国际贸易中，双方当事人若是国籍不同，则双方当事人可以约定适用其中一方国家仲裁法或者第三国的仲裁法。此处的仲裁法指的是该国的国内仲裁法，因此在类推适用国际商事贸易纠纷时必然有一定问题出现。例如，在实务中，不仅出现过法院有时无力配合与支持国际仲裁事务，甚至还出现过国际仲裁被仲裁地国法院撤销的案例。③正是为了解决此种问题，为了使临时仲裁制度能够更好地发挥解决国际商事争议的功能及作用，联合国国际贸易法委员会日益重视国际仲裁的发展，并且逐步规范国际临时仲裁的相关仲裁规则。

---

① A. Redfern and M. Hunter, *Law and Practice of International Commercial Arbitration* (London: Sweet and Maxwell Press, 1991).
② 蓝瀛芳:《专案仲裁与机构仲裁的分野及其不同的程序机制》,《仲裁》2015年第4期,第13页。
③ 蓝瀛芳:《是否应承认非机构仲裁》,《仲裁》2015年第12期,第103页。

二、我国临时仲裁制度的历史发展

仲裁制度在我国的发展历史悠久,理论界多数学者也认为临时仲裁制度是仲裁的原始形式。只不过后来由于种种因素影响,机构仲裁占据我国仲裁制度的主导地位,临时仲裁制度则一度"毫无地位"。但是,随着我国自贸区的先行探索,我国临时仲裁制度正逐步向前发展。

(一)晚清前的仲裁制度

有学者将我国仲裁制度的发展以清末为界限分为原始阶段和现代阶段,晚清之前的为原始阶段,晚清之后的为现代阶段,现代阶段又分为晚清阶段、民国阶段和新中国成立之后。[1]我国仲裁制度的缘起与西方仲裁制度的缘起如出一辙,均在发生争议的时候,双方当事人寻求一个中立且睿智的第三方解决争议。那时的仲裁和诉讼之间并没有一个明显的区别,即使正式"法院"的存否也不乏疑问。当时的仲裁和调解之间也没有明显的区别,因为在当时根本没有明确的法律概念或法律约束力。[2]仲裁和调解的区别在于仲裁结果具有法律约束力,调解结果仅仅是双方合意的确认。

中国古代的仲裁主要用于解决国家间的政治争议以及国内民事争议,如《左传·成公四年》中记载,鲁成公四年(公元前587年),郑、许二国发生纠纷,"郑伯伐许,取钼任泠敦之田",郑、许二国同意将争端交给楚臣子来仲裁。[3]中国古代的调解可以追溯到周代,且鉴于当时周与众诸侯国之间关系不紧密,可以将此时的调解"视为国际商事仲裁的雏形"。[4]

在中国资本主义萌芽的明清时代,行会的出现被认为是"非正式的仲裁委员会"。[5]通常认为,仲裁的最初形式是发端于西方社会,但是在中国历史上,类似的争端解决也曾存在,即双方达成协议将争议交由第三方。[6]在明朝,商人之间的争议会被交给当地的行会或者宗祠,其人员组成通常为邻居或者居住在一起的人。与封建官员处理纠纷相比,行会的组成则显得十分灵活,这种灵活不仅表现在其人员构成上,还表现在程序运用上。双方当事人既可以合意确定特定的程序,也可以指定仲裁员决定程序运行。行会已经具备了仲裁的大多数特征,当时的仲裁者在处理纠纷时需要

---

[1] Zhang Tietie, *Ad Hoc Arbitration in China* (New York: Routledge Press, 2019), p. 16.
[2] Zhang Tietie, *Ad Hoc Arbitration in China* (New York: Routledge Press, 2019), p. 16.
[3] 邓瑞平、孙志煜:《论国际商事仲裁的历史演进》,《暨南学报(哲学社会科学版)》2009年第6期,第93页。
[4] 邓瑞平、孙志煜:《论国际商事仲裁的历史演进》,《暨南学报(哲学社会科学版)》2009年第6期,第93页。
[5] [英]S.斯普林克尔:《清代法制导论——从社会学角度加以分析》,张守东译,中国政法大学出版社,2000,第117页。
[6] Li Yunqi, "Ad Hoc Arbitration in Mainland China" (Ph. D. diss., City University of Hong Kong, 2018), p. 3.

秉持"忠诚和诚实"的信念,这一理念与当代仲裁员的"独立和公正"理念不谋而合。[1]行会成员聚集在一起讨论案件的形式之后便发展成了解决成员间争议的基本形式,但是,行会仍旧是以保护内部成员的利益作为其首要目标。当时行会解决争议主要有以下两种路径分流:对于基本商业纠纷,需要在行会领导人的主持下进行调解;对于复杂争议,则需要所有成员聚集在一起进行裁决。值得注意的是,若有成员绕过商会直接将争议诉诸中央,则该成员会受到组织惩罚。[2]

第一个行会成立于1902年,[3]其成立之初的职能定位便是处理商业纠纷。当事人需要在会议召开前三日将案件提交给行会,但是争议只能在会议召开之日提出。在当事人将案件提交给行会之后,行会会邀请商人出席裁决案件。在1904年这些条款被进行了修改,并且增加了申诉制度。即在仲裁失败时,当事人可以向当地封建官员上诉。[4]1909年,成都商会进入商业仲裁,其职能在于减轻封建官员的诉讼负担,并鼓励商业贸易。民国初期,商会进行重组改革,每一个商会均设立了特定的商业纠纷部门,以减轻司法部门的压力。该部分以解决商业贸易纠纷为工作内容,并一直运行到1949年。

中国古代仲裁制度的缘起与西方社会几乎如出一辙,但是后续发展却是天壤之别。中国古代仲裁制度发展缓慢甚至发展停滞,主要有客观条件和主观条件两方面的原因。中国古代以小农经济为主,自给自足,资本主义虽有萌芽但并未发展壮大,士农工商阶层观念根深蒂固,商人位于社会的最底层。商业贸易发展缓慢且缺乏活力,由此仲裁的适用土壤环境便不存在。从中国法律传统来看,在中庸思想的影响下,"无讼"思想深入人心,民众多怯于进行仲裁或诉讼。中国在大一统中央集权制度的影响下,对外商业交流闭塞,国际商业贸易缺乏发展空间,国际商业仲裁便没有生长土壤。在明清闭关锁国政策下,中国政府与国际之间的商事贸易更是受到了严格的控制,商业贸易的国际仲裁更是一度停滞。情况的转折点发生在清末中国国门被迫打开之日。

(二)晚清至新中国成立前的仲裁制度

有学者指出中国仲裁制度的现代化始于晚清。[5]晚清时期,中国国门

---

[1] Li Yunqi, "Ad Hoc Arbitration in Mainland China"(Ph. D. diss., City University of Hong Kong, 2018), p. 4.
[2] Li Yunqi, "Ad Hoc Arbitration in Mainland China"(Ph. D. diss., City University of Hong Kong, 2018), p. 5.
[3] Li Yunqi, "Ad Hoc Arbitration in Mainland China"(Ph. D. diss., City University of Hong Kong, 2018), p. 5.
[4] Li Yunqi, "Ad Hoc Arbitration in Mainland China"(Ph. D. diss., City University of Hong Kong, 2018), p. 5.
[5] Zhang Tietie, *Ad Hoc Arbitration in China*(New York: Routledge Press, 2019), p. 17.

被西方列强轰开,清政府在列强的压迫下不得不打开国门进行商业贸易活动。在内忧外患之下,清政府自身也在寻求着改革之路。在外界压力与内生动力之下,清政府开始注重商业活动的开展。种种因素均为商业贸易发展提供了相应的条件,商业贸易又是仲裁制度产生和发展的土壤。最初,当发生商事贸易纠纷时,双方当事人会诉诸法院,但是诉讼制度并未成为解决当事人争端的首要方式。

首先,由于在重农轻商环境的影响下,此时的法官并不熟悉商事法律,在程序上会造成拖延,这对于要求高效率的商人来说是不能接受的,在结果上也"常常是非不明"[1],影响当事人的合法利益。其次,在当时的中国,商事案件与民事案件、刑事案件适用相同的法律和程序。[2]商人之间的商业纠纷争议处理结果可能会面临酷刑等刑事惩罚。最后,由于诉讼的时间拖沓,诉讼周期长,商人之间的合作会受到严重的影响,也会损害商人的商誉,同样不利于商业贸易的健康发展。基于以上种种原因,商人和诉讼之间渐行渐远。

与此同时,清政府在改革过程中开始学习西方的法律制度,其中也包括对于西方仲裁法律制度的学习与借鉴。基于对西方先进制度的学习,晚清政府开始自身的探索之路。晚清中国政府设立了商务局,功能之一便是"保商护商",处理商事争议。[3]随着资产阶级的进一步壮大,负有商事纠纷裁判功能的商会产生,其不仅解决国内商人之间的争议,还会解决涉外商事争议。1903年颁布的《商部奏定商会简明章程》中赋予了商会"商事裁判的职能"。1904年颁布的《商会简明章程》规定"在全国普遍设立商会,且商会有权调处商事纠纷"[4]。《商会简明章程》明确了商会的商事仲裁权,若商人之间产生商事纠纷可以告知商会,商会主席定期邀请商会会员予以解决,进行公断,若是双方当事人不服,可诉诸地方政府。[5]

在晚清时期,"仲裁"出现,其类似于现在的机构仲裁。[6]商会不仅解决本地商人之间、本地与外地商人之间的商业纠纷,还会解决华洋之间的商业纠纷。《商会简明章程》第16条规定:"华洋商人,遇有交涉龃龉,商会应令两造各举公正人一人,秉公理处,即酌行剖断。如未允洽,再由两造公正人,合举众望夙著者一人,从中裁判。"在《商会简明章程》的规定中,商会已

---

[1] 任云兰:《论近代中国商会的商事仲裁功能》,《中国经济史研究》1995年第4期,第117页。
[2] Zhang Tietie, *Ad Hoc Arbitration in China*(New York:Routledge Press, 2019), p. 18.
[3] 朱英:《论晚清的商务局、农工商局》,《近代史研究》1994年第4期,第77—81页。
[4] 马敏:《商事裁判与商会——论晚清苏州商事纠纷的调处》,《历史研究》1996年第1期,第31页。
[5] 任云兰:《论近代中国商会的商事仲裁功能》,《中国经济史研究》1995年第4期,第117页。
[6] Li Yunqi, "Ad Hoc Arbitration in Mainland China"(Ph. D. diss., City University of Hong Kong, 2018), p. 5.

经具有了解决国际商事仲裁的功能,但是其与现代意义上的仲裁仍具有较大不同。主要区别在于,当时的仲裁裁决只有经过双方同意才具有约束力,与现代仲裁裁决生效即具有拘束力有明显不同。①

北洋政府在1912年和1913年分别颁布了《商事公断处章程》和《商事公断处办事细则》,②南京国民政府成立后暂准援用这两个文件,规定商人之间的商事贸易纠纷可以运用仲裁解决纠纷。但公断处设立于1921年,设立依据是同年颁布的《民事公断暂行条例》,公断处得以适用仲裁解决相应的纠纷争议。

在20世纪30至40年代,也有仲裁制度的发展与使用。例如,1933年《中华苏维埃共和国劳动法》中便有仲裁的相关规定,1943年的《晋察冀边区租佃债息条例》以及《关于仲裁委员会工作指示》中对于仲裁委员会的性质和任务等作出了规定。③但在这一时期,由于社会不稳定,即使许多商事纠纷通过仲裁解决,但作为一个法律制度的仲裁总体上仍然并不成熟。④

(三)新中国成立后临时仲裁制度的萌芽

新中国成立后,一方面大力发展我国国内仲裁制度,另一方面建立和完善涉外仲裁制度,以解决涉外海事仲裁案件和涉外经济贸易仲裁案件,以期运用仲裁制度高标准、高效率地解决相关涉外争议。1949年,天津市人民政府公布了《天津市调解委员会暂行组织条例》,明确了仲裁机构的设置。⑤1949年,上海市军管会公布了《关于私营企业劳资争议调处暂行办法》,规定了与仲裁相关的规则内容。不过,总体来说,由于新中国成立初期我国实行高度集中的计划经济体制,商业组织的自由性受到了极大的限制,需要按照政府指令进行市场活动,所发生的争议较少且基本交由政府机构进行解决。因此,在新中国成立初期高度集中的计划经济体制下,对于仲裁制度的运用较少。

在新民主主义时期,仲裁、调解等制度等被广泛运用于解决民商事领域的纠纷争议。1956年和1959年分别成立的中国国际贸易促进委员会对外贸易仲裁委员会和中国国际贸易促进委员会海事仲裁委员会分别有自

---

① Zhang Tietie, *Ad Hoc Arbitration in China* (New York: Routledge Press, 2019), p. 20.
② 《商事公断处章程》《商事公断处办事细则》规定了公断处负责处理当事人之间的商事纠纷,且仲裁裁决需经当事人同意后发生法律效力,若当事人不同意,则可诉至法院。其中《商事公断处办事细则》被认为是我国第一个关于仲裁的专门规定。参见刘景一、乔世明:《仲裁法理论与适用》,人民法院出版社,1997,第9页。
③ 马德才编著《仲裁法学》,南京大学出版社,2016,第17页。
④ Zhang Tietie, *Ad Hoc Arbitration in China* (New York: Routledge Press, 2019), p. 22.
⑤ 刘敏、陈爱武:《现代仲裁制度》,中国人民公安大学出版社,2002,第25页。

己的仲裁规则,并处理了大量国际商事仲裁案件。[1]我国仲裁制度大致经历了由只裁不审,到先裁后审,再到可裁可审,或裁或审和一裁终局阶段。[2]但是,由于受新中国成立初期高度集中的计划经济体制的影响,我国国内民商事仲裁制度不可避免地带上了计划经济体制下的行政性色彩,国内商事纠纷仲裁根本无法发挥其应有作用。从新中国成立初期至20世纪70年代中期,由于基本没有商业纠纷争议的存在,解决争议方式的仲裁以及诉讼均被边缘化,即使偶尔会提到"仲裁"一词,基本指代的也是特定的行政程序。[3]

改革开放初期,中国开始进行经济体制的改革,计划经济体制逐渐转变为社会主义市场经济,在市场经济条件下,中国的商业贸易重新焕发了生机与活力。社会中出现了大量的商事纠纷案件,为了解决这些纠纷,司法制度进行了进一步的改革。20世纪80年代初期,为了解决国内商业纠纷,中国制定了仲裁制度。[4]但是,因为仲裁制度发展不完备,1982年《民事诉讼法(试行)》与1991年《民事诉讼法》对涉外仲裁的相关规定都仍显原则性。20世纪80年代,仲裁制度的适用范围进一步扩大,适用领域进一步扩展,但通常是由政府机构代表国家行使仲裁权,进行仲裁活动。在这一时期,仲裁的公权力色彩更加浓重,仲裁庭并不是由当事人提交仲裁协议所开启的,其更类似于一种行政程序。并且,仲裁裁决并不具有最终约束力,当事人对仲裁裁决不满的可以进行诉讼。可见,此时的仲裁程序更加侧重机构仲裁,甚至偏行政化,仲裁程序已经失去了其适用空间。

在20世纪80年代末90年代初,即使在某些特定领域仲裁裁决具有最终效力的改革,[5]也仅仅是针对机构仲裁的革新与发展,而与临时仲裁制度无关。在改革开放后,中国仲裁机制已逐步开放,并开始寻求与国际立法接轨,国际上的临时仲裁在国内也逐渐获得肯定。[6]例如,中国国际经济贸易仲裁委员会在2012年修订的仲裁规则当中允许双方当事人约定适用其他仲裁机构仲裁规则,以及联合国专案仲裁规则。[7]在我国近现代机构仲裁"独占鳌头"的情况下,这些举措无疑扩大了当事人的自主权,我国临时

---

[1] 邓瑞平、孙志煜:《论国际商事仲裁的历史演进》,《暨南学报(哲学社会科学版)》2009年第6期,第95页。
[2] 宋朝武主编《仲裁法学》,北京大学出版社,2013,第10—11页。
[3] Zhang Tietie, *Ad Hoc Arbitration in China* (New York: Routledge Press, 2019), p. 24.
[4] Zhang Tietie, *Ad Hoc Arbitration in China* (New York: Routledge Press, 2019), p. 24.
[5] Zhang Tietie, *Ad Hoc Arbitration in China* (New York: Routledge Press, 2019), p. 27.
[6] 蓝瀛芳:《是否应承认非机构仲裁》,《仲裁》2015年第12期,第102页。
[7] William Leung, "China's Arbitration System: Changes in Light of Cietac Arbitration Rules 2012 and the Civil Procedure Law 2012," *Arbitration*, Vol. 79, No. 2 (2013): 171.

仲裁制度的萌芽就此产生。"中国最近已不再依法完全否定临时仲裁的合法性,并逐渐使之有合法地位。"①

随着我国对外开放战略的推进,经济贸易争议也随着与域外经济交往日益密切而不断增长。为了更加快速便捷地处理民商事纠纷,保障市场经济健康发展,我国在1995年9月正式施行《仲裁法》。这是我国现代意义上的第一部仲裁法,也标志着我国国际商事仲裁法律制度的正式确立。该部法律跟随世界潮流,遵循了国际上主流的仲裁原则和仲裁规范。但美中不足的是,1995年《仲裁法》并未承认临时仲裁。

(四)新时代临时仲裁制度的逐步发展

我国现代化临时仲裁制度的逐步发展得益于我国自贸区的建设和发展。党的十九大报告提出,"赋予自由贸易试验区更大改革自主权,探索建设自由贸易港"。自贸区作为我国经济与世界经济接轨的前端,其商业贸易纠纷也更显国际性。而与自贸区商事纠纷解决最相适配的非临时仲裁制度莫属。

在司法实践中,临时仲裁制度在中央的政策支持下在自贸区不断发展。最高人民法院在2016年发布实施的《自贸区司法保障意见》确定了我国自贸区内以"三特定"为原则的临时仲裁制度,以单独条款承认临时仲裁模式,这也是我国首次提出在自贸区建立临时仲裁制度,彻底打破了1995年《仲裁法》不承认临时仲裁的桎梏。2017年4月,珠海市横琴新区管委会和珠海仲裁委员会联合发布的《横琴横琴自由贸易试验区临时仲裁规则》成为中国大陆首部临时仲裁规则。2017年9月19日,中国互联网仲裁联盟制定并发布了《临时仲裁与机构仲裁对接规则》,这是我国第一部对接临时仲裁和机构仲裁的仲裁实践规则。

2018年4月3日,中国首例跨自贸区临时仲裁案例出现。2018年6月,中共中央办公厅、国务院办公厅印发的《关于建立"一带一路"国际商事争端解决机制和机构的意见》中明确提出,引导国内成熟仲裁机构开展国际商事仲裁,尊重当事人协议选择纠纷解决方式,合意选择其熟悉的本国法以及第三国法律的权利。2019年4月,中共中央办公厅、国务院办公厅发布《关于完善仲裁制度提高仲裁公信力的若干意见》,要求加快推进仲裁制度改革创新,提高仲裁服务国家全面开放和发展战略的能力,加大对仲裁

---

① J. Rogers and M. Townsend, "Hybrid" clauses in China, International Arbitration Report 2014 – Issue 3: "A Chinese court has indicated that, notwithstanding the prohibition on 'ad hoc' arbitration under Chinese law, PRC-seated proceedings may be conducted in accordance with the UNCITRAL arbitration rules."

工作的支持与监督力度。2019年12月,最高人民法院发布的《关于人民法院进一步为"一带一路"建设提供司法服务和保障的意见》《关于人民法院为中国(上海)自由贸易试验区临港新片区建设提供司法服务和保障的意见》,进一步肯定了自贸区内实行的临时仲裁模式。2021年3月26日,最高人民法院发布的《关于人民法院为北京市国家服务业扩大开放综合示范区、中国(北京)自由贸易试验区建设提供司法服务和保障的意见》第19条重申:"支持在自由贸易试验区内注册的企业之间约定在特定地点、按照特定仲裁规则、由特定人员对相关争议进行仲裁。恪守国际公约义务,依照《承认及执行外国仲裁裁决公约》承认和执行外国仲裁裁决。"

在政策和实践加持下,临时仲裁制度在我国获得了发展良机。临时仲裁制度充分保障当事人意思自治,程序便捷高效,完美契合了自贸区解决国际商事争端的现实需求。随着修订《仲裁法》在2018年被全国人大常委会列为二类立法项目,我们有必要吸取我国自贸区对临时仲裁制度先行探索的实践经验,将临时仲裁制度正式纳入《仲裁法》,彻底解决临时仲裁制度在我国面临的立法缺位问题,毕竟以法律形式承认临时仲裁是一国仲裁制度成熟的明显标志。幸运的是,这一良机正在到来。2021年7月30日,司法部对外公布的《仲裁法修订意见稿》第91条规定:"具有涉外因素的商事纠纷的当事人可以约定仲裁机构仲裁,也可以直接约定由专设仲裁庭仲裁。专设仲裁庭仲裁的仲裁程序自被申请人收到仲裁申请之日开始。当事人没有约定仲裁地或者约定不明确的,由仲裁庭根据案件情况确定仲裁地。"明确将临时仲裁制度纳入我国《仲裁法》当中。虽然《仲裁法修订意见稿》第91条将临时仲裁限定在涉外商事纠纷领域,但这至少能够表明立法者已经决定在我国建立临时仲裁制度,临时仲裁制度即将在全国正式铺开。

三、我国临时仲裁制度发展的总体性

临时仲裁制度在西方的缘起和我国基本相似,但是最终的发展却大相径庭。究其原因在于,仲裁制度在中西方的社会发展基础和社会环境存在明显不同。西方仲裁制度是自下而上发展起来的,是商人在国家权力之外寻求自治权的一种体现,仲裁制度在西方资本主义经济快速发展之下得以被广泛适用并得到官方承认。相比之下,中国仲裁制度的产生虽然也是在争议发生以后,当事人自主寻求第三人进行援助。但是,中国仲裁制度在高度集中的中央集权制度下只能是自上而下发展。在封建王朝小农经济自给自足之下,商品经济无从发展,商业纠纷甚少,此时仲裁制度基本没有发展的社会土壤。加之当时政治上中央权力的高度集中,即使有仲裁也不是当事人意思自治的结果,而是国家权力的附属品,与西方仲裁制度有着根本上的区别。明末清初,随着资本主义萌芽的发展,商业得到了一定的发展,处理商人之间贸易纠纷的商会应运而生,可以说此时的商会具备了一定的仲裁功能。晚清时代,中国被迫打开国门,在内忧外患之下艰难地进行现代化发展,从学习西方的工业制度到学习西方的政治制度,这一阶段中国对西方的仲裁制度展开了学习,建立商务局,但是这一阶段中国的仲裁更类似于机构仲裁而非临时仲裁。自民国初期一直到新中国成立以及改革开放后的仲裁都仅指机构仲裁,而非临时仲裁。1995年《仲裁法》更是仅仅确立了机构仲裁,无涉临时仲裁。

中国与域外临时仲裁制度发展的区别还在于,在自由经济主导下的西方国家,仲裁员的权力来自当事人仲裁协议的授权。因此,在临时仲裁程序中,当事人有较大的自主权。但在中国机构仲裁为主的背景下,仲裁员的权能主要来自国家法律授权,因为仲裁员权能的行使需要受到国家仲裁机构的监督与管理。[①]临时仲裁在西方国家始终是作为其最传统、最典型的仲裁制度。即使中国仲裁的缘起与西方世界仲裁缘起有着众多相似之处,但是在发展过程中两者却逐渐分野。尤其是在"二战"之后,中国的仲裁制度便以机构仲裁"一家独大",且仲裁机构属于国家机构,代表国家行使仲裁权。在中国改革开放之后至20世纪初期,基本没有临时仲裁制度适用的空间,机构仲裁作为1995年《仲裁法》唯一承认的仲裁方式一直沿用至今。但在西方,临时仲裁制度作为最典型、最传统的仲裁方式的地位并未受到影响,只是在19世纪中叶以后,与机构仲裁平分秋色而已。即使是在机构仲裁层面,中国的机构仲裁与西方的机构仲裁也存在较大差异,前者是国家机构,代表国家行使仲裁裁决权;后者是民间机构,其本质仍然是商人自治权在仲裁层面的具体展现。

临时仲裁从产生之初便体现着当事人的自主性,在西方国家,临时仲裁的使用率也长期居高不下。[②]我国1995年《仲裁法》确立了机构仲裁的合法地位,限制了临时仲裁制度的适用,在经济全球化的经济背景下,此举

[①] 蓝瀛芳:《是否应承认非机构仲裁》,《仲裁》2015年第12期,第100页。
[②] 在1982年至1992年之间,法国临时仲裁使用率处于42%~70%之间;在德国,临时仲裁的使用也同样普遍;2003年至2010年,美国集体仲裁事件中临时仲裁使用率为63%。参见蓝瀛芳:《专案仲裁与机构仲裁的分野及其不同的程序机制》,《仲裁》2015年第4期,第4页。

并不利于我国与国际上其他国家的经济交流和贸易往来。在临时仲裁制度下,当事人的自主权会受到国家极大尊重,当事人有权选择仲裁程序,有权选择仲裁员组成仲裁庭。我国仲裁制度在新中国成立初期便带有浓厚的行政化色彩,这在一定程度上限制了当事人的自主性,从而限制了临时仲裁制度的发展。

在我国,原则上仅承认机构仲裁的纠纷解决功能,这一点在1995年《仲裁法》当中进行了明确限定。但是在国际交流方面,我国却不得不承认临时仲裁这一纠纷解决方式。一个重要原因是我国加入了没有限定仲裁形式的《纽约公约》。例如,在20世纪80年代,我国与其他法域签订的双边贸易投资条约内的仲裁条款并未指明特定的仲裁机构。[①]在1986年与斯里兰卡,1993年与南美乌拉圭签订的条约当中则明确,当事人可以约定适用临时仲裁制度。我国香港特别行政区的临时仲裁裁决也可以在中国大陆得到强制执行。另外,在20世纪80年代以后,国营企业为了减轻仲裁费用负担,也在逐步改用临时仲裁制度。但在制度层面,仍未有所突破。在国际贸易交往当中,我国无法"故步自封",临时仲裁制度在我国仲裁实践当中已经得到了现实运用。临时仲裁与机构仲裁在国际社会上待遇同等,在西方社会更是受到追捧。但是,我国国内原则上仍只允许机构仲裁,在国际仲裁中才承认临时仲裁与机构仲裁的同等地位。到了新时代,在我国大力推动自贸区建设的大背景下,临时仲裁制度才得到进一步的发展与适用。

---

① 蓝瀛芳:《专案仲裁与机构仲裁的分野及其不同的程序机制》,《仲裁》2015年第4期,第7—8页。

第二章

我国建立临时仲裁制度的必要性与可行性

随着自我意识的觉醒,现代社会更青睐的是具有自治性的纠纷解决机制。仲裁逐步成为法院诉讼最为有效与可靠的替代性纠纷解决方案。但在我国现行仲裁法规则下,由于只存在机构仲裁而无临时仲裁,导致更能体现当事人意思自治的临时仲裁无法得到仲裁当事人的有效适用。相较于机构仲裁,临时仲裁裁决对个案的针对性更强,更有助于从整体上提升仲裁效率。同时,临时仲裁在程序利用方面更便利,程序进行方面更为灵活,程序成本层面更加可控,且体现双方当事人的真实意愿,仲裁庭的权力也不会受到过多的干预,因而备受国际贸易中双方当事人的青睐。

　　但遗憾的是,我国1995年《仲裁法》并未承认临时仲裁的合法性,这也从侧面论证了1995年《仲裁法》的缺陷。因此,颁布20余年的《仲裁法》亟须从立法上对仲裁规则进行修改,从而进一步完善我国的仲裁制度。但需要注意的是,随着时代发展与社会需求的变化,拘泥于传统仲裁机制的仲裁结构已渐不适宜,机构仲裁与临时仲裁的和谐共生在预防化解矛盾纠纷、提升社会治理水平、促进经济社会发展方面更有可能发挥出更大的作用。因此,借《仲裁法》修改契机,以及"一带一路"倡议实施与自由贸易试验区建设的现实需求,将临时仲裁纳入《仲裁法》已经具有相当的社会基础以作支撑。

　　党的十九大报告指出,要赋予自由贸易试验区更大的改革自主权,并探索建设自由贸易港。更为宽松的准入条件与优惠条件定会吸引更多外企入驻,但由此带来的问题是国际商事争端也会不断增多。因而,为保持自贸区经济的健康发展,临时仲裁制度作为高效便捷地处理国际商事纠纷的纠纷解决机制变得必不可少。同时,在优质外资企业入驻的同时,企业对"自身商业信誉的维护和在长期国际贸易商事往来中积累的临时仲裁'实战'经验又将为自由贸易港临时仲裁制度的环境建立起到助推作用"[①]。我国各自贸区、自由贸易港由于地理优势以及政策优势,相较于其他地区,对临时仲裁这种高效简便的纠纷解决机制有着更为强烈的需求。简言之,自由贸易试验区以及自由贸易港的设立均为临时仲裁制度的发展提供了契机。已有研究表明,临时仲裁在解决争议上高效、经济、灵活,能够更好地吸引投资者进驻自贸区。[②]

　　但除了现实政策推动以及实践需要外,从理论上探究临时仲裁制度建

[①] 何悦涵:《中国建设自由贸易港临时仲裁制度问题研究》,《上海对外经贸大学学报》2018年第6期,第62页。
[②] 赖震平:《我国商事仲裁制度的阙如——以临时仲裁在上海自贸区的试构建为视角》,《河北法学》2015年第2期,第160页。

立的必要性与可行性是确立临时仲裁制度不可回避的议题。因此,我们将从对外开放以及自贸区建设等国家战略出发,挖掘临时仲裁存在的社会基础与自身优势,以最高人民法院2016年底发布的《自贸区司法保障意见》第9条首肯中国大陆内的临时仲裁为起点,结合实务界对临时仲裁的有益探索,探寻临时仲裁制度得以在我国"生根发芽"的"土壤"。

一、我国建立临时仲裁制度的必要性

(一)临时仲裁的内在优势

1.临时仲裁的灵活性

相较于仲裁,民事诉讼需要"严格按照预定的程序和方式进行"[1]。具言之,法院诉讼需要按照法定的阶段和程序解决纠纷,但诉讼程序的刚性化特征又削弱了诉讼程序解决纠纷的灵活性。而仲裁在解决纠纷时极具灵活性与便利性。临时仲裁则进一步增强了仲裁的灵活性,更加尊重当事人的合意,程序也更加简便、高效。与民事诉讼程序相比,临时仲裁制度为当事人提供了更为多样的选择,仲裁员、仲裁程序准则都可由双方当事人通过协议加以确定。临时仲裁的程序规则并不是统一确定的,当事人享有充分的选择权,当事人可以自行决定仲裁程序的进行,可以根据实际情况随时对临时仲裁程序进行调整,例如对仲裁庭组成人员的更换等。要言之,临时仲裁根据当事人的需求"量体裁衣",在尊重当事人意思自治的基础上发挥临时仲裁的高度灵活性。在一些特定情况下,临时仲裁庭的组成、审理期限等内部时间限制都可以缩短或免除,以提高仲裁庭作出仲裁裁决的效率,节省当事人的时间。[2]

2.临时仲裁的经济性

临时仲裁作为仲裁方式的一种,自然也需要秉持"一裁终局"原则。在一般情况下法院诉讼是两审终审制,相较于临时仲裁而言,法院诉讼是一种成本较高的纠纷解决方式。诉讼的提起和进行均需要消耗大量的人力、物力和财力。如果案件需要经过多次审理才能终结,更为消耗时间,导致诉讼成本提高。与此不同的是,临时仲裁的经济性则体现在可以更为便捷、迅速地解决双方当事人之间的纠纷。2018年4月3日,我国首例跨自

---

[1] 张卫平:《民事诉讼法》,法律出版社,2016,第6页。
[2] 刘晓红、周祺:《我国建立临时仲裁利弊分析和时机选择》,《南京社会科学》2012年第9期,第96页。

贸区临时仲裁案件仅用一天审理便告结束。

并且,就社会资源的消耗来说,民事诉讼相比于临时仲裁,经济性有所降低。在临时仲裁中,仲裁庭的存在是因为案件的存在,当仲裁案件结束后,仲裁庭便会立即解散。临时仲裁和法院诉讼的区别之一即临时仲裁中的仲裁庭没有固定的场所和日常工作人员,仲裁当事人无须承担日常运作费用等必要开支。因此,相较于法院诉讼这种纠纷解决机制来说,临时仲裁更加低成本,更具经济性。除此之外,在临时仲裁中,当事人也没有负担仲裁机关行政费用的经济压力。

3.临时仲裁的中立性

在国际贸易争议中,仲裁是当今世界上最流行的争议解决机制。当发生商业纠纷的时候,当事人通常会选择高效、简便的仲裁程序来解决双方当事人之间的商贸纠纷。仲裁和诉讼兼具中立性,但是相较于诉讼程序来说,临时仲裁更具中立性。在国际贸易纠纷中,若是选择其中一方当事人所在地的法院,那么该方当事人相较于他方当事人更加熟悉该地法律制度,也更容易接触律师,双方的攻防能力必定会产生一定的差距。

但在临时仲裁制度下,仲裁庭是由双方当事人指定产生的,仲裁庭的权力也来源于双方当事人之间的仲裁协议。因此,相比于诉讼程序的刚性化特征,在临时仲裁程序中,拥有仲裁裁决权的仲裁员也是由双方当事人合意选出的,双方当事人在选择仲裁员维护自身权益时,亦会根据社会诚信最大限度地考虑临时仲裁的公平性,尽力保证仲裁员的中立性,从而更为迅速地解决双方当事人之间的商贸纠纷。

4.临时仲裁的普遍可执行性

在债务人不主动履行其应当履行的义务时,无论是诉讼程序结束或是仲裁程序结束,都将面临强制执行的问题。在某些国家,由于没有针对诉讼判决承认与执行的法律框架,对外国法院判决的承认与执行将会变得更加困难,有时甚至会漫长得如同诉讼程序一样。[①]同时,由于法院诉讼将会涉及一国司法主权的行使问题,因此也会加大一些国家或地区对诉讼判决承认和强制执行的难度。但临时仲裁裁决的承认与执行在《纽约公约》等国际条约的规定下则相对容易。截至目前,全世界共有100多个国家和地区加入了《纽约公约》,该公约第5条规定只有在七种例外情况下才可以拒绝承认和执行外国仲裁裁决。因此,《纽约公约》为承认和执行临时仲裁裁决提供了便利。基于临时仲裁裁决承认与强制执行的可保证性,在国际商

---

① Zhang Tietie, *Ad Hoc Arbitration in China*(New York:Routledge Press,2019),p.4.

事贸易纠纷中,临时仲裁的适用率较法院诉讼实际上更高。并且,临时仲裁在最大程度上尊重了双方当事人的意志,在一般情况下,双方当事人都会自愿履行仲裁裁决所确定的义务,执行不能的问题也没有诉讼判决那么明显。

5.临时仲裁的保密性

相较于诉讼程序的公开性,临时仲裁程序是保密的,可以在最大程度上保护双方当事人的仲裁信息。[①]双方当事人不必担心敏感的商业信息会被披露给大众,对于双方商业贸易发展具有颇多益处。同时,临时仲裁也会在一定程度上保护双方当事人的仲裁程序不受社会舆论的影响,尽力保障双方当事人之间的商业运转不受社会公众的影响。基于此,在国际商贸纠纷中,出于商业秘密保护的需要,更多的企业选择通过仲裁,特别是临时仲裁来解决企业之间的经贸纠纷。

(二)临时仲裁的制度功能

1.临时仲裁充分尊重当事人意思自治

当事人意思自治是临时仲裁得以存在和发展的基础。司法审查规则也应强调自治理念,坚持以尊重意思自治和契约自由的原则,尽力维护民事主体的交易习惯、经营模式和纠纷解决办法。意思自治不只是一种实体法精神,实体法纠纷的解决即民商事纠纷的解决也必须要尊重意思自治。在司法层面,由于民事诉讼等司法活动还渗透着国家意志,不能由当事人意思自治占据主导地位。但在临时仲裁这种民间化的纠纷解决方式中,意思自治应当发挥决定性的作用。临时仲裁中的意思自治应该包括两个基本内容:一是程序启动的意思自治,当事人自主选择临时仲裁作为纠纷解决的方式;二是意思自治也要遵守社会公序良俗。具体而言,临时仲裁中的意思自治包括下列内容。

首先,意思自治之"意思"在很多情形下要理解为双方当事人的共同意思,例如双方当事人共同认可才能选择临时仲裁作为纠纷解决的程序。临时仲裁的意思自治以契约为基础,根据契约(仲裁协议)临时仲裁才能解决当事人的纠纷。

其次,临时仲裁制度需要最大限度尊重当事人的意思,方能符合意思自治的要求。因为在程序层面,临时仲裁制度本身具有灵活性,缺乏一个刚性、固定的程序,因而需要当事人的意思作为正当化临时仲裁纠纷解决过程的基础。在实体层面,当事人在涉外经济贸易和海事纠纷中可以约定

---

① Zhang Tietie, *Ad Hoc Arbitration in China*(New York:Routledge Press,2019),p.6.

适用实体法。临时仲裁尊重当事人选择适用的法律,符合国际惯例,也能让当事人理解并尊重仲裁庭作出的裁决。

最后,意思自治有利于明确临时仲裁在纠纷解决体系中的定位,使临时仲裁制度在更宏观的层面形成逻辑自洽。意思自治的理念贯穿临时仲裁始终,在意思自治指导下确立的规则有利于解决强调审理的非公开性、专业性、迅速性的案件。由此形成临时仲裁制度不同于其他纠纷解决制度的鲜明特征,使其确立在纠纷解决体系中的固有地位。

2. 临时仲裁极具普适性

在临时仲裁中,当事人能够自己决定相应的仲裁程序,并可决定仲裁庭的人员组成。因而,临时仲裁不受仲裁机构的监督或者管理,也不归属于任何仲裁机构。因此,相较于诉讼程序来说,临时仲裁制度最大的特点在于其所具备的普适性。临时仲裁程序启动权交由当事人行使,在当事人达成仲裁协议指定仲裁员后便可开始仲裁程序。临时仲裁程序更多涉及的是双方当事人之间的合意。当事人约定或仲裁庭决定最终影响临时仲裁程序的进行。特别是仲裁庭由双方当事人自己选定,无须仲裁机构直接参与,更加充分地体现了当事人对于仲裁活动的自治性。

而同样作为纠纷解决手段的诉讼程序则涉及一国主权的问题。诉讼中的审判权是国家权力的重要组成部分,我国宪法和法律规定了人民法院独立行使审判权、不受任何行政机关、任何社会团体、任何个人干涉的规则,具体表现在《宪法》第131条和《人民法院组织法》第4条,都规定了人民法院依照法律规定独立行使审判权的规则。诉讼的开启与运行过程均涉及国家审判权的国家主权问题。

主权是国家独立自主地处理对内对外事务的权力。[1]该权力具有排他性,理应为其他国家充分尊重和不干涉。主权包括对内权力和对外主权,其中对内权力表现为立法权、行政权和司法权。民事诉讼中诉权及审判权所涉及的是对内权力中的司法权。在司法权运用的过程中涉及的程序法、冲突法、实体法适用都关系国家权力的自我尊重。[2]从罗马法早期行使司法权的高级官员必须拥有全权或治权(imperium)便可以看出,司法权从诞生之初便与国家主权有着密切的联系,司法主权是国家主权的重要组成部分。"现代国家都拥有完全独立自主的司法管辖权。"[3]诉讼中的管辖权问题也属于国家权力范畴。当发生国际贸易纠纷时,选择诉讼程序可能要面临

---

[1] 李浩培:《国际民事程序法概论》,法律出版社,1996,第44页。
[2] 刘力:《国际民事诉讼管辖权研究》,中国政法大学博士论文,2003,第1页。
[3] 何其生、万钧、秦红嫚等:《中国国际民事诉讼原则(建议稿)》,《武大国际法评论》2015年第2期,第9页。

一国司法管辖权和法院地冲突规范的适用问题。但是,适用临时仲裁程序则不会有这么多的顾虑。

(三)我国的现实需要

1.补足我国仲裁制度的空白

(1)临时仲裁与机构仲裁相比的比较优势

仲裁的两种基本形式包括机构仲裁和临时仲裁,二者有着不同的优势,功能定位也略有不同。[①]二者的根本区别在于仲裁机构的地位和作用:机构仲裁中,仲裁协议需要约定解决纠纷的仲裁机构,而临时仲裁则反之,仲裁机构只有在临时仲裁出现程序失灵、陷入僵局等情形时才有"用武之地"。除此之外,临时仲裁相对机构仲裁还有其独特的优势。首先,临时仲裁相对而言更能反映当事人的意思,当事人可以自行制定或选定仲裁规则,自行选择仲裁员、仲裁地。其次,临时仲裁不需要负担仲裁机构的运转成本,无须向常设仲裁机构缴纳管理费,成本构成上更有优势。最后,常设仲裁机构虽然并非官方组织,但也会带来内部分工的繁杂,造成纠纷解决程序的复杂化,而临时仲裁则可简化流程,效率更高。

(2)临时仲裁与机构仲裁的互补关系

临时仲裁固然具有体现当事人意思、降低当事人成本、提高效率的优势。但是,体现当事人共同意思的前提是当事人能够达成共同意思,如果当事人无法就这些问题达成一致,就无法开始、进行程序。此时,机构仲裁的制度化、专业化和规范化体现为与临时仲裁制度互补的优势:机构仲裁由管理机构对仲裁程序进行全程管理,防止出现严重的程序不公正。临时仲裁制度与机构仲裁制度相辅相成,通过临时仲裁制度的规定补足仲裁制度的立法空白,使当事人可以根据实际状况选择最恰当的纠纷解决方式,构建法治化、国际化、多元化的纠纷解决体系。

(3)临时仲裁与机构仲裁的竞争关系

临时仲裁制度与机构仲裁制度之间还可形成良性的竞争关系。在市场经济的大背景下,可以将仲裁视为一种服务商品,进而受到市场的调控、服从市场规律。仲裁不仅应当在机构与机构之间形成机构仲裁的内在竞争机制,还应当使机构仲裁与临时仲裁形成竞争关系,进一步促进仲裁制度的不断自我提升与自我完善,通过临时仲裁与机构仲裁的竞争,最终不断促进仲裁制度完善,保障仲裁的实体公正与程序公正,降低当事人的仲裁成本,实现仲裁的法治化。

---

① 胡轶:《机构仲裁和临时仲裁成本比较》,《人民法院报》2005年1月31日。

2."一带一路"倡议实施及自贸区建设等的需要

"一带一路"倡议的实施使我国与域外,尤其是"一带一路"共建国家间的商业联系更为频繁、紧密。这导致商事纠纷数量增多的同时,内容更为多元复杂。这使得纠纷解决的需要也愈来愈多元化,现行仲裁法在很多方面不能满足当代商事环境带来的新需求、适应新变化。

我国《仲裁法》的制定和实施改变了我国计划经济体制下的行政仲裁,转变为仲裁机构为中心的机构仲裁。仲裁案件、仲裁机构的规模随着经济的发展不断扩张,但国际化水平却不让人乐观:我国涉外仲裁案件数量每年在2000件左右,与总量相比微乎其微。而考虑到其中多数案件属于涉及我国港澳台地区的仲裁,与外国主体之间发生商事纠纷,利用我国仲裁制度解决的情形则更为罕见。这说明,我国国际仲裁在域外的认可程度不高,仲裁制度的发展状况与我国的经济地位并不匹配。[①]

就临时仲裁而言,我国《仲裁法》第16条要求仲裁协议必须指明仲裁机构、否则无效,实际上否定了在我国实施临时仲裁的可能性。但临时仲裁通常为其他国家的法律规定所认可,《纽约公约》第1款第2条明确指出公约也适用于临时仲裁。我国作为该公约的缔约国,却必须承认和执行域外的仲裁裁决。这导致我国仲裁制度在临时仲裁上形成了"内外有别"的局面。这导致我国仲裁制度发展的先天失衡,也导致利用外国仲裁程序的当事人的地位有高于利用我国仲裁程序的当事人的嫌疑,不利于推广我国的仲裁制度、提高我国仲裁制度在国际上的认知度。

3.多元化争议解决机制的发展趋势

替代性纠纷解决方式(ADR)的概念起源于美国,是各种诉讼外纠纷解决方式的总称。利益和冲突的多元化、社会主体关系的多元化、价值观的多元化,带来了纠纷解决手段的多样化需求。发展多元化纠纷解决方式已经成为世界上的时代潮流,仲裁作为诉讼外纠纷解决途径中历史悠久的一种,也得到了国际社会的普遍认可。对于不同种类的纠纷,应当在制度层面提供不同的解决方式,便于各类纠纷都能得到最为妥当的解决。对于诉讼而言,则是对需要得到公权力支持的民事纠纷当事人而提供的最正规的程序保障。[②]如果纠纷并非一方出于恶意破坏社会秩序或者损害对方的合法权利的目的而产生,而是由当事人对法律知识的不知或权利界定不清而导致,那么这种情形交由仲裁来解决再适宜不过。仲裁与其他纠纷解决方式相比,有其特殊性。与诉讼相比,高效性、便捷性和保密性是其绝佳优

[①] 毛晓飞:《"一带一路"倡议背景下我国商事仲裁制度的革新》,《人民法治》2018年第2期,第35页。
[②] 王亚新:《社会变革中的民事诉讼》,中国法制出版社,2001,第366页。

势；与其他非诉纠纷解决途径相比，可执行性和准司法性又使其具有相对的优势。正是由于仲裁具有上述优点，所以在多种民事纠纷解决途径中，仲裁能够崭露头角，能够在建设和谐社会的大前提下发挥自身的制度优势。[1]

早在2007年，我国就提出了"司法和谐"的前沿改革趋向。"司法和谐"的主导方向是构建和谐的诉讼秩序和形成和谐的司法环境，其中司法环境的维护强调诉讼、仲裁、人民调解和行政调解之间相辅相成的关系。作为纠纷解决机制的两大支柱，诉讼和仲裁之间的衔接关系在其中显得尤为重要。既要重视诉讼对仲裁的支持与监督，又要体现仲裁对诉讼的补充和影响作用。目前，我国正在着力建设社会主义法治社会，仲裁作为多元纠纷解决机制的重要组成部分，在法治社会的建设过程中也起到了决定性的作用。但是，需要注意的是，对仲裁进行司法监督这个环节中仍存在着一些弊病，这些问题需要在司法改革过程中得到进一步的解决和攻克。

二、我国建立临时仲裁制度的可行性

（一）法治环境的有力支撑

1. 社会诚信体系不断健全

"诚信是临时仲裁生存的最大土壤。"[2]《仲裁法修订意见稿》第4条规定："仲裁应当诚实善意、讲究信用、信守承诺。"必须承认，临时仲裁制度在实践中发挥其应有功能的社会基础之一就是市场信用制度和社会信用制度。临时仲裁不同于机构仲裁有常设的仲裁机构，临时仲裁没有固定的专业人员协助处理繁重的事务，若不同国籍的当事人欠缺善意时，便难以获得适用法律规则的共识。[3]而临时仲裁的高效率和灵活性恰恰建立在双方当事人的高度共识之上。只有在双方当事人达成高度共识时，临时仲裁程序与实体的适用法律规则才能更加灵活与开放，才更能使临时仲裁有自主性运作的空间。[4]简言之，若想适用临时仲裁程序，争议的双方之间应当是互负善意且高度配合的。若双方当事人之间彼此欠缺善意，不但在未开始

---

[1] 武兰芳：《完善仲裁司法监督制度的现实价值评析——以构建多元化纠纷解决机制为视角》，《河北法学》2010年第9期，第40页。
[2] 刘晓红、周祺：《我国建立临时仲裁利弊分析和时机选择》，《南京社会科学》2012年第9期，第100页。
[3] 蓝瀛芳：《是否应承认非机构仲裁》，《仲裁》2015年第12期，第95页。
[4] 蓝瀛芳：《是否应承认非机构仲裁》，《仲裁》2015年第12期，第95页。

仲裁就对提交仲裁的内容多有争执,在达成仲裁协议后也难以组成仲裁庭,此时往往导致仲裁拖延。①另外,临时仲裁程序的进行往往取决于双方当事人之间的诚信配合,只有双方当事人之间的相互配合才能防止临时仲裁程序进行的无故拖延。当事人之间的善意是发挥临时仲裁所有优势的基础。主张暂缓引入临时仲裁程序的学者认为我国是否存在开展临时仲裁的先决要件——信用基础,仍待进一步考究。②

但是,随着我国改革开放实践的不断深入,我国企业也越来越具备国际视野。"人无信而不立",我国企业在国际商业中的发展壮大从侧面也印证了中国企业的诚信度。并且,我国的临时仲裁制度已经在自贸区先行先试,自贸区的企业多为国际贸易型企业,较为注重维护自身诚信。随着中国经济与世界经济的进一步接轨,中国企业在走出去的过程中必然更加注重对自身商业诚信度的提升,以及对自身商誉的维护,以求在世界贸易中赢得先机。

近年来,我国也加大了对于失信行为的惩戒,强力推进社会信用体系建设。③与此同时,我国也在不断探索建设失信联合惩戒机制,加强机构队伍建设,并开展重点领域联合惩戒工作改善社会信用环境。我国营商环境的改善也在逐步进行,2017年最高人民法院发布《关于为改善营商环境提供司法保障的若干意见》,再一次强调要推动社会信用体系建设,为优化营商环境提供信用保障。李克强总理在2019年《政府工作报告》中指出,要激发市场主体活力,着力优化营商环境。在优化营商环境的大背景下,进一步放宽市场准入,便利国际贸易投资,发展国际贸易。

2. 社会主义市场经济不断发展

在计划经济时代,市场受计划体制约束,交易主体缺乏独立的民事地位,在诉讼中当事人处分权也受到限制。法院处理民事案件即可满足解决纠纷的需要,在经济上对临时仲裁制度缺乏需要,临时仲裁制度也没有以市场经济为基础的法律制度的支撑。而20世纪70年代末开始,我国通过

---

① 蓝瀛芳:《专案仲裁与机构仲裁的分野及其不同的程序机制》,《仲裁》,2015年第4期,第39页。
② 赖震平:《我国商事仲裁制度的阙如——以临时仲裁在上海自贸区的试构建为视角》,《河北法学》2015年第2期,第157页。
③ 2016年5月,国务院印发《关于建立完善守信联合激励和失信联合惩戒制度加快推进社会诚信建设的指导意见》;2017年10月,国家发展改革委、中国人民银行发布《关于加强和规范守信联合激励和失信联合惩戒对象名单管理工作的指导意见》,进一步完善失信惩戒联动机制;2018年3月,国家发展改革委发布《关于做好〈关于加强和规范守信联合激励和失信联合惩戒对象名单管理工作的指导意见〉贯彻落实工作的通知》并公布各行业信用红黑名单;2018年7月,国家发展改革委、中国人民银行联合发布《关于对失信主体加强信用监管的通知》;2018年8月,中央精神文明委印发了《关于集中治理诚信缺失突出问题提升全社会诚信水平的工作方案》。

改革开放逐步建设市场经济。2010年,我国GDP总量超过日本,跃居世界第二。我国已经成为世界第二大经济体,商业社会得到充分发展。

临时仲裁存在的经济基础是市场经济的繁荣发展,而国家对市场经济的规范则是临时仲裁的制度基础。随着我国市场经济的发展,民商事纠纷案件数量陡然增加,市场主体愈发多元,民间规范、商业惯例愈发受到重视,涉及法律关系也更为复杂,这首先使多元化的纠纷解决方式具有了赖以生存的社会经济土壤。宪法确立"公有制为主体、多种所有制经济共同发展"的基本经济制度,市场经济相关的法律制度得到完善。"仲裁制度的优越性与市场经济的'契约自由''效率优先''兼顾公平'的原则一致。"① 目前,我国市场经济的发展保持着向上向好发展的势头,这不仅为临时仲裁制度提供了充分的经济基础与制度供给需求,同时市场经济的日益完善也意味着规范市场经济的法治体系得到了长足进步。例如,在计划经济的时代,由于各市场主体之间的地位并不平等,此时要适用仲裁制度,制度与实践之间就会存在一定罅隙。而在市场经济时代,民商事主体的平等性使得商事仲裁制度成为当然可行的解决纠纷方式。② 市场经济发展以及法治的进步使得临时仲裁制度有了可靠的制度土壤。

3.《自贸区司法保障意见》对临时仲裁的先行先试

(1)《自贸区司法保障意见》第9条第3段的正确解读

基于"一带一路"倡议实施、自由贸易试验区与自由贸易港建设等国家政策的支持,以及临时仲裁得以存在的社会基础与其自身的内在优势,最高人民法院根据国家战略需求与司法实践需求发布的《自贸区司法保障意见》对中国大陆内的临时仲裁制度首次正式予以承认。不可否认的是,这是我国仲裁法治发展史上的一件大事,但美中不足的是相关表述较为模糊,因而需要对其进行正确解读,以更好地指引实践。总体而言,《自贸区司法保障意见》第9条第3段关涉的临时仲裁制度主要包括三个方面的内容,分别是对主体的限制,"三特定"的限制以及认定仲裁协议无效的法院内部层报制度。

① 主体限制

在《自贸区司法保障意见》对临时仲裁机制的宏观指引下,自贸区内临时仲裁的适用主体被限制在自贸区内注册的企业,这是临时仲裁协议合

---

① 杨定德:《论我国仲裁制度发展的环境》,载广州仲裁委员会编《仲裁文集》(第1辑),法律出版社,2005,第170页。
② 吴如巧、李震:《从国家到社会:中国商事仲裁制度的反思与完善》,《社会科学战线》2020年第7期,第192页。

法、有效的必要条件。自贸区内注册的企业,通常是指在自贸区范围内进行工商登记注册的企业,包括中国法人企业和外商投资企业,后者包括外商独资企业、中外合作经营企业和中外合资经营企业。

②"三特定"限制

"三特定"主要涵盖三个方面:地点、规则与人员。《自贸区司法保障意见》对"特定"的界定语焉不详,导致在自贸区临时仲裁制度在一定程度上被搁置的局面。同时针对一些新型的纠纷,意见中也未前瞻性地提出一些解决的法律依据。[①]因而,需要对"三特定"的含义进行明晰。

a. 内地特定地点

在明确"内地特定地点"前,有必要先对"仲裁地"的含义予以厘清。"仲裁地"并不是一种地理概念,而是一个法律意义上的概念。当事人选择了仲裁地,就意味着当事人愿意让仲裁程序受到该地仲裁法律法规的约束,在国际商事仲裁规则中具有极为重要的地位。具体而言,仲裁地的确定具有以下作用:决定对仲裁协议效力作出认定的法院,决定仲裁程序应符合何国法律,决定有权撤销仲裁裁决的法院。因此,"仲裁地"通常是在涉外仲裁中才适用的概念。但在自贸区企业之间的临时仲裁却不一定是涉外仲裁,因而"内地特定地点"不应等同于"仲裁地"。"内地特定地点"一词更像是出于司法监督的需要而产生的,其目的是明确"特定地点"法院对仲裁协议效力的确定以及仲裁裁决的撤销拥有管辖权。因此,将"特定地点"限定为"内地"也能够佐证这一目的,这样可以使临时仲裁更加可控,也符合暂时作为试点的实践要求。

b. 特定仲裁规则

对于"特定仲裁规则",《自贸区司法保障意见》同样未予以明确。但可以知道的是,"特定"指的是能用于指导临时仲裁程序的规则。一般而言,可以用于指导临时仲裁的规则包括可用于临时仲裁的国际仲裁规则,可用于临时仲裁的国内仲裁规则,以及当事人自行约定的规则。但值得注意的是,有些规则并不能为当事人作临时仲裁选择,例如,2017年《国际商会仲裁规则》就规定,仅在国际商会仲裁院仲裁的案件方能适用该仲裁规则。[②]这也意味着当事人如果不选择国际商会仲裁院对临时仲裁案件进行管理,则不能单独选择适用该规则。

[①] 张圣翠、傅志军:《我国自贸区临时仲裁制度创新研究》,《上海财经大学学报》2019年第2期,第142页。
[②] 《国际商会仲裁规则》第1条第2款:"仲裁院是唯一经授权对仲裁规则下仲裁活动实施管理的机构,包括对按照仲裁规则所作出的裁决进行核阅、批准。"

c.特定人员

特定人员指的是特定的仲裁员。仲裁员的选择是组成临时仲裁庭的核心问题。对于临时仲裁中仲裁员的选择与仲裁庭的组成问题,后文将对此进行详述,在此仅从现行1995年《仲裁法》出发对自贸区临时仲裁的特定人员问题进行简述。1995年《仲裁法》第13条明确规定,仲裁员除需要公道正派的道德素质外,还需要"三八两高"的专业素质。[1]满足"三八两高"中的任何一个条件即可成为仲裁机构的仲裁员。有学者认为,临时仲裁因为没有仲裁机构的监督和管理,对仲裁员应提出更高的要求,因而上述标准只能作为一个基本标准,必须达到,换言之,当事人完全可以协商选择更高标准的仲裁员。[2]

但鉴于临时仲裁的自治性特征,在临时仲裁中不应对仲裁员的资格做过多限制。首先,临时仲裁本身就强调意思自治,如在小额仲裁案件中,双方当事人完全可以节约费用,选择标准相对低的仲裁员,当事人需要的是"量体裁衣"。其次,低标准的仲裁员或许更容易腐败,但防止仲裁员腐败不仅要求自身清廉,也要求一套良好的监督机制,如果监督得当,会减少大部分的腐败行为的发生。最后,放宽仲裁员任职资格的限制是全球仲裁发展的整体趋势,强制的仲裁员名册和过严的限制不再必要。[3]

③认定临时仲裁协议无效的内部层报制度

当法院认为临时仲裁协议有效时,则可直接认定有效;当法院认为临时仲裁协议无效时,不能直接认定无效,而需逐级上报,直到最高人民法院亦认为协议无效的,始能认定无效。仅将认定无效的情形设置内部层报制度,展示了最高人民法院对自贸区内当事人选择适用临时仲裁解决纠纷的鼓励与谨慎。

(2)《自贸区司法保障意见》第9条的历史意义

《自贸区司法保障意见》第9条在中国大陆将临时仲裁制度有限放开,[4]无疑是新中国仲裁法治发展史上的一大历史性进步,我国仲裁学界对此反应亦十分热烈,众多学者选择将更多眼光放至国际商事仲裁的理论和

---

[1] "三八"标准指从事仲裁工作满八年或律师工作满八年或曾任审判员满八年;"两高"标准指从事法律研究、教学工作并具有高级职称,或具有法律知识、从事经济贸易等专业工作并具有高级职称或者具有同等专业水平的。

[2] 高菲、徐建:《中国临时仲裁实务指南》,法律出版社,2017,第43页。

[3] 杨良宜:《国际商务仲裁》,中国政法大学出版社,1997,第232页。

[4] 并非所有案件都适宜临时仲裁,从程序特征与争议形态上来看,临时仲裁更适合标的额较小、时间紧迫的纠纷,绝大多数案源集中在金融、海事海商等领域。参见宋薇萍:《专家呼吁自贸区建立临时仲裁制度》,《上海证券报》2013年12月23日第2版。

实践当中,以进一步推动我国《仲裁法》修改,完善我国仲裁制度。的确,临时仲裁的有限放开不仅有利于涉外民商事纠纷的解决,还可以吸引域外经济主体投资,增加外汇收入,同时也方便国内经济主体走出去。2019年在全国仲裁工作会议上,我国提出了新时代仲裁改革发展的目标:立足于我国国情,构建与大国地位相符、适应国际化发展的多层次仲裁工作体系,打造全球性具有中国属性的仲裁品牌。[①]并且,待自贸区临时仲裁机制先行先试后,及时总结经验教训,将其上升为可复制推广的做法,积极推动相关法律的修订。[②]

在《自贸区司法保障意见》对中国大陆内的临时仲裁模式予以首肯之后,自贸区与一些机构便开始了对我国临时仲裁机制的有益探索,它们所进行的种种实践探索带来的有益经验,为我国临时仲裁的立法构建增添了更多的必要性与可能性。

(二)自贸区对临时仲裁规则的有益探索

临时仲裁的落地,首先依赖于规则的建立。但现有的机构仲裁规则,并不能完全满足临时仲裁的司法实践需要。至于国际性临时仲裁规则,因部分规则并不适合我国法治环境,亦不能将其完全照搬。因此,需要建立一套既能适用于我国,又能和国际接轨的临时仲裁规则。截至目前,较为著名的临时仲裁规则主要是《横琴自由贸易试验区临时仲裁规则》与《临时仲裁与机构仲裁对接规则》,因而有必要对其主要内容进行分析。

1.《横琴自由贸易试验区临时仲裁规则》的先行探索

2017年3月23日,珠海市横琴新区管委会和珠海仲裁委员会联合发布《横琴自由贸易试验区临时仲裁规则》,标志着临时仲裁制度在中国大陆内的落地施行。该规则共计8章61条,主要包括以下内容。

(1)明确的适用范围。三种情形可适用该规则:一是纠纷双方皆为自贸区内注册企业,且订立了临时仲裁协议;二是双方当事人合意采取临时仲裁制度;三是投资者与东道国之间因直接投资而产生的争端解决。

(2)设置了仲裁员指定机构。临时仲裁的进行虽不依赖于仲裁机构,但由于程序的不稳定性,仍需要特定的机构协助仲裁庭进行仲裁程序。该规则设置了仲裁员指定机构,目的在于在仲裁庭组成不能达成一致时、在

---

① 孝金波:《全国仲裁工作会议举行完善仲裁制度提高仲裁公信力》,http://legal.people.com.cn/n1/2019/0329/c42510-31001831.html,最后访问日期:2021年11月20日。
② 张勇健、刘敬东、奚向阳等:《〈关于为自由贸易试验区建设提供司法保障的意见〉的理解与适用》,《人民法院报》2017年1月18日第5版。

案件形成僵局时、在某些环节或措施的法定效力缺乏明确规定时发挥居中判断推进仲裁的作用。同时,该规则规定在当事人未约定指定仲裁员机构、约定的指定仲裁员机构不作为或不能承担必须由仲裁机构才能行使的职权时,由珠海仲裁委员会作为最终的指定机构,确保介入机构应履行的职责得以最终实现。

(3)裁决书和调解书的转化。规则中明确为仲裁委确认裁定书和调解书提供了专门的程序,也为临时仲裁转化为机构仲裁提供了明晰的路径,以期解决临时仲裁裁决可能因仲裁法或民事诉讼法无相关规定而影响裁决结果实现的问题。

(4)仲裁庭可以使用第三方提供的有偿服务。相较于机构仲裁,以往的临时仲裁在提供案件管理专业服务方面稍有欠缺。因此,为了妥善处理缺漏确保仲裁程序的顺利推进,该规则规定双方当事人合意可以要求第三方提供有偿案件管理专业服务。①若一方当事人不同意,则不利后果应由该方当事人承担。

(5)弱化程序性事项的强制规定。该规则对于证据的提交、质证和审查都没有作出刻板的规定,而是将其交由仲裁庭和当事人协商进行。若当事人无约定,则由仲裁庭自行决定。这些规定赋予仲裁庭充分的自主权,体现出临时仲裁的灵活性和便利性。

(6)较为详细周密的程序设计。为更好地服务临时仲裁程序,该规则进行了较为缜密的程序设计,例如,在仲裁员的选任与确定方面,临时仲裁一改机构仲裁中只能在仲裁员名册中选取仲裁员的局限,将选任的自主权进一步扩大。同时,当事人既可直接指定也可约定指定,还可指定仲裁员机构指定,这就避免了在细节问题上无法达成一致而造成仲裁不能情形的发生。

作为中国内地第一部临时仲裁规则,《横琴自由贸易试验区临时仲裁规则》既能以实际行动推动临时仲裁的落地,完善自贸区多元化纠纷解决机制,也能为接下来其他临时仲裁规则的出台提供参考样本,具有重要的实践意义和学术价值。

2.《临时仲裁与机构仲裁对接规则》的新型实践模式

2017年9月19日,中国互联网仲裁联盟②制定并发布了《临时仲裁与

---

① 第三方有偿案件管理专业服务包括但不限于财务管理、秘书服务、场地租赁、案卷保存、代为送达、协助保全等。
② 中国互联网仲裁联盟是由仲裁机构、高等院校、律师协会、仲裁员协会以及互联网技术企业等共同组成,旨在实现仲裁机构及相关各界之间交流合作、互联互通、共商共建共享,推动仲裁创新发展的民间组织,联盟设总协调人。

机构仲裁对接规则》，这是国内第一部对接临时仲裁和机构仲裁的规则。该规则融合了互联网技术及仲裁制度的发展，并在现有仲裁法框架下，激活仲裁程序和审理程序的灵活性，推进仲裁法律服务的市场化。《临时仲裁与机构仲裁对接规则》同时还将临时仲裁与互联网仲裁云平台[①]结合，具备开放的仲裁员库，共享配套服务，提供临时仲裁与机构仲裁对接服务。该规则共6章30条，主要有以下特点。

(1) 极具灵活性和开放性。一方面，《临时仲裁与机构仲裁对接规则》考虑到临时仲裁当事人可以根据自己的实际情况变更规则的适用，甚至创立新的规则，故进行了灵活性规定。另一方面，考虑到目前我国已有超过270家仲裁机构，且每家仲裁机构都有自己的仲裁规则，仲裁程序不尽相同，因而《临时仲裁与机构仲裁对接规则》的制定也遵循了高度开放性理念，能够有效容纳其他仲裁规则。

(2) 依托互联网仲裁云平台。《临时仲裁与机构仲裁对接规则》明确了互联网仲裁云平台的衔接功能。针对临时仲裁程序而言，互联网仲裁云平台为其提供了一个公共且统一的平台。针对临时仲裁与机构仲裁的衔接而言，仲裁云平台为两者的对接提供专业的技术和高效的服务。仲裁程序的整个流程，包括送达、缴费、组庭、庭审、裁决等均可通过区块链等技术手段进行固化储存，不可以篡改，最大限度保证案件的真实性、透明和公正，有效防止虚假仲裁，维护法律威严。

(3) 建设开放的仲裁员库。通过互联网仲裁云平台，可以将互联网仲裁联盟成员仲裁机构仲裁员名册上的仲裁员，非仲裁联盟成员仲裁机构仲裁名册上的仲裁员，以及其他符合《仲裁法》规定的具备仲裁员资格的专业人员，均纳入仲裁员库，极大地丰富了仲裁员名单。同时，赋予当事人充分的选择权后，能够有效避免选定仲裁员的随意性，确保仲裁员的素质。

(4) 程序管理和配套服务完善。《临时仲裁与机构仲裁对接规则》参照了国际通行做法，仲裁庭可委托一名仲裁联盟的秘书，将仲裁程序的辅助性工作，如文书收发、档案整理等交给秘书处理，这有利于将仲裁员从烦琐的文件和程序中解放出来，专业、高效地处理案件实体问题。此外，当事人还可以利用互联网仲裁云平台对电子证据进行托管，通过时间戳、区块链等技术对证据进行固化与储存，仲裁的整个程序实现同步备份，确保案件的真实性，同时也为临时仲裁与网络仲裁的对接奠定基础。

(5) 将临时仲裁与机构仲裁对接。《临时仲裁与机构仲裁对接规则》规

[①] 互联网仲裁云平台(即"易简网")是临时仲裁与机构仲裁对接的网络平台，由广州易简在线争端法律服务有限公司提供服务和技术支持。

定了两种对接方式：其一为程序对接，其二为裁决对接。程序对接，指在临时仲裁过程中，当事人或者仲裁联盟可以通过向仲裁联盟进行申请将临时仲裁程序转化成为机构仲裁。裁决对接，指当事人在仲裁庭作出临时仲裁裁决或调解后，可以向仲裁机构提出申请进行对接，仲裁机构经审查认为临时仲裁裁决没有特定缺陷时，予以出具对接的机构仲裁裁决或调解书，并加盖机构印章。在对接仲裁机构的确定上，以当事人自由约定为原则，仲裁联盟协调商定的除外。

（6）明确仲裁费用确认方式。仲裁费用原则上由当事人协商确定，不能协商确定的，参照国务院《仲裁委员会仲裁收费办法》的标准执行。费用主要包括仲裁员酬金、仲裁机构确认费、仲裁云平台运营费等。该费用的承担吸纳了国际通行的"赢家通吃"原则，但由败诉方承担的仲裁费用应当限定在合理范围内。此外，《临时仲裁与机构仲裁对接规则》还考虑到了近年来兴起的第三方资助实践，为仲裁庭在第三方资助案件中的费用承担提供指引。

结合我国仲裁制度的发展实际与我国法治环境，临时仲裁的落地应当采取与仲裁机构相结合的形式，二者和谐并存将发挥更大的作用。有鉴于此，《临时仲裁与机构仲裁对接规则》充分体现了对当事人意思自治理念的尊重，同时也给予了诸多程序指引、对接指引，尤其是利用互联网平台，探索形成了"互联网+临时仲裁"的新型实践模式。

3. 南沙仲裁中心的临时仲裁经验

临时仲裁在自由贸易试验区落地施行后，自贸区内临时仲裁的实践案例在逐渐增多，服务临时仲裁的仲裁机构规模也在逐步扩大。在这种情况下，南沙仲裁中心充分发挥其作为国际商事仲裁平台的优势，修改《中国南沙国际仲裁中心仲裁通则》，明确引入临时仲裁。同时，南沙仲裁中心还针对涉外（包括港澳）仲裁，发布了《香港国际仲裁模式流程指引》和《澳门国际仲裁模式流程指引》（以下合称《港、澳仲裁模式指引》，[1]创新了一种新型的临时仲裁模式。

（1）《港、澳仲裁模式指引》中的临时仲裁

《港、澳仲裁模式指引》有两个版本，第一个版本在2014年12月13日发布，该流程指引不涉及临时仲裁；第二个版本在2017年10月13日发布，新版本配合了香港《仲裁条例》的修订以及《自贸区司法保障意见》关于临

---

[1]《三大仲裁庭审模式流程指引》内含《广州国际仲裁模式流程指引》《香港国际仲裁模式流程指引》《澳门国际仲裁模式流程指引》，本部分针对临时仲裁，故仅针对《港、澳仲裁模式指引》。

时仲裁提出的指导性意见,使其既能适用于临时仲裁,也能适用于机构仲裁。

《港、澳仲裁模式指引》以港、澳仲裁模式为蓝本,可指引当事人按照英美法系、大陆法系的国际临时仲裁模式进行仲裁。当事人自愿将案件委托南沙仲裁中心服务后,可以通过《中国南沙国际仲裁中心仲裁通则》的指引,根据最密切联系原则,先选择具体的适用规则,再根据规则的指引选择临时仲裁的审理模式。此为南沙仲裁中心创设的内地对接到港澳临时仲裁的通行模式。南沙仲裁中心在其中担任的是临时仲裁辅助机构的角色,始终处于服务的位置,而不是作为传统的仲裁机构。

选择香港临时仲裁模式的,除当事人另有约定或南沙仲裁中心主任另行指定外,仲裁适用《香港仲裁条例》,仲裁地在香港;选择澳门临时仲裁模式的,除当事人另有约定或南沙仲裁中心主任另行指定外,仲裁适用《涉外商事仲裁专门制度》(澳门第55/98/M号法令),仲裁地在澳门。无论选择何种模式,均可在南沙或其他地方开庭。

值得注意的是,南沙仲裁中心对香港、澳门仲裁模式除根据二者仲裁本身的特点制定不同的程序指引外,还有一项明显的区别。《香港国际仲裁模式流程指引》第30条规定:"如当事人要求,或仲裁庭或南沙仲裁中心主席根据案件的情况认为合适,仲裁裁决文书可加以中国广州仲裁委员会的名义及形式作出。"而在《澳门国际仲裁模式流程指引》中却没有相关规定。也就是说,如果选用香港模式进行临时仲裁,仲裁裁决在一定条件下可以直接以广州仲裁委名义作出,仲裁裁决的效力等于广州仲裁委的机构仲裁裁决,无须另行对接。如果选用澳门模式进行临时仲裁,则不能直接以广州仲裁委名义作出仲裁裁决,只能在满足《自贸区司法保障意见》第9条第3款的条件下,申请对接仲裁裁决。《港、澳仲裁模式指引》为自贸区发展临时仲裁机制提供了一个新的思路,即无须在内地建设一套完整的临时仲裁制度,而将临时仲裁程序接入港澳,利用港澳的临时仲裁规则,然后再将临时仲裁裁决对接进入内地。

(2)《中国南沙国际仲裁中心仲裁通则》对临时仲裁的创新设计

2017年南沙仲裁中心发布的《中国南沙国际仲裁中心仲裁通则》配合了《自贸区司法保障意见》的临时仲裁指导性规定,第3条第4款更是对临时仲裁制度的直接回应,将南沙仲裁中心变革为临时仲裁辅助机构,将临时仲裁落到实处。

《中国南沙国际仲裁中心仲裁通则》第3条第4款规定:在自贸区内注册的企业相互之间依据《自贸区司法保障意见》规定,约定在内地特定地点、按照特定仲裁规则、由特定人员对有关争议进行仲裁的,本中心可依据当事人约定或法律规定为案件提供协助组成仲裁庭、送达案件材料、提供开庭地点等服务。据此,南沙仲裁中心作为临时仲裁服务机构,服务临时仲裁案件的特点主要包括以下内容。

①服务性质为第三方民间服务

南沙仲裁中心服务临时仲裁,并非以机构仲裁中的仲裁机构身份服务管理,而是通过当事人授权委托,以民间第三方角色进入临时仲裁。南沙仲裁中心的介入,并不会影响临时仲裁案件的性质。

②服务案件严格限定在《自贸区司法保障意见》规定范围内

《中国南沙国际仲裁中心仲裁通则》第3条第4款将对临时仲裁案件服务的范围规定在"自贸试验区内注册的企业相互之间",符合主体要素。同时将仲裁案件也限定在"三特定"原则内,符合《自贸区司法保障意见》的要求。

③强调服务职能,符合核心要求

《中国南沙国际仲裁中心仲裁通则》第3条第4款明文规定的服务职能包括三项:依据当事人约定或法律规定为案件提供协助组成仲裁庭、送达案件材料、提供开庭地点等服务。

a.协助组成仲裁庭

该项服务职能内容丰富,包括协助指定仲裁员,提供仲裁员名册,协助选择仲裁秘书等,是南沙仲裁中心承担的主要服务职能。

b.送达案件材料

案件材料包括仲裁协议、仲裁申请书、授权委托书、证据材料、答辩书、保全申请材料、调解协议、裁决书等。南沙仲裁中心根据当事人委托或法律规定,可以为临时仲裁案件当事人,以及在当事人与仲裁庭之间传递案件材料,为仲裁程序的正常运行助力。

c.提供开庭地点

临时仲裁案件的特点之一是尊重当事人之间的高度意思自治,其中包括对开庭地点的约定,理论上任何有条件适合开庭的地方都可以约定开庭,包括但不限于仲裁机构庭室、公司、法院等地。但目前看来,临时仲裁的开庭地点多为公司等"私人之地"。南沙仲裁中心规定该仲裁机构可为临时仲裁提供开庭地点,是对临时仲裁制度的有力支持。

机构仲裁和临时仲裁之间不存在难以逾越的鸿沟,制度要真正显现出活力也离不开各项制度的协同作用。从现实的角度出发,临时仲裁制度总是在借助机构仲裁程序上的经验,仅凭临时仲裁的一己之力,难以独善其身。有意地回避机构仲裁的参与,临时仲裁可能产生程序失范和影响仲裁效率等一系列的问题。[1]"双方当事人在选择临时仲裁的同时通过指定仲裁机构寻求一些程序管理上的协助"已成为普遍现象,例如在我国香港特别行政区,有一定比例的临时仲裁案件都是借助机构仲裁的力量进行的。[2]南沙仲裁中心通过改革,发布《中国南沙国际仲裁中心仲裁通则》,将自身变革为临时仲裁辅助机构可为当事人所选择,为临时仲裁制度的发展作出了卓越贡献。

---

[1] 张建:《构建中国自贸区临时仲裁规则的法律思考——以〈横琴自由贸易试验区临时仲裁规则〉为中心》,《南海法学》2017年第2期,第82页。
[2] 赖震平:《我国商事仲裁制度的阙如——以临时仲裁在上海自贸区的试构建为视角》,《河北法学》2015年第2期,第160页。

第三章

临时仲裁的适用条件

在明晰了我国《仲裁法》建立临时仲裁制度的必要性与可行性之后,紧接着的问题是我国《仲裁法》应当如何引入这样一套全新的诉讼外纠纷解决机制,毕竟临时仲裁立法在我国尚属首次。我国现行《仲裁法》除了存在仅规定机构仲裁而不承认临时仲裁的合法性这一问题外,还存在区分涉外仲裁与国内仲裁分别适用不同的程序规则等现实问题。例如,在仲裁裁决的撤销方面,我国仲裁法和民事诉讼法对国内仲裁和涉外仲裁规定了相异的撤销事由,实行"双轨制"做法。这不仅有悖于世界各国仲裁立法通例,而且不符合我国当事人的利益期待,在仲裁法理上亦有不足。[①]当然,在某些情况下,区分涉外仲裁与非涉外仲裁,对于保障国家行使司法主权而言的确是有利的。例如,在我国现行仲裁法治体系下,国内仲裁裁决生效后,当事人不履行义务的,另一方当事人可以直接申请法院强制执行;但是,涉外仲裁裁决则需要在有管辖权的法院予以承认后,仲裁裁决才能够进入执行程序,这有利于保障我国国家主权和国家利益。据此,有观点认为我国《仲裁法》也应当分别规定涉外临时仲裁和非涉外临时仲裁,以契合我国现行仲裁法规范的既有路径。甚至有观点主张,我国目前并不具备开展临时仲裁的社会诚信基础和法治环境,即使要引入临时仲裁,也应当仅在涉外仲裁的特别规定中予以明确。因此,我们必须回答的问题是,我国《仲裁法》是否应当分别规定涉外临时仲裁与非涉外临时仲裁?从我国国情出发,非涉外临时仲裁是否具有存在的空间?在此基础上,对于临时仲裁的具体适用来说,哪些主体可以适用临时仲裁?哪些案件可以适用临时仲裁?哪些案件不能适用临时仲裁?临时仲裁协议须具备何种条件始为有效?只有明确好这些具体层面的问题,我国临时仲裁制度才有适用的现实可能。

一、我国《仲裁法》不应当仅规定涉外商事临时仲裁

《仲裁法修订意见稿》第91条规定:"具有涉外因素的商事纠纷的当事人可以约定仲裁机构仲裁,也可以直接约定由专设仲裁庭仲裁。专设仲裁庭仲裁的仲裁程序自被申请人收到仲裁申请之日开始。当事人没有约定仲裁地或者约定不明确的,由仲裁庭根据案件情况确定仲裁地。"明确将临时仲裁的适用范围限定在"具有涉外因素的商事纠纷",非涉外临时仲裁、涉外民事临时仲裁等并没有为立法者所认可。司法部在同时公布的《仲裁

[①] 张圣翠:《论我国仲裁裁决撤销制度的完善》,《上海财经大学学报》2012年第1期,第40页。

法修订起草说明》中对仅规定涉外商事临时仲裁的解释是,选择此种临时仲裁模式的考量主要在于,我国《仲裁法》有必要与国际通行惯例接轨,由于临时仲裁在国际社会中普遍存在并被各国法律和国际公约所认可,在我国加入了《纽约公约》的背景下,外国临时仲裁裁决可以在我国得到承认和执行,因此有必要增加并规范临时仲裁制度,但是,结合我国国情,将临时仲裁适用范围限定在"涉外商事纠纷"为宜。然而,我国《仲裁法》仅规定涉外商事临时仲裁并不具有合理性。

首先,以我国国情为由限定临时仲裁的适用范围不具有正当性与合理性。诚然,临时仲裁的适用需要具有良好的法治环境、完善的社会诚信体系、良好的公民素质以及完备的仲裁员队伍等,但如前所述,我国已然具备整体适用临时仲裁的现实基础,以此为由限缩临时仲裁的适用范围,不具有正当性。即使是在现阶段有所欠缺的公民素质和仲裁员队伍,也可以通过完善配套制度予以解决,比如《仲裁法修订意见稿》已经在调整仲裁员的选任、披露、回避、监督制度等,相信在不久的将来,我国仲裁员队伍和公民素质将得到极大改善。因此,以我国国情为依据限定临时仲裁制度的适用范围,明显欠缺合理性,在法理和逻辑上亦有不足。

其次,将临时仲裁适用范围限定在涉外商事纠纷,不符合国际通行惯例。无论是《纽约公约》,还是《国际商事仲裁示范法》,抑或是其他国际公约,鲜有对临时仲裁的适用范围进行限缩的规定,大多与机构仲裁一般供当事人自由选择适用,不区分案件类型,以此体现仲裁自治理念。将临时仲裁适用范围限定在涉外商事纠纷,将与国际通行惯例相抵牾,不利于我国打造国际仲裁中心,有损仲裁国际竞争力的提升。

最后,将临时仲裁适用范围限定在涉外商事纠纷,有违当事人的信赖期待。《仲裁法修订意见稿》虽然规定了涉外商事临时仲裁,但并未明确涉外因素的判断标准。根据《最高人民法院关于适用〈中华人民共和国民事诉讼法〉的解释》第520条的规定,主体、经常居所地、标的物和法律事实中的任一要素涉外,即属于涉外民事案件。对应到仲裁当中来,只要民商事法律关系具有涉外性或者涉及国际商事利益,就属于涉外仲裁。甚至有观点主张,当事人约定适用涉外仲裁程序的,就可以适用涉外仲裁。

如果我国《仲裁法》只是规定涉外商事临时仲裁,在将来就可能出现这样一种情况:营业地同在中国的债务人甲与债权人乙就关于美国的投资事项适用临时仲裁成功解决了纠纷;营业地同在中国的债务人甲与债权人乙就关于中国的投资事项仅能适用机构仲裁解决纠纷,无法适用临时仲裁。前述情形除在是否具有涉外因素上存在差异外,其余要素并无不同。但在诉讼外纠纷解决机制的适用上,却产生了迥异的效果。这种由当事人突然发现的制度差异,极有可能导致当事人不信任我国仲裁法治,质疑仲裁公信力,从而与我国完善仲裁制度、提升仲裁公信力的改革目标背道而驰。因此,仅规定涉外商事临时仲裁显然有违当事人的信赖期待,甚至可能阻碍我国多元纠纷解决机制的建立健全。

那么,我国《仲裁法》是否有必要分别规定涉外临时仲裁与非涉外临时仲裁?如果从对国家主权、国家利益的保障来说,或者针对涉外仲裁中的特别规定,例如仲裁地的判断、涉外仲裁协议的效力认定等,对涉外临时仲裁与非涉外临时仲裁分别作出规定并无不当,因为非涉外临时仲裁并不涉及这些内容。但是,如果针对临时仲裁裁决的撤销事由等权益救济机制作出不同规定,则可能延续我国现行《仲裁法》的"双轨制"问题。因此,我们并不反对对涉外临时仲裁与非涉外临时仲裁分别作出规定,只是在临时仲裁的适用条件、仲裁员的选任、仲裁裁决的执行、仲裁监督等问题上不应区别对待。在这样一种思路下,后文也将不再具体区分涉外临时仲裁与非涉外临时仲裁,而是直接以临时仲裁为主旨进行讨论。

二、临时仲裁主体适格

任何制度在构建过程中都应当明确其适用的主体范围,我国《仲裁法》在修改时首先应当明确的就是哪些主体可以适用临时仲裁模式解决纠纷。《自贸区司法保障意见》第9条将可以适用临时仲裁的主体范围限定在自贸区内注册的企业。《横琴自由贸易试验区临时仲裁规则》第3条"适用范围"规定"本规则适用于在自由贸易试验区内注册的企业之间的临时仲裁案件"。2019年12月,最高人民法院发布的《关于人民法院进一步为"一带一路"建设提供司法服务和保障的意见》第35条[①]、《关于人民法院为中国(上海)自由贸易试验区临港新片区建设提供司法服务和保障的意见》第6条[②],仍然将临时仲裁的适用主体限定在片区内注册的企业。

或许这是对临时仲裁制度的谨慎探索,但我国《仲裁法》在修改时,则

[①]《最高人民法院关于人民法院进一步为"一带一路"建设提供司法服务和保障的意见》第35条规定:"支持国内仲裁机构与'一带一路'建设参与国仲裁机构建立联合仲裁机制,探索自贸试验区内注册的企业相互约定在内地特定地点、按照特定仲裁规则、由特定人员对有关争议进行仲裁的模式,支持境外仲裁机构在上海临港新片区设立的分支机构开展仲裁业务。"
[②]《最高人民法院关于人民法院为中国(上海)自由贸易试验区临港新片区建设提供司法服务和保障的意见》第6条规定:"支持新片区内注册的企业之间约定在特定地点、按照特定仲裁规则、由特定人员对有关争议进行仲裁。"

不应当继续限定临时仲裁的主体范围,而应将临时仲裁的适格主体放宽。一方面,我国在1986年加入的《纽约公约》第1条就开篇明义地规定,仲裁——当然包括临时仲裁——适用的主体范围除法人外还包括自然人。[1] 我国要打造国际仲裁中心,推进仲裁国际化进程,与《纽约公约》相协调是我国的应然选择。将自然人纳入临时仲裁的主体范围,不仅能够全面保障本国当事人利益,还能够扩大临时仲裁的适用面,为我国带来可观的外汇收入。另一方面,如果我国不承认以自然人或非法人组织为仲裁当事人的临时仲裁,极有可能导致我国《仲裁法》建立的临时仲裁制度最终成为"空中楼阁"。具体而言,民事主体除法人外,还存在自然人与非法人组织,当发生同类纠纷时,后者发现仅因自己法律地位的差异,而无法适用临时仲裁解决纠纷,在很大程度上会降低对该项制度的信赖。即便自己在满足临时仲裁适用条件的时候,也不愿意选择通过临时仲裁解决,长此以往,临时仲裁的适用情况就可能达不到制度的预期。

虽然《仲裁法修订意见稿》第91条将临时仲裁的适用限定在具有涉外因素的商事纠纷的当事人之间,但是,《仲裁法修订意见稿》第2条规定:"自然人、法人和其他组织之间发生的合同纠纷和其他财产权益纠纷,可以仲裁。"通过体系解释的解释方法,除法人外,自然人和其他组织同样可以适用临时仲裁解决纠纷,临时仲裁的适格当事人并不限于自贸区内探索的注册企业。主体范围的扩大,也将扩大临时仲裁的适用面,进而提升仲裁公信力,推动仲裁制度发展。

值得讨论的问题是,临时仲裁的适格主体应否为"平等主体"? 根据我国现行《仲裁法》第2条的规定,仲裁程序仅适用于平等主体之间的民商事纠纷。因此,多数观点认为,临时仲裁的当事人也必须是具有平等地位的自然人、法人和非法人组织,主体平等是形成临时仲裁协议的前提,临时仲裁程序则是当事人合意确定的临时仲裁协议的合理延伸。

对于仲裁当事人平等地位的受案标准,有学者曾提出不同观点,相较于普通的机构仲裁,我国应当扩大临时仲裁的受案范围,非平等主体之间的投资人与国家间基于投资条约的仲裁案件也应当被囊括在临时仲裁案件范围之中。[2] 将投资人与国家间基于投资条约所产生的纠纷纳入临时仲裁受案范围,可以为我国临时仲裁的跨越式发展提供明确的方向与绝佳的契机。投资人与国家间基于投资条约的案件由双边投资条约、多边条约调

---

[1] 《纽约公约》第1条(1):"由于自然人或法人间的争执而引起的仲裁裁决,在一个国家的领土内作成,而在另一个国家请求承认和执行时,适用本公约。在一个国家请求承认和执行,这个国家不认为是本国裁决的仲裁裁决时,也适用本公约。"

[2] 高菲、徐国建:《中国临时仲裁实务指南》,法律出版社,2017,第31页。

整,除了国际争端解决中心受理的案件之外,多数双边条约或多边条约,或直接允许当事人通过临时仲裁解决争议,或间接允许临时仲裁的适用。例如,当事人合意选用《联合国国际贸易法委员会仲裁规则》适用临时仲裁。这就为当事人自由约定临时仲裁解决这类争议提供了广泛空间。《横琴自由贸易试验区临时仲裁规则》第3条(三)同样规定:"依照解决投资争端的国际条约和国内法而提起的一国与他国国民间的投资争端仲裁,亦可约定适用本规则。"

那么,我国的临时仲裁立法在仲裁主体的地位上应当做出何种抉择呢?我国在加入《纽约公约》时曾表明,《纽约公约》的适用范围不包括外国投资者与东道国政府之间的仲裁裁决。[1]仅从这一声明出发,我们似乎可以认为,我国对于非平等主体之间的涉外仲裁一贯采取的是反对态度。不过,从现实情况的发展来看,随着我国与国际社会之间的经济往来活动日益频繁,跨国性质的投资活动、体育赛事等在我国也逐步增多,实践中因此出现了有限度承认非平等主体之间仲裁的探索。比如,深圳国际仲裁院在制定其仲裁规则时就认为,一国政府与他国投资者之间的争议具有可仲裁性,当事人选择将纠纷提交仲裁院解决的,仲裁院可以按照《联合国国际贸易法委员会仲裁规则》与《深圳国际仲裁院关于适用〈联合国国际贸易法委员会仲裁规则〉的程序指引》管理案件。但是,为了回避仲裁裁决难以在中国内地法院得以执行的问题,其将仲裁地限制在了我国香港特别行政区。

除了实践中的探索之外,《仲裁法修订意见稿》第2条也删除了对于仲裁适用范围中的"平等主体"这一限制性表述。我们认为,我国《仲裁法》应当肯认《仲裁法修订意见稿》第2条的做法。临时仲裁的适格当事人不再限于平等的主体范围,一方面,面对我国涉外仲裁中大量出现的投资仲裁、体育仲裁等新情形,我国仲裁法应当对此提供相应空间,以增强我国仲裁的国际公信力和竞争力;另一方面,由于仲裁活动仅限于解决合同纠纷以及其他财产权益纠纷,纠纷的性质限于私益性,即使将仲裁主体范围扩张至不平等的双方主体,但只要争议的内容属于私益范畴,就仍可认为其具有可仲裁性。

---

[1] 参见最高人民法院《关于执行我国加入的〈承认及执行外国仲裁裁决公约〉的通知》[1987年4月10日,法(经)发〔1987〕5号]第2条:"根据我国加入该公约时所作的商事保留声明,我国仅对按照我国法律属于契约性和非契约性商事法律关系所引起的争议适用该公约。所谓'契约性和非契约性商事法律关系',具体的是指由于合同、侵权或者根据有关法律规定而产生的经济上的权利义务关系,例如货物买卖、财产租赁、工程承包、加工承揽、技术转让、合资经营、合作经营、勘探开发自然资源、保险、信贷、劳务、代理、咨询服务和海上、民用航空、铁路、公路的客货运输以及产品责任、环境污染、海上事故和所有权争议等,但不包括外国投资者与东道国政府之间的争端。"

三、临时仲裁客体正当

(一)积极客体范围

并非所有的民事纠纷都可以通过临时仲裁解决,争议事项必须满足可仲裁性的客观标准才能够被纳入临时仲裁的适用范围。可仲裁性的客观标准要求争议事项必须具有可争议性,并且涉及可自由处分的权利和财产权益。《仲裁法修订意见稿》第91条仅规定了涉外临时仲裁,临时仲裁的客体范围也被限定在具有涉外因素的商事纠纷当中。这一规定除了未将非涉外临时仲裁纳入临时仲裁的范围之外,也没有将纯粹的民事纠纷纳入临时仲裁的客体范围,具有明显的缺陷。在临时仲裁的积极客体范围层面,《仲裁法修订意见稿》第2条明确规定,自然人、法人和其他组织之间发生的"合同纠纷"和"其他财产权益纠纷",可以仲裁。

1.合同纠纷

将合同纠纷归纳在临时仲裁受案范围内是大多数实行临时仲裁制度国家或地区的通行做法。合同纠纷是民商事纠纷中最常见的纠纷表现形式,并且在部分合同订立的过程中,双方当事人就提前对适用临时仲裁达成了合意。当纠纷发生时,当事人可以直接适用临时仲裁解决其间纠纷。我国《民法典》第464条规定:"合同是民事主体之间设立、变更、终止民事法律关系的协议。"我国民法对合同的界定也基本符合可仲裁性的特征。当双方当事人围绕合同履行发生争议时,自然可以通过临时仲裁解决纠纷。

2.其他财产权益纠纷

其他财产权益纠纷,一般是指除合同纠纷以外的民商事纠纷,主要指因财产侵权而引起的各类纠纷。这类纠纷在海事、消费者保护、公司证券和知识产权领域较为多见。可仲裁性的客观标准中的"其他财产权益纠纷"应当满足两个条件:第一,纠纷属于财产性争议。财产权益可自由支配的特点意味着纠纷主体可以自愿达成合意,将争议交由第三方居中裁断,排除公权力的干涉。第二,当事人有权自由支配。并不是所有财产性纠纷都可以通过临时仲裁解决,当事人应当对其财产具有支配性的权利才能够和对方当事人达成纠纷解决的合意。出于维护社会公共利益的考虑,如果纠纷涉及公共利益的财产权利,当事人就不能通过仲裁程序予以解决。这里要注意的问题是,知识产权纠纷和证券纠纷能否适用临时仲裁?

(1)知识产权纠纷

关于知识产权纠纷是否具有可仲裁性的问题,此前各国立法和国际条约大多持否定态度。原因在于,知识产权涉及一国或地区的公共政策,具有很强的公益性,因此,不少国家或地区的立法都规定,知识产权纠纷由法院或专门行政机构专门处理。然而,随着科学技术和国际商事交易的发展,尤其是进入20世纪90年代以来,这一情况发生了很大的变化。根据《与贸易有关的知识产权协议》的规定,各个成员方均认可知识产权的私权性质。这意味着知识产权正在从公法领域向民事私权领域转变。《与贸易有关的知识产权协议》第64条[1]规定,知识产权的国际争议可借助世界贸易组织的争端解决机制解决,包括以仲裁方式解决成员之间为执行该协议产生的争议。1994年9月,世界知识产权组织建立"世界知识产权组织仲裁与调解中心",是旨在为世界范围内个人之间所生知识产权纠纷提供专门性的诉讼外纠纷解决机制的机构。目前,各国仲裁机构已经纷纷开始受理知识产权争议。[2]

知识产权纠纷案件种类繁多,在仲裁实践中,多数国家或地区允许将与知识产权许可协议、转让协议有关的争议提交仲裁,但拒绝将涉及知识产权的效力特别是与专利权和商标权效力有关的争议纳入可仲裁范围。其理由在于,专利权和商标权经由国家特定部门通过特定程序确立,如果当事人对专利权和商标权的效力发生争执,则应当由特定的国家机关进行裁决。并且,专利和商标的有效性问题还涉及第三人和公共利益,不应该通过具有私密性的仲裁方式解决。

不过,专利权、商标权效力争议的可仲裁性问题自20世纪70年代以来逐渐发生了转变。各国由最初的否定态度逐渐转变为肯定态度,通过仲裁解决专利权和商标权的效力问题逐步为各国所接受。例如,美国在1983年、1984年对《美国联邦专利法》修正后,承认了专利有效性争议和专利侵权争议的可仲裁性。瑞士专利商标局在1975年就发表声明,仲裁庭作出的关于专利、商标的效力的裁决,可以作为撤销登记的依据。[3]对于我

---

[1]《与贸易有关的知识产权协议》第64条:"由争端解决谅解所详细阐释并运用的1994关贸总协定第22条和第23条的各项规定应运用于本协议下的争端磋商与解决,本协议中另有规定者除外。在自世界贸易组织协定生效之日起的5年之内,1994关贸总协定第23条第1款第(2)和第(3)子款不应适用于本协议下的争端解决。在第2款所述及的期限内,与贸易有关的知识产权理事会应检查根据本协议提出的由1994关贸总协定第23条第1款第(2)和第(3)子款所规定的那种类型控诉的规模和形式,并向部长级会议提交建议请其批准。部长级会议关于批准此类建议或延长第2款中所述及时限的任何决定,只应以全体一致的方式作出,被批准的建议应对所有成员方生效,无需进一步的正式接受程序。"

[2] 在欧洲,德国、奥地利等国还设有版权争议仲裁委员会,以解决因版权许可合同引起的纠纷。

[3] 赵健:《国际商事仲裁的司法监督》,法律出版社,2000,第178页。

国而言,由于我国是《纽约公约》的成员国,根据《纽约公约》第2条第1款的规定以及我国加入该公约时所作出的保留申明,著作权、专利和商标侵权纠纷都属于非契约性纠纷。[1]秉着恪守公约义务的要求,我国也应当肯认知识产权纠纷可以适用临时仲裁。

(2)证券纠纷

证券纠纷主要指证券经纪人与其客户之间的争议。在证券争议的可仲裁性认识上,各国意见不一。各国关于证券争议仲裁的立法及实践在很大程度上受到了美国仲裁实践的影响。美国在20世纪50年代根据1933年《证券法》作出了证券纠纷不具有可仲裁性的判决。但是,在1989年的Rodriguez案中,法院认为证券交易请求权不可仲裁性的判决与联邦法律鼓励仲裁解决争议的做法背道而驰,因此,法院在重新审议了1933年《证券法》之后确认了证券交易纠纷的可仲裁性。[2]受美国影响,英国、澳大利亚和加拿大等普通法系国家一般都允许通过仲裁方法解决证券争议。[3]但是,也有国家对证券纠纷的可仲裁性作出了明确限制。例如,《德国证券交易法》规定,只有经登记为商人的客户或者德国以外的公司或者商人,才能将证券争议提交仲裁。也有如奥地利的法律规定,证券交易不可仲裁,但允许涉及证券交易合同的争议适用仲裁解决。[4]

对于证券争议是否具有可仲裁性的问题,我国现行法对此语焉不详。根据《股票发行与交易管理暂行条例》的规定,与股票发行或者交易有关的争议,具有可仲裁性。1994年,国务院证券委员会发文指定中国国际经济贸易仲裁委员会为证券争议的仲裁机构,受理股票发行或股票交易所产生的争议。但是,我国现行《证券法》以及《信托法》并没有对证券争议的可仲裁性作出规定。

在我国临时仲裁制度的构建过程中,应当将证券纠纷纳入临时仲裁的受案范围。从证券纠纷的性质来看,证券纠纷是平等民事主体之间发生的民商事纠纷。双方当事人对此具有自主支配性,可以基于意思自治解决纠纷。从宏观政策上来看,习近平总书记在《关于〈中共中央关于全面深化改

---

[1] 所谓契约性和非契约性商事法律关系,具体是指由于合同、侵权或者根据有关法律定而产生的经济上的权利义务关系,例如货物买卖、财产租赁、工程承包、加工承揽、技术转让、合资经营、合作经营、勘探开发自然资源、保险、信贷、劳务、代理、咨询服务和海上、民用航空、铁路、公路的客货运输,以及产品责任、环境污染、海上事故和所有权争议等,但不包括外国投资者与东道国政府之间的争端。
[2] 赵秀文:《国际商事仲裁及其适用法律研究》,北京大学出版社,2002,第74—75页。
[3] John J. Kerr, "Arbitrability of Securities Law Claims in Common Law Nations," *Arbitration International*, Vol. 12, No. 2(1996): 174-178.
[4] 赵秀文主编《国际商事仲裁法》,中国人民大学出版社,2007,第149页。

革若干重大问题的决定〉的说明》中指出:"强调必须以更大的政治勇气和智慧……坚决破除一切妨碍科学发展的思想观念和体制机制弊端……""实践发展永无止境,解放思想永无止境,改革开放也永无止境,停顿和倒退没有出路……"肯定证券纠纷的临时仲裁性是对以往旧制度的创新发展,与我国的政策方向是不谋而合的。从我国对外发展的需求来讲,制度的完善可以使共建"一带一路"国家之间的争议在我国适用临时仲裁方法予以解决。这样可以为"一带一路"共建国家之间的民商事纠纷和争议提供临时仲裁的解决方式,应是我国仲裁的发展方向,同样也将为我国建设成为国际争议解决中心提供新的思路。

(二)消极客体范围

消极客体范围是指不能适用临时仲裁的案件范围。此类案件因为不具有可仲裁性,因而无法适用临时仲裁。在考虑临时仲裁的客体范围时,要考虑到仲裁与诉讼的界分与衔接。纠纷的可仲裁性不能无限制扩张,临时仲裁要符合民间或者国际民商事纠纷解决的要求,如果出现"超民间性",就不应当适用临时仲裁。另外,专属法院或者其他机关解决的案件也不能适用临时仲裁。例如,行政纠纷只能通过复议或者行政诉讼的方式予以解决,而有些纠纷,例如婚姻关系纠纷、收养关系纠纷则专属于法院。《仲裁法修订意见稿》第2条规定:"自然人、法人和其他组织之间发生的合同纠纷和其他财产权益纠纷,可以仲裁。下列纠纷不能仲裁:(一)婚姻、收养、监护、扶养、继承纠纷;(二)法律规定应当由行政机关处理的行政争议。其他法律有特别规定的,从其规定。"据此,行政争议以及身份关系纠纷属于不具有可仲裁性的案件,不能适用临时仲裁。

1.行政争议

行政争议是指国家行政机关之间,或者国家行政机关与企事业单位,社会团体以及公民之间,因行政管理而引起的争议。临时仲裁区别于诉讼和行政解决方式的特殊之处在于,该制度是在依靠当事人的意思自治以及非官方第三人的居中裁决来解决民间纠纷,当事人之间的平等性保证了仲裁者可以不偏不倚地行使临时仲裁的权力。争议双方当事人的平等性确定了争议事项属于横向法律关系的范畴,纵向法律关系的事项既不能被提交临时仲裁也不能提交机构仲裁。因此,行政争议不能被纳入临时仲裁的案件范围之中。

2.身份关系纠纷

身份关系纠纷包括婚姻、收养、监护、扶养、继承纠纷。当事人之间的法律关系如果与身份关系有关,则应当否定临时仲裁的适用。原因有二:一是身份关系否定当事人的自由处分权,而仲裁属于当事人对自身权益的处分;二是身份关系往往涉及不特定多数人利益且与社会秩序息息相关,而仲裁属于当事人处置权利,在一定程度上会使相关利益受到损害。基于此,临时仲裁无法适用于当事人之间的身份关系纠纷。当然,与身份关系本身无关的身份纠纷,例如当事人离婚后的纯粹财产争议,则可以适用临时仲裁。

四、临时仲裁协议合法有效存在

临时仲裁协议合法有效存在是适用临时仲裁的前提。临时仲裁有着充分尊重当事人意思自治的特点,而当事人对于临时仲裁的一切自治都体现在当事人约定的临时仲裁协议当中。可以说,临时仲裁协议是否成立是能否适用临时仲裁的关键。《自贸区司法保障意见》第9条第3段对临时仲裁协议提出了"内地特定地点、特定仲裁规则、特定人员"三个条件。明确仲裁地、仲裁规则、仲裁员这三个关键要素,就能够把握大多数临时仲裁案件的质量。但是,《自贸区司法保障意见》"不仅本身使用的'特定地点''特定仲裁规则''特定人员'表述非常模糊,而且对前述事项方面也无任何规定"[1]。临时仲裁协议合法有效存在是临时仲裁得以发挥作用的关键。由于后文也将专门讨论临时仲裁协议的构成要件等问题,在此对临时仲裁协议需要包纳的内容进行论述。

(一)仲裁地

仲裁地是仲裁中的重要因素。境外绝大多数国家或地区都允许当事人自行选择"仲裁地",不过,双方当事人合意选择的仲裁地仍可能与仲裁庭审理仲裁案件的地方不一致。[2]也就是说,"仲裁地"与"仲裁案件审理地"并不是同一概念。但是,我国现行《仲裁法》并没有规定仲裁地,在机构仲裁中,"明确的仲裁委员会"代替"仲裁地"成为仲裁协议的有效条件之一。然而在临时仲裁中,明确的仲裁机构并非构成要素。理论界对于《仲裁法》未规定仲裁地也不乏批评之声。有学者提出,临时仲裁机制的引入和境外仲裁机构内地仲裁的增多,都迫使我们要尽快确立领域标准。[3]我

---

[1] 张圣翠、傅志军:《我国自贸区临时仲裁制度创新研究》,《上海财经大学学报》2019年第2期,第142页。
[2] 张圣翠、傅志军:《我国自贸区临时仲裁制度创新研究》,《上海财经大学学报》2019年第2期,第143页。
[3] 薛源、程雁群:《论我国仲裁地法院制度的完善》,《法学论坛》2018年第5期,第91页。

国《仲裁法》明确法律意义上的仲裁地后,不仅能够使法院的司法审查于法有据,还有助于统一现行仲裁机构标准下的司法实践乱象。[1]因为无论是仲裁裁决的执行,还是仲裁裁决的撤销,都与仲裁地息息相关,仲裁地的确定更是直接关涉我国司法主权与国家利益。[2]

好在《仲裁法修订意见稿》第27条规定:"当事人可以在仲裁协议中约定仲裁地。当事人对仲裁地没有约定或者约定不明确的,以管理案件的仲裁机构所在地为仲裁地。仲裁裁决视为在仲裁地作出。仲裁地的确定,不影响当事人或者仲裁庭根据案件情况约定或者选择在与仲裁地不同的合适地点进行合议、开庭等仲裁活动。"明确将仲裁地以法律条文的形式确定下来,并且规定了当事人对仲裁地没有约定或者约定不明确的,以管理案件的仲裁机构所在地为仲裁地。同时,《仲裁法修订意见稿》第27条并没有强制性地将仲裁地作为仲裁协议必须具备的要件,当事人可以自由选择是否在仲裁协议中约定仲裁地,也进一步确定了当事人在没有约定仲裁地或者约定不明时如何处理的规则。直接涉及临时仲裁的《仲裁法修订意见稿》第91条第3款则规定:"当事人没有约定仲裁地或者约定不明确的,由仲裁庭根据案件情况确定仲裁地。"如果不限制临时仲裁的适用范围,那么在临时仲裁的仲裁地的判断上就需要遵循以下规则:当事人约定了仲裁地,以当事人约定为准;当事人没有约定仲裁地或者约定不明确,由仲裁庭根据案件情况确定,一般以仲裁裁决作出地为仲裁地。

(二)仲裁规则

"目前我国各自贸区的仲裁规则是由当地的仲裁委员会制定,且各自贸区均有自己的仲裁规则。"[3]关于仲裁程序规则,《仲裁法修订意见稿》第30条规定:"当事人可以约定仲裁程序或者适用的仲裁规则,但违反本法强制性规定的除外。当事人没有约定或者约定不明确的,仲裁庭可以按照其认为适当的方式仲裁,但违反本法强制性规定的除外。仲裁程序可以通过网络方式进行。仲裁程序应当避免不必要的延误和开支。"因此,基于仲裁自治理念,双方当事人约定的仲裁规则,只要不违反法律、行政法规的强制性规定,不侵犯他人及社会公共利益,便可认定仲裁协议有效。除了约定选择现有各仲裁委员会制定的规则外,当事人还可以自行拟定案件适用的仲裁程序或仲裁规则。鉴于各自贸区及仲裁机构的仲裁规则多为机构

---

[1] 祁壮:《构建国际商事仲裁中心——以〈仲裁法〉的修改为视角》,《理论视野》2018年第7期,第48—49页。
[2] 苟应鹏:《我国临时仲裁裁决撤销制度的建构》,《北京仲裁》2020年第3期,第168页。
[3] 初北平、史强:《自由贸易试验区临时仲裁制度构建路径》,《社会科学》2019年第1期,第107页。

仲裁规则,可能无法满足临时仲裁的灵活性与效率性要求,当事人自行拟定程序又可能费时费力,提高仲裁成本。并且,"具体仲裁案件存在适用规则上的差异性,若完全照搬某一套规则,不能适应不同案件的具体情况,造成不必要的程序障碍和时间拖延,不能有效满足当事人对高效解决纠纷的需要"①。

因此,在构建临时仲裁制度的时候,我们可以在现有仲裁规则的基础上,总结各自贸区的实践经验,参照国际通行的先进做法,例如《联合国国际贸易法委员会仲裁规则》《英国伦敦国际仲裁院规则》《国际商事仲裁示范法》等,结合我国实际情况,制定示范性临时仲裁规则。但因《仲裁法》本身的立法体例,由《仲裁法》公布示范临时仲裁规则可能并不适宜,恰当的做法是由最高人民法院通过类似指导意见形式公布或者由中国仲裁协会制定示范性仲裁规则。《仲裁法修订意见稿》选择的是中国仲裁协会公布。其第20条第2项规定:"中国仲裁协会履行下列职责:依照本法制定示范仲裁规则,供仲裁机构和当事人选择适用。"不过,无论是最高人民法院公布,还是中国仲裁协会公布,《仲裁法》仍需规定,当事人在选择示范性仲裁规则的时候,可以根据争议双方的实际需要对该仲裁规则进行修改后适用,尊重当事人的自由意志。

(三)仲裁员

临时仲裁协议是仲裁自治的基础,而仲裁自治的一个重要内容便是当事人得以自由选择能适当解决他们争议的人。因此,仲裁员实际上也是临时仲裁协议的生效条件之一。在机构仲裁中,当事人须选定确定的仲裁机构协议方可有效。同样,在临时仲裁协议订立时,当事人就应对后续有关仲裁员的资质、选定规则、人数等作出约定。"仲裁的好坏取决于仲裁员。"鉴于后文将讨论临时仲裁中的仲裁员选任问题,在此仅从临时仲裁的适用角度对仲裁员的资格问题进行讨论。

《横琴自由贸易试验区临时仲裁规则》第20条第2款规定:"选定或指定的仲裁员应当符合我国《仲裁法》规定的仲裁员条件。"简言之,当事人选定的仲裁员要符合《仲裁法》第13条规定的"三八两高"要求,不满足此资格的,双方当事人不得选定。除了正面规定以外,《仲裁法修订意见稿》第18条在保留现行《仲裁法》第13条"三八两高"的要求基础上,新增了三项不得担任仲裁员的禁止性规定,以负面清单的形式将符合特定情形的人员

---

① 陈磊:《临时仲裁程序僵局及其机构介入》,《新疆大学学报(哲学·人文社会科学版)》2020年第4期,第43页。

排除在仲裁员之外。《仲裁法修订意见稿》第18条第2款规定:"有下列情形之一的,不得担任仲裁员:(一)无民事行为能力或者限制民事行为能力的;(二)受过刑事处罚的,但过失犯罪的除外;(三)根据法律规定,有不能担任仲裁员的其他情形的。"总体来看,《仲裁法》第13条所确定的正面标准应当是仲裁员选任资格的最低标准。在不违反禁止性规定的情况下,当事人还可以在此基础上根据案件实际情况和具体需要自行约定仲裁员的资格或资格标准。如果当事人没有约定仲裁员的选定标准,或者约定选择的仲裁员不符合《仲裁法》"三八两高"的要求时,是否会影响临时仲裁协议的效力,《横琴自由贸易试验区临时仲裁规则》并没有给出答案。

对这一问题的回答可以回到我国仲裁员队伍建设的视角重新进行审视。针对《横琴自由贸易试验区临时仲裁规则》提出的标准,有观点认为临时仲裁或者说仲裁本身不应对仲裁员提出过高的法律专业的要求。因为就仲裁员的任职条件而言,《仲裁法》对仲裁员任职资格作出这样的规定主要是基于过去特定的法治环境作出的权衡,以确保仲裁员具备法律专业性、职业化和规范化,但在我国仲裁员队伍日益壮大,专业化、国际化程度越来越高的现阶段,《仲裁法》这样的规定早已不合时宜。[1]从临时仲裁的国际立法来看,仲裁法或者仲裁规则中通常不对仲裁员任职资格作出过高要求,甚至没有法律专业上的门槛。[2]但如此放宽的标准却未必适合我国现实环境。

相比机构仲裁,临时仲裁对于仲裁员专业能力和素养的要求更高,但由于我国长期不承认临时仲裁,导致仲裁员在案件管理上普遍过度依赖仲裁机构。这主要是受到了仲裁机构对仲裁案件职权配置的影响。一方面,国内仲裁案件由仲裁机构进行管理;另一方面,行政工作由仲裁机构所设办案秘书机构专门负责。这导致仲裁员对仲裁案件的审理高度依赖仲裁委员会和办案秘书,最终出现了仲裁员对仲裁案件的管理欠缺经验积累的局面。[3]可见,仲裁员独立办案能力不足有可能是我国推进临时仲裁的一大瓶颈。

临时仲裁赋予了当事人对于仲裁员选择的最大自主性,但仲裁员的素质和能力对临时仲裁裁决的质量影响颇大,我国仲裁员水平建设程度尚未

---

[1] 陈磊:《适用〈横琴自由贸易试验区临时仲裁规则〉进行临时仲裁的现实困境及本土化推进》,《法治论坛》2020年第4期,第309页。

[2] 林一飞:《国际商事仲裁法律与实务》,中信出版社,2005,第178—179页。

[3] 孙巍:《中国临时仲裁的最新发展及制度完善建议——〈最高人民法院关于为自由贸易试验区建设提供司法保障的意见〉与〈横琴自由贸易试验区临时仲裁规则〉解读》,《北京仲裁》2017年第3期,第88页。

达到国际水准,仲裁员责任制度、回避制度等仲裁员职业制度尚不完善。因此,结合我国仲裁员的发展现状,在推进临时仲裁制度初期,对临时仲裁员的标准尚不宜效仿国际立法完全取消,而应随着我国仲裁员能力和素质的提高逐步放开。因此,我国《仲裁法》在修改时有必要规定,当事人在临时仲裁协议中约定的仲裁员不符合标准且不能达成补充协议的,临时仲裁协议无效。对于仲裁员的具体标准,则可以延续现行《仲裁法》第13条所确定的"三八两高"要求,以及《仲裁法修订意见稿》第18条规定的负面排除情形。未来,我国仲裁员队伍完善成熟后,则可以考虑通过最高人民法院发布司法解释的方式,逐步降低仲裁员的选任标准。

虽然仲裁员的选任标准可以延续现行《仲裁法》第13条所确定的"三八两高"要求,但这并不意味着临时仲裁需要适用现行《仲裁法》第13条下的强制名册制。在机构仲裁下,一个自然人必须成为仲裁员名册中的一员,才能够担任某一案件的仲裁员。临时仲裁的最大优势在于当事人可以自行选任仲裁员,如果要求当事人在仲裁员名册中选择临时仲裁的仲裁员,实际上限制了当事人的自由意志,这无疑与临时仲裁的制度初衷相抵牾。正如《仲裁法修订意见稿》第18条将"仲裁员名册"的表述修改为"仲裁员推荐名册"一样,仲裁名册更应当起到的是一种推荐的作用,而非强制当事人在名册中选择。临时仲裁在发展初期,虽然需要素质和能力较高的仲裁员来推动临时仲裁运行,但当事人的自由选择应当被放在首位,在双方当事人达成临时仲裁协议时,仲裁机构或者法院可以向当事人推荐仲裁员名册中的仲裁员,至于当事人是否选任名册中的仲裁员,由双方当事人自行决定。如果仲裁员最终选任不能,此时就需要机构介入,协助解决。

《仲裁法修订意见稿》采取的也是这种观点。《仲裁法修订意见稿》第50条第2、3款规定:"当事人可以在仲裁员推荐名册内选择仲裁员,也可以在名册外选择仲裁员。当事人在名册外选择的仲裁员,应当符合本法规定的条件。当事人约定仲裁员条件的,从其约定;但当事人的约定无法实现或者存在本法规定的不得担任仲裁员情形的除外。"《仲裁法修订意见稿》第92款第1项规定:"专设仲裁庭仲裁的案件,无法及时组成仲裁庭或者需要决定回避事项的,当事人可以协议委托仲裁机构协助组庭、决定回避事项。当事人达不成委托协议的,由仲裁地、当事人所在地或者与争议有密切联系地的中级人民法院指定仲裁机构协助确定。"

第四章
临时仲裁协议的构成要件

当事人意思自治是适用临时仲裁的基础。双方当事人经过平等协商后合意确定通过临时仲裁模式解决其间纠纷,临时仲裁协议就自然成为临时仲裁得以适用的先决条件。换言之,在临时仲裁中最根本也最核心的实际上是双方当事人合意确定的临时仲裁协议。所谓临时仲裁协议是在双方当事人之间达成的,旨在通过临时仲裁方式解决有关争议的契约或者协议。在临时仲裁程序中,出于尊重当事人的自由意志,法律并不会对临时仲裁协议的内容进行过多干预。只要不违反法律法规的强制性规定,双方当事人可以就临时仲裁中的所有事项进行自由协商。临时仲裁协议所具有的此种特性对于整个临时仲裁程序的重要性不言而喻。一方面,当事人之间的临时仲裁协议可以排斥法院的管辖权,仲裁庭的权力也从仲裁协议获得。也就是说,临时仲裁协议是仲裁庭对仲裁案件行使管辖权的基本依据。另一方面,临时仲裁协议也是法院确认和执行仲裁裁决的重要前提。如果双方当事人没有达成以临时仲裁方式解决纠纷的合意,临时仲裁也就无法进行下去;同样地,没有合法有效的临时仲裁协议,也就不会存在合法有效的临时仲裁。可见,临时仲裁协议是仲裁自治的基础,临时仲裁协议的商定在仲裁程序过程中起着至关重要的作用。因此,临时仲裁协议的类型与形式,以及临时仲裁协议的构成要件等内容都是各个国家或地区仲裁立法与实践高度关注的问题。

一、临时仲裁协议的形式要件

根据临时仲裁的自治性特征,仲裁庭需要从临时仲裁协议本身取得权力,因此,双方当事人共同起草临时仲裁协议是适用临时仲裁这种诉讼外纠纷解决机制的关键一步。但是,当临时仲裁协议只是商业合同的一小部分时,当事人实际上并不会把过多的时间耗费在谈判或起草临时仲裁协议上。其中可能的原因是,在每个人都期待着维持一个友好互利的合同关系的阶段,任何一方都不会希望去考虑违反合同的可能性。虽然在争议发生后当事人也可以同意将争议提交仲裁,但现实情况是,在纠纷发生后达成仲裁协议的可能性要远低于在合同订立时双方同意将仲裁条款包括在合同内的可能性。[1]同时,结合司法实践所反馈的信息,在国际商贸活动中,商业合同的起草者可能是商业律师,而那些具有丰富仲裁经验的人却没有

---

[1] J. Brian Casey and Janet Mills, *Arbitration Law of Canada: Practice and Procedure*(Huntington, New York: JurisNet, LLC, 2011), pp. 83-84.

参与协商订立仲裁条款。

从国际上看,《国际商事仲裁示范法》中所称的仲裁不仅包括机构仲裁,还包括临时仲裁的形式。根据《国际商事仲裁示范法》第7条第1款的规定,仲裁协议即双方当事人将其协议性或者非协议性法律关系中可能发生或业已发生的部分或全部争议提交仲裁裁决的合意,这种合意的形式包括单独协议方式或者契约中的附带仲裁条款两种。《仲裁法修订意见稿》首次规定了涉外临时仲裁,虽然是以一个例外性的制度被确立的,但从整个仲裁制度的体系出发,《仲裁法修订意见稿》第21条所规定的仲裁条款和单独仲裁协议仍可被视为临时仲裁协议的两种表现形式。

《仲裁法修订意见稿》第21条规定:"仲裁协议包括合同中订立的仲裁条款和以其他书面方式在纠纷发生前或者纠纷发生后达成的具有请求仲裁的意思表示的协议。一方当事人在仲裁中主张有仲裁协议,其他当事人不予否认的,视为当事人之间存在仲裁协议。"一般来说,不管是机构仲裁还是临时仲裁,仲裁协议都可以分为两种类型。第一种是包含在主要合同或者相关文件中的临时仲裁条款。[1]这种仲裁条款通常是双方当事人为了解决将来可能会产生的纷争而预先达成的同意交付仲裁的约定。[2]此时,由于争议事项并未发生,因此,当事人应尽可能地作出相对宽泛的规定,避免进行过多限制,以保证将来的仲裁能够顺利开展。[3]例如,措辞较广泛的临时仲裁条款就可以表述为,因本合同引起的一切纠纷,包括合同的真实性、效力、确定、中止、变更等任何问题,均须通过仲裁解决,且仲裁结果具有终局性约束力。[4]

第二种是单独的临时仲裁协议书。从理论上来看,在纠纷发生的任何阶段,双方当事人都可以订立单独的临时仲裁协议书。但在实践中更多的情况是,在纠纷已经发生后,双方当事人才共同约定通过仲裁的方式解决他们之间的矛盾纠纷。在这种情况下,由于争议事项已经发生,矛盾突出,因而当事人提交仲裁解决的争议事项会更为具体明确,通常还会指定仲裁员和具体提出解决争议的相关程序。但是,如果争议发生后,当事人已经开始研究诉讼策略,此时再想要协商提交仲裁协议书,适用临时仲裁相对

---

[1] Harry L. Arkin, "International Ad Hoc Arbitration: A Practical Alternative," *International Business Lawyer*, Vol.15, No.1(1987): 6.
[2] 吴光明、俞鸿玲:《国际商务仲裁理论与发展》,翰芦图书出版有限公司,2013,第80页。
[3] 侯登华:《仲裁协议法律制度研究——意思自治视野下当事人权利程序保障》,知识产权出版社,2012,第111页。
[4] J. Brian Casey and Janet Mills, *Arbitration Law of Canada: Practice and Procedure*(Huntington, New York: JurisNet, LLC,2011), p. 89.

来说则比较困难。因此,大多数的临时仲裁协议都是采取在主要合同中载入临时仲裁条款的形式。①

二、临时仲裁协议的实体要件

双方当事人在订立临时仲裁协议时通常需要考虑对以下内容进行约定:双方当事人将争议提交临时仲裁解决的合意,适用临时仲裁的范围,仲裁程序规则,仲裁员的数目、资格和指定方式,仲裁地点,仲裁语言以及临时仲裁程序涉及的其他内容。我国现行《仲裁法》第16条将"选定的仲裁委员会"作为仲裁协议的实体要件之一,在仅规定机构仲裁的情况下此规定还有可取之处,但在引进临时仲裁制度之时则不得不对这一规定进行调整。基于此,《仲裁法修订意见稿》第21条删除了仲裁条款需要约定明确的仲裁机构的硬性要求,确立了以仲裁意思表示为核心的仲裁协议效力制度。因此,临时仲裁协议的实体要件只需包含适用临时仲裁的合意与适用临时仲裁的范围即可。

(一)适用临时仲裁的合意

仲裁协议是双方当事人自愿将双方发生的争议提交仲裁解决的一种书面意思表示。无论是机构仲裁,抑或是临时仲裁,前提是双方当事人具有将纠纷提交仲裁的意思表示。因为这样的合意不仅是将纠纷提交给仲裁的依据,又是仲裁庭受理案件、处理纠纷的依据。临时仲裁的合意,需要明确表明双方当事人愿意将其间纠纷提交仲裁解决,而不是选择诉讼或者其他诉讼外争议解决机制处理。同时,为使临时仲裁与机构仲裁明确区分开来,临时仲裁协议当中还需要明确表示当事人选择的是临时仲裁而不是机构仲裁的方式。也就是说,不由某个特定的仲裁机构对当事人的仲裁程序进行全面管理,而是让当事人享有充分的意思自治,对仲裁过程中的各个事项进行自由约定。从比较宽松的意义上来解释,即使当事人在临时仲裁协议中仅表明自己具有仲裁意愿的意思表示,该临时仲裁协议的效力也应该是被承认的。因此,从支持仲裁的角度来说,只要具备了仲裁意愿的临时仲裁协议即为有效,这在国际上也是被普遍承认的。

(二)适用临时仲裁的范围

关于临时仲裁协议的适用范围,前文已述。在此,主要是从规则操作

---

① [美]加里·B.博恩:《国际仲裁:法律与实践》,白麟、陈福勇、李汀洁等译,商务印书馆,2015,第47页。

层面考虑临时仲裁协议的实体要件。有的临时仲裁协议中可能会约定由该合同引起的与其有任何联系的所有争议都交由仲裁管辖,也有的临时仲裁协议会约定仅因特定条款引起的合同争议才由临时仲裁解决。一般来说,当事人在约定仲裁协议时,都会把仲裁事项尽可能扩大,以便该临时仲裁协议能够涵盖到合同可能引发的所有争议。这种宽泛的约定能够避免并行程序产生的问题,即某些合同争议由仲裁解决,而另外一些合同或非合同性争议却由诉讼管辖。

一般来说,在双方当事人合意订立的临时仲裁协议当中,对这类限定仲裁事项的常有的表述包括:"本协议项下产生的""因本协议引起的""与本协议有关的"等比较宽泛的术语表达。根据《最高人民法院关于适用〈中华人民共和国仲裁法〉若干问题的解释》第2条的规定,如果当事人没有对合同争议的仲裁范围作出具体、明确的约定,那么有关合同的成立、效力、变更、解除、履行方式、违约责任、条文理解等由此产生的争议都可以纳入仲裁的范围。基于此,对于合同中的临时仲裁条款,一般也倾向于作出这种规定,不进行过多限制。而对于另外一种临时仲裁协议的形式——单独的临时仲裁协议书,由于纠纷已经发生,因而此时对于相关争议事项的确定会比较明确。双方当事人会更倾向于对仲裁事项进行更具体的约定,还可以对仲裁员以及临时仲裁程序进行更有针对性的规定,以专门性地解决双方当事人之间发生的某种特定争议,提高仲裁效率,节省仲裁成本。

三、临时仲裁协议的程序要件

(一)选定临时仲裁的程序规则

临时仲裁协议的有效性源于争议主体将纠纷提交临时仲裁的合意,但这仅仅是从支持以临时仲裁方式解决争议的角度来看的。从保障临时仲裁程序的顺利进行来看,双方当事人合意选定的临时仲裁规则应当构成临时仲裁协议的基本内容。[1]临时仲裁程序规则调整着仲裁案件从受理到临时仲裁裁决作出的全过程,对于临时仲裁程序的进行有着至关重要的作用。一般来说,临时仲裁程序规则囊括了临时仲裁的启动、仲裁员的选任、仲裁庭的组成、临时仲裁程序的进行、准据法的选择、临时仲裁裁决的作出以及仲裁费用等方面的内容。由于临时仲裁不由任何已设立的仲裁机构

---

[1] 高菲、徐国建:《中国临时仲裁实务指南》,法律出版社,2017,第145页。

进行全面管理，而是由两造当事人对某个仲裁案件自行设定自己的临时仲裁程序。因此，如何设定临时仲裁程序，或者说适用什么样的临时仲裁程序规则，都完全取决于双方当事人在临时仲裁协议中的约定，极具自治性。

不同的仲裁规则指导着不同的仲裁实践，没有仲裁规则的仲裁实践几乎是不可能的。在机构仲裁中，即使当事人没有约定相应的仲裁规则，我们仍然能够凭借争议双方选择的仲裁机构合理推断案件所要适用的仲裁规则。盖因各个仲裁机构制定的仲裁规则中一般都会规定，提交该机构仲裁的就视为同意按照其机构规则进行仲裁，或者会规定同意按照其仲裁规则进行仲裁的，即表示接受仲裁院对该仲裁实施管理。[①]

但是，在临时仲裁中，许多情况下当事人仅在临时仲裁协议中约定了仲裁协议下的争议通过临时仲裁的方式解决，以及由谁来进行仲裁。出于各种主客观因素的影响，双方当事人不可能在临时仲裁协议中就仲裁程序如何进行作出类似于常设仲裁机构的仲裁规则那样详细的规定。[②]因而，在实践中，这些规则事项往往都是由临时仲裁庭参酌实际情况自行决定的。同时，双方当事人与仲裁员在决定临时仲裁程序时，要受到仲裁地仲裁法的强制性法律法规的约束，在这种情况下，仲裁地的仲裁法往往就成为临时仲裁的基础。然而，各个国家或地区的国内仲裁法又各有不同，在处理国际性临时仲裁时就会产生一定的分歧。[③]为了促进国际性临时仲裁的顺利进行，联合国国际贸易法委员会在1976年通过了可以供争议主体参考适用的《联合国国际贸易法委员会仲裁规则》，这为国际仲裁提供了一套能被多数国家、多个法域所普遍接受的程序性框架。由此，我们可以这样认为，如果当事人之间的临时仲裁协议对仲裁程序规则没有约定的，对于国内争议就可以适用仲裁地国的仲裁法；如果是国际性纠纷，则可以依据《联合国国际贸易法委员会仲裁规则》进行仲裁。

在加拿大，由于国内法和示范法的适用，绝大多数仲裁都属于临时仲裁，因此几乎不需要机构仲裁规则。对于在加拿大进行的临时仲裁，其国内立法提供了一套完整而灵活的程序规则，没有必要再制定其他的仲裁规则，如果当事人在仲裁协议中没有对某些程序事项进行约定，则默认适用加拿大国内法的相关规定。对于国内法也未涉及的程序问题，则可以在纠纷发生后，由各方当事人达成约定；若当事人不能达成一致意见，则由仲裁庭自行决定应当适用的程序规则。

[①] 高菲、徐国建：《中国临时仲裁实务指南》，法律出版社，2017，第144—145页。
[②] 赵秀文：《国际商事仲裁法》，中国人民大学出版社，2012，第141—142页。
[③] 蓝瀛芳：《专案仲裁与机构仲裁的分野及其不同的程序机制》，《仲裁》2015年第4期，第37页。

如果是在需要当事人引入一套完整的程序规则的国家进行临时仲裁，在这种情况下，联合国国际贸易法委员会和一些仲裁机构制定的完整的程序规则可供当事人选择适用。不过，由于机构规则主要是为管理机构仲裁而制定的，因而大多数时候，很难在临时仲裁中直接适用该规则，当事人可以在其基础上予以部分修正后再加以适用。比较理想的方法是选择专为临时仲裁而设计的《联合国国际贸易法委员会仲裁规则》。[1]此时，仲裁条款通常会约定："全部争议应当依据《联合国国际贸易法委员会仲裁规则》提交仲裁解决。"[2]值得注意的是，即使选择了某个仲裁机构作为制定机构，或者是采用机构的程序规则也并不意味着选择该机构来管理仲裁。如果只是选择某个仲裁机构的规则，而没有将争议交由该机构管理的意思，则应进行明确的说明。[3]

《仲裁法修订意见稿》第30条规定，在不违反法律强制性规定的情况下，当事人可以自行约定仲裁程序或适用的仲裁规则，当事人没有约定或者约定不明确的，仲裁庭可以按照其认为适当的方式仲裁。这一规定尊重了当事人的自由意志，赋予了当事人自由选择仲裁程序规则的权利。不过，将当事人没有约定或者约定不明时的仲裁程序规则选择权完全交给仲裁庭自由裁决，似有不妥。我们认为，我国《仲裁法》在建立临时仲裁制度时，可以参考示范性临时仲裁规则的做法。简言之，我国《仲裁法》可以规定，双方当事人应在临时仲裁协议中就临时仲裁程序的相关规则进行约定，只要不违反法律法规的强制性规定，即为有效。如果当事人没有约定或者约定不明，可以适用示范性临时仲裁规则，当事人可以对示范性临时仲裁规则进行修改后适用。所谓示范性临时仲裁规则，是由最高人民法院或者中国仲裁协会发布的一套临时仲裁规则，供当事人选择适用。不由《仲裁法》直接公布示范性临时仲裁规则，主要是因为《仲裁法》的立法体例不足以支撑其公布内容繁细的临时仲裁规则。而之所以不赞成当事人约定不明时直接适用《联合国国际贸易法委员会仲裁规则》等国际条例的做法，主要是考虑到我国法治环境的影响。在我国法治环境下，人民群众对较为专业的国际条例并不熟悉，反而对最高人民法院发布的司法解释、指导意见或者全国性的专业协会提出的意见更为认可，适用率也更为广泛。通过最高人民法院或者中国仲裁协会发布示范性临时仲裁规则，可以直接

---

[1] J. Brian Casey and Janet Mills, *Arbitration Law of Canada: Practice and Procedure* (Huntington, New York: JurisNet, LLC, 2011), p. 99.
[2] [美]加里·B.博恩：《国际仲裁：法律与实践》，白麟、陈福勇、李汀洁等译，商务印书馆，2015，第51页。
[3] J. Brian Casey and Janet Mills, *Arbitration Law of Canada: Practice and Procedure* (Huntington, New York: JurisNet, LLC, 2011), p. 100.

提升临时仲裁的影响力,扩大临时仲裁的适用面,这也是我国完善仲裁制度,提升仲裁公信力的有力举措。

(二)明确仲裁员的选任

临时仲裁协议的基本内容还应当包括对仲裁员的选择,这也可以说是包括临时仲裁在内的所有仲裁中最为关键的问题之一。"仲裁的好坏取决于仲裁员",这句经典格言所蕴含的道理在临时仲裁中表现得尤其明显。由于临时仲裁是在没有任何机构监督或审查的情况下进行的,因此,为该案件选择合格的仲裁员显得至关重要。在临时仲裁协议中,大多数当事人都会对仲裁员的数量、资格以及选任方式等进行约定。[1]需要说明的是,在临时仲裁中,由于没有仲裁机构那样的专门机构的监督管理,程序进展全靠双方当事人自行选择的仲裁员的自由裁量。

首先,关于仲裁员数量的问题,既可由当事人事前决定,也可以留待争议发生后由当事人协商或由指定机构作出决定。在绝大多数个案中,仲裁庭由一名或三名仲裁员组成。一般而言,使用独任仲裁员的总体费用较低,因为这既可节省两位仲裁员的费用,又方便独任仲裁员在无需另外两名工作繁忙的专业人士协调的情况下,更快速地推进临时仲裁程序的进行,以高效、便捷地解决双方当事人之间的矛盾纠纷。但是,由独任仲裁员审理案件,这就意味着当事人无法选任或提名各自的仲裁员,将会导致整个临时仲裁程序的进行全系于一个决策人身上。除此之外,在三人仲裁庭中,仲裁员之间彼此交流、相互影响,有时也可为仲裁庭的决策过程增添更多新元素,使一方当事人得以对其策略作出相应的调整。因此,对那些事实简单、标的较小的商贸纠纷,当事人可以约定采用独任仲裁员的形式。而对那些涉及比较复杂的事实问题和法律问题的国际商业合同,由三名仲裁员组成的仲裁庭审理则更有助于作出公平公正、符合双方当事人利益的仲裁裁决。《仲裁法修订意见稿》第50条第1款同样规定:"仲裁庭可以由三名仲裁员或者一名仲裁员组成。由三名仲裁员组成的,设首席仲裁员。"

其次,对于仲裁员的资格问题,许多国家或地区的法律并没有对其进行专门规定。[2]一般认为,只要是有完全民事行为能力,能够公正、独立地审理当事人所提交的仲裁案件,都可以被指定为仲裁员。[3]不过,当事人可

---

[1] [美]加里·B.博恩:《国际仲裁:法律与实践》,白麟、陈福勇、李汀洁等译,商务印书馆,2015,第51页。
[2] 绝大多数国家法律规定的都是普通任职资格,对仲裁员的资格没有作出特别的限制;但是也有少数国家(例如中国)采取的是严格任职资格,此时当事人可以在法律规定的基础上设定自己的资格要求。
[3] 赵秀文:《国际商事仲裁法》,中国人民大学出版社,2012,第94页。

以在仲裁协议中自由约定仲裁员所需的任何特殊资格。[1]

最后,仲裁员的指定方式一般有两种:当事人协商指定与由当事人申请中立第三方指定。在临时仲裁下,如果当事人没有在临时仲裁协议中约定仲裁应当适用的临时仲裁规则或者确定仲裁员的指定机构,则只能寻求适用仲裁程序法来解决仲裁员的选择问题。大多数国家或地区的仲裁法都会允许当事人对仲裁庭人员的组成作出约定。如果采取独任仲裁员进行仲裁,而双方当事人就独任仲裁员的人选无法达成一致,或者在由三名仲裁员组成仲裁庭的情况下,当事人各方不能就首席仲裁员的指定达成合意,或者一方当事人没有在仲裁规则规定的期限内指定自己的仲裁员,许多国家或地区有关仲裁的法律都规定,此时当事人可以请求相关法院对仲裁员作出指定。例如,1925年《美国联邦仲裁法》第5条对当事人未能根据仲裁协议指定仲裁员的情况进行规定:"法院可根据一方当事人的请求,对仲裁员或者首席仲裁员作出指定。"[2]不过,虽然对仲裁员的选择有相关补缺机制,但是如果当事人在临时仲裁中对这些问题达成一致,并在仲裁协议中对相关条款作出进一步规定,将有助于增加执行最终仲裁裁决的便利性,同时也能够减少仲裁程序进行中的不确定性。[3]《仲裁法修订意见稿》第92条第1款则规定:"专设仲裁庭仲裁的案件,无法及时组成仲裁庭或者需要决定回避事项的,当事人可以协议委托仲裁机构协助组庭、决定回避事项。当事人达不成委托协议的,由仲裁地、当事人所在地或者与争议有密切联系地的中级人民法院指定仲裁机构协助确定。"简言之,临时仲裁中无法确定仲裁员人选的,首先由仲裁机构协助解决,仲裁机构无法介入的,法院可以指定仲裁机构协助确定仲裁庭的组成人员。

(三)选定仲裁地

临时仲裁协议中的另一个重要内容是对仲裁地的确定,也就是仲裁获得正式法律或司法管辖以及仲裁裁决将正式作出的地点。对于临时仲裁而言,选择适当的仲裁地具有更加重要的意义。尤其在国际商事仲裁中,在订立仲裁协议时,尽量选择比较熟悉和仲裁法律更为完备的国家作为仲裁地,更能确保当事人通过仲裁解决纠纷的愿望得以顺利实现。同时,在以临时仲裁为主的国际海事仲裁中,基本上所有的仲裁条款都对仲裁地作

---

[1] Harry L. Arkin, "International Ad Hoc Arbitration: A Practical Alternative," *International Business Lawyer*, Vol.15, No.1(1987): 7.
[2] 赵秀文:《国际商事仲裁法》,中国人民大学出版社,2012,第95页。
[3] Nicolas C. Ulmer, "Drafting the International Arbitration Clause," *The International Lawyer*, Vol.20, No.4 (1986): 1339–1340.

出了规定。例如,"伦敦仲裁""香港仲裁""仲裁地为新加坡"等。在国际海事仲裁中,当事人往往首选伦敦作为其纠纷的仲裁地点。究其原因,除了历史因素,更重要的是伦敦具有非常完善的仲裁法和海商法以及高水平的仲裁员,这些优越的外部条件与高质量的仲裁裁决吸引了众多的当事人约定在伦敦仲裁。[1]可以明确的是,当事人所做的这些选择在一定程度上能够表明仲裁地的确定对仲裁程序具有实质性的重大影响。

另外,仲裁程序本身也要受到相关法律的规制。如果双方当事人在临时仲裁协议中没有明确约定仲裁程序规则,那么仲裁程序法一般就是仲裁地的仲裁法。而仲裁地法通常会涉及对可仲裁性、保密性问题、仲裁员选任、法院对仲裁程序的干预程度等许多仲裁须遵守的事项的处理。[2]不同的国内法对于这些事项可能会有不同的规定,比如有的国家可能会对临时仲裁的程序进行规定较多的限制,相应地赋予司法较大的监督权限。与此相反,在那些支持临时仲裁的发达法域,则不会对仲裁程序作出过多规定,有的国家仅要求仲裁的进行符合正当程序和自然正义的基本原则即可。此外,为了确保仲裁裁决能够按照《纽约公约》得到承认和执行,还应当考虑仲裁地是否为《纽约公约》的缔约国或地区。[3]因此,选择不同的仲裁地会导致适用不同的仲裁程序法,由此便可能会产生截然不同的法律后果。这表明事实上对仲裁地的约定并不只是一个简单的客观选择,更涉及到对案件有实质影响的法律确定的问题。[4]因而,仲裁地的确定构成临时仲裁协议中非常重要一项的内容。

需要注意的是,应仔细甄别"仲裁案件审理地""仲裁地"这两个概念,避免产生混淆。在司法实践中,"仲裁地"与"仲裁案件审理地"两者虽然常有重合,但在某些情况下并不一致。仲裁地的选择一般会产生以下法律后果:(1)仲裁地可以影响仲裁程序的准据法;(2)仲裁地决定哪个国家的法院有权对仲裁程序实施监督或提供支持;(3)仲裁地决定仲裁裁决的国籍,并且会直接影响仲裁裁决结果的实现。[5]值得注意的是,即使双方当事人在临时仲裁协议中约定了仲裁地,并不代表就决定了该案的实际审理地,

---

[1] 侯登华:《仲裁协议法律制度研究——意思自治视野下当事人权利程序保障》,知识产权出版社,2012,第116页。

[2] J. Brian Casey and Janet Mills, *Arbitration Law of Canada: Practice and Procedure* (Huntington, New York: JurisNet, LLC, 2011), p. 93.

[3] 罗楚湘:《英国仲裁法研究》,武汉大学出版社,2012,第71页。

[4] [美]加里·B.博恩:《国际仲裁:法律与实践》,白麟、陈福勇、李汀洁等译,商务印书馆,2015,第51、55页。

[5] Lew Julian D., Mistelis Loukas A. and Kröll Stefan, *Comparative International Commercial Arbitration* (New York: Kluwer Law International, 2003), pp. 8-12.

在大多数仲裁制度下,仲裁地确定后,仲裁庭仍然可以选择在仲裁地以外的国家或地区的任何适当地点开庭审理该案件。①《联合国国际贸易法委员会仲裁规则》第18条②就规定,若当事人没有特殊约定,仲裁庭可在其认为适当的任何地点进行开庭审理。作为世界上许多国家仲裁立法基础的《国际商事仲裁示范法》第20条③关于仲裁地的确定,作出了与《联合国国际贸易法委员会仲裁规则》相同的规定。④《仲裁法修订意见稿》第91条同样规定,当事人没有约定仲裁地或者约定不明确的,由仲裁庭根据案件情况确定仲裁地。可以看出,在某些情形下,仲裁审理地不一定在仲裁地,严格来说它们属于不同的法律概念。《仲裁法修订意见稿》也明确区分了仲裁地与仲裁案件审理地。《仲裁法修订意见稿》第27条第3款规定:"仲裁地的确定,不影响当事人或者仲裁庭根据案件情况约定或者选择在与仲裁地不同的合适地点进行合议、开庭等仲裁活动。"总之,选择仲裁地有着非同寻常的意义,与其说是地点的选择,不如说是法律的选择,因为其通过当事人的约定,把仲裁与一国的法律紧密相连。⑤

(四)明确仲裁语言

仲裁语言是指一切与仲裁有关的事宜,包括当事人书面提交的文件、证据及仲裁裁决本身将使用的语言。在国际仲裁中,当事人可能需要经常使用与其国家常用语言不同的语言,而仲裁语言会对仲裁员的选任和仲裁程序的进行产生重要的影响。因此,在临时仲裁协议中就仲裁语言作出明确的选择是比较可取的做法。否则,在开始仲裁时,如果出现仲裁资料和仲裁员使用的语言是两种或两种以上的情况,就需要聘请专业人员在几种不同的语言之间进行翻译,这就可能会造成双方当事人和仲裁员对某些问

---

① J. Brian Casey and Janet Mills, *Arbitration Law of Canada:Practice and Procedure*(Huntington, New York: JurisNet,LLC,2011),p. 94.

②《联合国国际贸易法委员会仲裁规则》第18条规定:"(1)各方当事人未事先约定仲裁地的,仲裁庭应根据案情确定仲裁地。裁决应视为在仲裁地作出。(2)仲裁庭可在其认为适当的任何地点进行合议。除非各方当事人另有约定,仲裁庭还可在其认为适当的任何地点为其他任何目的的举行会议,包括进行开庭审理。"

③《国际商事仲裁示范法》第20条规定:"(1)当事各方可以自由地就仲裁地点达成协议。如未达成此种协议,仲裁地点应由仲裁庭确定,但应考虑到案件的情况,包括当事各方的方便。(2)虽有本条第(1)款的规定,除非当事各方另有协议,仲裁庭可以在其认为适当的任何地点会晤,以便在其成员间进行磋商,听取证人、专家或当事各方的意见或检查货物、其他财产或文件。"

④ 赵秀文:《国际商事仲裁法》,中国人民大学出版社,2012,第131页。

⑤ J. Brian Casey and Janet Mills, *Arbitration Law of Canada:Practice and Procedure*(Huntington, New York: JurisNet,LLC,2011),p. 94.

题上产生理解上的偏差。①而且如果当事人对仲裁程序使用的语言无法达成一致意见,也可能会导致仲裁程序的拖延,②增加当事人仲裁费用的负担。一般而言,当事人所选的语言为基础合同或者大部分证明文件中所使用的语言。

除了前面谈及的几项临时仲裁协议的重要内容之外,当事人还可以就临时仲裁中的许多其他事项进行约定。在这方面临时仲裁的当事人享有充分的意思自治,由于所发生争议的特性不同,各个仲裁案件的具体情况也会产生差异,因此,当事人在临时仲裁协议中需要约定的事项也就有区别。在实践中,除了对仲裁范围、仲裁地等基本内容进行约定以外,一些当事人也会对其他补充事项进行约定。比较常见的其他事项包括仲裁费用、保密性以及仲裁庭的披露权力等。③

---

① 侯登华:《仲裁协议法律制度研究——意思自治视野下当事人权利程序保障》,知识产权出版社,2012,第140页。
② Harry L. Arkin, "International Ad Hoc Arbitration: A Practical Alternative," *International Business Lawyer*, Vol.15, No.1(1987): 7.
③ [美]加里·B.博恩:《国际仲裁:法律与实践》,白麟、陈福勇、李汀洁等译,商务印书馆,2015,第53页。

第五章

临时仲裁中的仲裁员选任

"仲裁的好坏取决于仲裁员。"在临时仲裁中,由于不存在固定的仲裁机构,对于临时仲裁程序的进行,当事人享有充分的意思自治。因此,在每一起临时仲裁案件中,一般都是由双方当事人(特殊情形下是由临时仲裁辅助机构)选择仲裁员,组成仲裁庭。临时仲裁协议是仲裁自治的基础,而仲裁自治的一个重要内容便是当事人得以自由选择能适当解决他们争议的人。这种意思自治是被许多国际协议和国内仲裁立法所普遍承认的。另外,临时仲裁程序与诉讼程序具有很大的区别,临时仲裁没有太多像诉讼程序那样必须严格遵守的程序规定,临时仲裁通常是在没有机构监督或者审查的情况下进行的。当事人自行选择的仲裁庭作为仲裁案件的直接审理者,具有充分的权力,临时仲裁程序的进行以及临时仲裁裁决的作出等都取决于仲裁庭的裁量性权力。正如前面的经典格言所说,仲裁案件的质量在很大程度上有赖于仲裁员的素质。因此,为了迅速而适当地解决当事人之间所发生的争议,当事人必须谨慎地选择仲裁员,并综合国籍、专业资格或专业知识、经验、时间、语言等各方面的因素来进行考虑。相应地,仲裁庭的组成方式以及仲裁员的公正独立性等要求的具体内容以及保障这些要求的程序规则,都在临时仲裁程序中扮演着相当重要的角色。

一、仲裁庭的组成方式

无论是在纠纷发生前还是待双方当事人之间的矛盾纠纷发生后,当事人均可以自由约定临时仲裁的仲裁员的数量,当事人对此享有高度的意思自治。如果当事人对仲裁庭的组成人数有约定,应当尊重当事人的自由意志,只要符合当事人意思自治和自然正义的要求,当事人就要对自己的选择负责。[1]通过对各国或地区的仲裁立法和国际仲裁规则进行考察可以发现,独任仲裁员和三人仲裁庭是最为普遍的仲裁庭的组成方式。但值得注意的是,也有少数国家或地区允许采取偶数仲裁员的组庭方式。

(一)独任仲裁

当事人可以在争议发生前或者争议发生后通过双方商定的临时仲裁条款或临时仲裁协议,约定由独任仲裁员进行仲裁。在一般情况下,采取独任仲裁员的方式花费可能会更低。原因在于,争议双方此时只需要承担一名仲裁员的费用。同时,独任仲裁员的组庭方式也省却了协调另外两名

---

[1] 祁壮:《构建国际商事仲裁中心——以〈仲裁法〉的修改为视角》,《理论视野》2018年第7期,第49页。

工作繁忙的仲裁员的时间的麻烦,有利于案件的快速审理。因此,在实践中对于那些争议金额较小、案情较简单的仲裁案件,当事人选择一名仲裁员进行仲裁往往是更为明智的选择。但是,采取独任仲裁员在某些方面也会有一定的风险,因为在这种情况下,临时仲裁程序的开展往往系于一个决策人身上,仲裁裁决也由该独任仲裁员单独作出,此时选择一名公正独立的仲裁员就显得尤为重要。因此,如果能够对独任仲裁员审理案件的种种优势加以合理利用,恰当地选择可以胜任且公正无私的仲裁员,可以起到事半功倍的作用,使当事人间的争议得到快速平稳的解决。①

(二)偶数仲裁

除了英国的伦敦贸易和海事仲裁中有采用二人仲裁庭进行仲裁的习惯之外,其他国家或地区比较少见二人仲裁庭的情况。②在两名仲裁员组成仲裁庭的情况下,一般应由双方当事人各指定一名仲裁员,这两名仲裁员还具有指定一名公断人的权利。③在审理临时仲裁案件过程中,如果当事人指定的两名仲裁员对争议的处理意见一致,则可依该意见作出仲裁裁决;但是,如果这两名仲裁员对当事人间的争议的处理意见不一致,就需要由公断人单独作出仲裁裁决。不过,这个时候并不能认为这两名仲裁员已经完全退出该临时仲裁程序,而是应当将他们视为当事人的代理人和辩护人继续推动仲裁程序进行,公断人则扮演类似于独任仲裁员的角色。④

虽然在临时仲裁中当事人可以自由约定仲裁员的数量,但是这种约定也要受到仲裁地国内法强制性规定的限制。例如,一些国家或地区不允许当事人选择偶数仲裁员,因为这样可能会出现仲裁员对纠纷解决无法达成一致意见的情形,从而造成仲裁裁决难以作出的僵局和程序上的拖延。对此,如果当事人约定了两名仲裁员,在只允许奇数仲裁员的国家或地区,一般都会要求被指定的仲裁员再额外委任一名仲裁员以组成仲裁庭。⑤

---

① 赵秀文:《国际商事仲裁法》,中国人民大学出版社,2012,第92页。
② 根据日本《仲裁法》第16条第1款的规定来看,日本在赋予当事人在仲裁员人数方面的意思自治时,并没有排除偶数仲裁庭存在的可能性。
③ 具有这种二人仲裁条款的标准格式合约包括NYPE93,Anwelshi93,Stemmor83等。例如,NYPE93中的二人仲裁条文:"All dispute arising out of this contract shall be arbitrated at London and … be referred to the final arbitrament of two Arbitrators carrying on business in London who shall be members of the Baltic Mercantile & Shipping Exchange and engaged in Shipping, one to be appointed by each of the parties, with power to such Arbitrators to appoint an Umpire."
④ 赵秀文:《国际商事仲裁法》,中国人民大学出版社,2012,第93页。
⑤ 1981年《法国民事诉讼法典》第1454条;1998年《比利时司法法典》第1681条;1986年《荷兰民事诉讼法典》第1026条第3款;1996年《中国澳门核准仲裁制度》第10条第3款。

(三)三人仲裁

三人仲裁是临时仲裁中比较常见的仲裁庭组成方式。虽然独任仲裁员单独推进临时仲裁较为高效、快捷,但也有其不可避免的缺陷。必须承认的是,对于一些涉及比较复杂的事实问题和法律问题的争议,由三名仲裁员组成的仲裁庭进行审理可能会更有助于作出公平公正、符合双方利益的仲裁裁决。原因在于,在三人仲裁庭的情况下,一方面,各方当事人都有权利选择一名自己信任的仲裁员,如果仲裁庭中有比较熟悉己方当事人语言表达或者交易习惯的仲裁员,将有利于仲裁庭充分、准确地了解当事人的意见和立场;另一方面,三名仲裁员各自的生活背景、专长不同,可能对争议的理解也会有所不同,他们相互间能够彼此交流,这样可以使仲裁审理的视野更为广阔,审理得也更为彻底,更能保障临时仲裁裁决的公平公正,从而实现当事人通过临时仲裁高效、迅速、便利地解决矛盾纠纷的愿望。

(四)当事人未约定仲裁员人数

在临时仲裁中,当事人可以对仲裁员的人数进行自由约定,但在实践中,往往也会出现当事人未能对仲裁员的数量问题作出约定的情形。在这种情况下,通常会根据仲裁法的规定来确定仲裁员的人数。

从各国立法来看,英美法系国家一般规定在当事人没有约定仲裁员的数量时,仲裁庭由一名仲裁员组成。例如,1996年《英国仲裁法》第15条第3款规定,当事人没有对仲裁员人数进行约定的,则应由独任仲裁员组成仲裁庭。美国也有类似规定。根据《美国联邦仲裁法》第5条的规定,争议双方当事人如果在协议里载明了指定仲裁员或者仲裁长的方法,就应当按照协议里的方法进行指定。如果协议中未规定,或者即使有规定当事人却不履行,或者由于某种原因导致拖延指定或者拖延补充缺额,法院应根据任何一方当事人的请求,依照需要指定仲裁员或者仲裁长。在这种情况下由法院指定的仲裁员或者仲裁长在处理案件的过程中与当事人协议指定者有相同的权力与效力。同时,除了协议另有规定外,应当由仲裁员一人进行仲裁。

而在多数大陆法系国家或地区,其国内仲裁法通常会规定在没有相关协议时,仲裁员的人数为三人。例如,1998年《德国民事诉讼法典》第1034条第1款规定:"当事人可自由约定仲裁员的数目。如无此类约定,仲裁员应为三人。"1996年《中国澳门核准仲裁制度》第10条第2款规定:"当事人在仲裁协议或随后之书面协议内无订定仲裁员人数时,仲裁庭则由三名仲裁员组成。"

除了相关国内法的规定外,许多仲裁机构规则也对仲裁员的人数规定了补充确定方法。这些仲裁机构规则一般都没有对仲裁员的人数采取强制性的规定,而是在当事人没有相关约定时,推定仲裁庭由一名或者三名仲裁员组成。并且,一般赋予了仲裁机构或管理人一定程度的自由裁量权,即根据案件的具体情况考虑案件的复杂程度、争议金额大小等因素,理性地裁量适用独任仲裁还是合议仲裁庭进行仲裁。例如,1998年《斯德哥尔摩商会仲裁院仲裁规则》第16条第1款规定,在双方当事人没有约定的情形下,仲裁庭一般由三名仲裁员组成,除考虑到案情复杂性,争议金额以及其他的事由,仲裁院决定争议应当由独任仲裁员一人审理。

而在国际仲裁中,多数规则都规定先推定采取独任仲裁的方式,然后仲裁机构可以综合案件实际情况裁量采取三人仲裁庭。例如《新加坡国际仲裁中心仲裁规则》第5条第1规定,若遇有双方当事人未有约定之情形,或经主簿官考量当事人建议,争议涉及数额,争议复杂性或其他情形,认为本次争议应由三名仲裁员审理之外,应当只委任一名独任仲裁员。其他一些机构规则与此规定类似。1994年《意大利仲裁协会国际仲裁规则》第12条第4款规定:"如当事人在对仲裁申请书进行答辩的时限内未就仲裁员人数达成协议,仲裁院应指定一名独任仲裁员,除非根据争议的具体情况应委任一组仲裁员。"1997年《比利时国内及国际仲裁研究与实务中心规则》第18条第3款规定,如果当事人未就仲裁员数目达成协议,争议应交由一名仲裁员仲裁。但是,经任一方当事人申请或甚至依职权,委任委员会或比利时仲裁和调解中心主席可决定案件交由三位仲裁员组成的仲裁庭审理。

二、仲裁员的选定与指定

在临时仲裁的情况下,对于仲裁员的选择问题,双方当事人既可以在争议发生前在仲裁条款或仲裁协议书中进行约定,也可以在争议发生后再行指定。但是,如果纠纷业已发生方得约定仲裁员选择的问题,其关键就在于双方当事人是否积极配合,如果当事人无法就人员选择问题达成一致意见,则需要相关机构或者法院来进行协助指定。[①] 简言之,如果当事人选择了临时仲裁,但未能根据仲裁协议的规定指定仲裁员的,可由其指定的

---

① 刘晓红主编《国际商事仲裁专题研究》,法律出版社,2009,第182页。

第三方机构指定仲裁员。如果双方当事人没有在仲裁协议中约定仲裁员的指定方式和确定相关指定机构,此时就会适用仲裁地程序法来对仲裁员的人选进行确定。总的来说,在临时仲裁的立法与实践中,仲裁员的指定方式大致有三种,包括当事人指定,商会、行业组织或仲裁机构指定,以及由法院指定。

(一)当事人选定

一般而言,最为主要的指定仲裁员的方式即由当事人进行指定,这种方式包括由一方当事人单独指定与双方当事人共同指定。双方当事人共同指定一般适用于合议仲裁庭中首席仲裁员以及独任仲裁员的指定。在三人仲裁庭的情况下,通常则是由各方当事人单独分别指定一名自己的仲裁员。一般的流程为,申请仲裁人提起临时仲裁申请时就可以行使其应有权利,指定一名仲裁员。被申请人在接到仲裁通知后,亦有在临时仲裁规则规定的时限内指定一名仲裁员的权利。[1]至于首席仲裁员的人选,双方当事人一般会同意由其各自指定的两名仲裁员来共同确定。在以临时仲裁为主的西班牙就是采用这种方式。在西班牙,组成三人仲裁庭的默认规则与国际仲裁惯例一致,先由每一方当事人指定一名仲裁员,再由两名指定的仲裁员任命第三名仲裁员,即仲裁庭的主席。[2]这种选择方式具有让当事人自己直接协商确定首席仲裁员所不可比拟的优势。特别是指定的两名仲裁员通常与首席仲裁员的候选人具有个人交往的经历,因此,也可以为当事人选出一位有能力胜任且公平公正的仲裁员提供双重保证。不过,当事人为确定此时首席仲裁员的人选是否具有约定或规定的相关资格,也可以就该人选与其指定的仲裁员进行商议。[3]

(二)第三方主体指定

在仲裁过程中可能会遇有双方当事人在临时仲裁中无法就独任仲裁员或首席仲裁员的人选达成一致,或者已届规定期限仲裁员人选几何仍未被确定的情形,此时的解决方法是当事人可相互约定指定机构以对仲裁员人选进行确定,例如临时仲裁辅助机构。这种选择机制可以在临时仲裁协议中明确提出或者援引现成的仲裁规则。[4]而在机构仲裁中,其仲裁规则一般会提供明确的遵循规则,如果当事人对仲裁员的选择不能达成一致意

---

[1] 赵秀文:《国际商事仲裁法》,中国人民大学出版社,2012,第95页。
[2] Joe Tirado, *International Arbitration*(London: Global Legal Group, 2017), p. 275.
[3] [美]加里·B.博恩:《国际仲裁:法律与实践》,白麟、陈福勇、李汀洁等译,商务印书馆,2015,第171页。
[4] [美]加里·B.博恩:《国际仲裁:法律与实践》,白麟、陈福勇、李汀洁等译,商务印书馆,2015,第172页。

见的,可由该常设仲裁机构介入代当事人快速选定仲裁员。

许多国家或地区的仲裁法都允许当事人在临时仲裁协议中约定中立的指定机构,在当事人未能选出仲裁员时,由指定机构对仲裁员人选作出指定,以避免仲裁庭的组成陷入僵局造成不必要的拖延。例如,《国际商事仲裁示范法》第11条第3款规定,遇有争议双方均未就仲裁员之人员达成协议之情形,任一方当事人提出确定仲裁员之请求时,可以由指定机构委任。有的国家或地区对这种指定机构的范围规定得比较广泛,并不限于仲裁机构,当事人还可以委请商人团体、民间机构等代为选定。在欧洲,仲裁机构在提供这项服务时,一般会收取一定费用,但一般商会则没有这种要求。[1]

在当事人同意适用《联合国国际贸易法委员会仲裁规则》的情况下,如果当事人在临时仲裁协议中没有约定指定机构或者临时仲裁协议的指定机构在规定期限内未指定仲裁员,按照该仲裁规则的规定,海牙常设仲裁庭秘书长可依申请确定一个指定机构。不过,当事人完全可以事先约定指定机构以避免此类额外步骤。[2]另外,在我国香港特别行政区进行的临时仲裁,如果当事人对仲裁庭的组成无法达成合意,根据《香港仲裁条例》的规定,香港国际仲裁中心(HKIAC)将担任法定的"委任机构",任何一方都可以请求香港国际仲裁中心指定。在临时仲裁盛行的海事争议领域,香港国际仲裁中心无数次扮演了这一角色。[3]

(三)法院指定

在双方当事人无法协商确定仲裁庭的组成人员的情况下,有些国家或地区仲裁法规定,应适用仲裁地程序法协助当事人确定仲裁员。一般的规则是,法院根据一方当事人的请求,对仲裁员的人选作出指定。

《国际商事仲裁示范法》第11条第3款、第4款规定,当事人就仲裁员的委任未达成协议的,可以请求法院委任仲裁员;未按当事各方协议的委任程序行事而未选出仲裁员的,经当事人请求可由法院指定。对于法院所作的关于指定仲裁员的决定不得上诉。1998年《德国民事诉讼法典》第1035条第3款、第4款也对当事人未能根据仲裁协议指定仲裁员的情况做了相应规定。同样的情况出现在美国。1925年《美国联邦仲裁法》第5条

---

[1] 蓝瀛芳:《专案仲裁与机构仲裁的分野及其不同的程序机制》,《仲裁》2015年第4期,第42页。
[2] Nicolas C. Ulmer, "Drafting the International Arbitration Clause," *The International Lawyer*, Vol.20, No.4, (1986): 1339-1340.
[3] 杨玲:《香港国际仲裁中心(HKIAC)与中国内地:趋势与机遇》,《中国法律:中英文版》2018年第4期,第68页。

规定,如果协议中未规定,或者即使有规定当事人却不履行,或者由某种原因导致拖延指定或者拖延补充缺额,法院应根据任何一方当事人的请求,依照需要指定仲裁员或者仲裁长。除了上述国家之外,世界上还有很多其他国家的法律规定与此类似。[①]部分国家还规定,当事人在协议中对仲裁员资格的要求应作为法院在协助指定仲裁员时的考量因素,其他以确保指定的仲裁员独立公正的因素亦应被法院考量。遇有指定独任仲裁员或首席仲裁员之情形,除当事人国籍以外的其他国籍仲裁员是否适当亦在法院的考量之列。[②]

(四)我国《仲裁法》的路径选择

通过对仲裁员选任模式的观察发现,在当事人未能对仲裁员的选任作出合意时,主要有以下四种解决路径。

其一,仲裁机构推荐模式。例如,美国仲裁协会向当事人推荐仲裁员时,会提供两份相同的推荐名单,双方当事人分别划掉不接受的人员并将其余人员按照意愿排序,仲裁协会根据双方意愿确定仲裁员。[③]

其二,常设仲裁机构指定模式。中国的机构仲裁、中国香港的国际仲裁中心,以及新加坡国际仲裁中心均是由常设仲裁机构指定。伦敦国际仲裁院也可以为临时仲裁指定仲裁员,并对案件进行辅助性管理。除"仲裁员名册"外,伦敦国际仲裁院在1978年增设了"伦敦国际仲裁员名单",如果当事人未对仲裁员选定达成一致,则由该院从仲裁员名单中指定。《联合国国际贸易法委员会仲裁规则》也规定,对于仲裁庭的组成当事人没有达成一致意见时,由常设仲裁庭进行指定。[④]

其三,仲裁员协会协助任命模式。例如,英国皇家特许仲裁员协会、伦敦海事仲裁员协会可以协助任命仲裁员,这些协会作为仲裁员的自律组织,除了培训仲裁员,与研究所、贸易协会等社会团体保持着密切联系外,还可以协助当事人任命仲裁员。德国仲裁协会委任委员会可以在当事人无法选定仲裁员的情况下,指定仲裁员。[⑤]值得注意的是,多数国家或地区的法律均规定,指定仲裁员的组织不得指定本组织内的成员为仲裁员,例如德国仲裁协会委任委员会就是如此。而我国存在着大量"驻会仲裁员",

---

① 例如,瑞典1999年《仲裁法》第14条;瑞士《联邦国际私法典》第179条。
② 1998年《德国民事诉讼法典》第1035条第5款。
③ 宋连斌主编《仲裁法》,武汉大学出版社,2010,第57页。
④ Gordon Blanke, "Institutional versus Ad Hoc Arbitration: A European Perspective," *ERA Forum*, Vol. 9, No. 2(2008): 279.
⑤ 宋连斌主编《仲裁法》,武汉大学出版社,2010,第60页。

因其增加了诉讼化倾向、提高了形成先验多数意见的可能性、造成非会内仲裁员不能充分发表意见、给仲裁机构监督仲裁员造成障碍，已经引起了理论上的质疑。[1]至于临时仲裁中是否可以指定本组织内仲裁员，有待进一步探讨。

其四，法院指定模式。该模式以瑞典和瑞士为代表。但由于法院指定程序大多冗长，选择临时仲裁的当事人一般不会首选法院指定。[2]法国仲裁活动中，当事人合意不能时可以寻求法院协助。[3]值得注意的是，关于当事人对仲裁员选任等程序性事项不能达成合意时的救济，法国是将机构仲裁和临时仲裁进行区别对待。机构仲裁中若当事人对选任仲裁员等不能达成一致意见时，由仲裁机构指定。

我们认为，我国《仲裁法》可以选择法院与仲裁机构的双重指定模式。一方面，法院指定仲裁员只涉及程序性事项，并不涉及案件实体问题，目的是保障临时仲裁的顺利进行，这种指定模式符合我国现行《仲裁法》的基本体系。另外，我国机构仲裁在过去的实践中也是选择由机构指定仲裁员的方式，这种做法已经基本成熟，在实践中也未见明显争议或不妥之处。沿用法院、仲裁机构指定的方式，对临时仲裁快速融入我国仲裁法体系有一定的推动作用。需要说明的是，如果我国《仲裁法》承认临时仲裁辅助机构的合法性，此时仲裁当事人也可以向临时仲裁辅助机构申请指定仲裁员，最终形成仲裁机构、临时仲裁辅助机构和法院的三重指定模式。对于临时仲裁的仲裁庭组成，《仲裁法修订意见稿》第92条第1款规定："专设仲裁庭仲裁的案件，无法及时组成仲裁庭或者需要决定回避事项的，当事人可以协议委托仲裁机构协助组庭、决定回避事项。当事人达不成委托协议的，由仲裁地、当事人所在地或者与争议有密切联系地的中级人民法院指定仲裁机构协助确定。"这种仲裁员选任模式同样属于机构指定模式，只不过在法院指定的路径上有所不同。

没有选择仲裁机构推荐模式的原因在于两个方面：其一，当事人既然已经就仲裁员选任不能达成合意，如果是使用仲裁机构推荐模式，往往会因当事人不断地排除推荐名单，一时很难再次达成合作意愿，阻碍临时仲裁程序的快速进行。其二，当事人在选任仲裁员时，仲裁机构可能已经向

---

[1] 王继福：《我国仲裁诉讼化之检讨》，《甘肃政法学院学报》2008年第6期，第127页；宋连斌主编《仲裁法》，武汉大学出版社，2010，第75页。
[2] Section 14-17, The Swedish Arbitration Act 1999; Article 179, The Switzerland's Federal Code on Private International Law.
[3] Nicolas Nord and Gustavo Cerqueira（Eds.）, *International Sale of Goods: A Private International Law Comparative and Prospective Analysis of Sino-European Relations*（Berlin：Springer, 2017）,p. 56.

当事人推荐过仲裁名册中的仲裁员,再次向当事人推荐,并没有多大的实际价值。值得说明的是,尽管我国部分地区已经设有仲裁员协会,例如厦门、绍兴、广州等,但这些仲裁员组织并未将功能定位于对机构仲裁或临时仲裁的程序监督,一般仅局限于促进仲裁员学术交流、培训等,因而现阶段也不宜采取仲裁员协会协助任命模式。

三、仲裁员的选任标准

在临时仲裁中,对于双方当事人选任仲裁员的资格或条件,一般都可以由双方当事人自己约定。虽然各国法律或者仲裁规则有时候也会对仲裁员选任的某些条件作出规定,但总的来说,大多数国家都没有对仲裁员的具体资格进行限制。[1]许多国家或地区都认为,只要是有完全民事行为能力,能够公正、独立地审理当事人所提交的仲裁案件的自然人,都可以被指定为仲裁员。法国、意大利、瑞典、比利时、荷兰、罗马尼亚、波兰、葡萄牙、希腊、阿根廷、埃及以及韩国等国都是如此。例如,《意大利民事诉讼法典》第812条规定,意大利或其他国家之公民可以作为仲裁员参与仲裁,但无法律行为能力人、未成年人、破产者以及被开除公职者不可以担任仲裁员。另外,我国香港特别行政区,以及印度、日本、澳大利亚、美国、墨西哥、德国、瑞士等未对仲裁员资格作直接规定,一般都尊重当事人间的自行约定。[2]不过,多数国家都规定现任法官不得担任仲裁员。总之,在不违反相关法律和规则限制的基础上,临时仲裁的当事人仍然可以在仲裁协议中自由约定仲裁员所需的任何其他资格。[3]比如对执业年限的要求,对相关领域专业技术知识的要求,或者约定仲裁员来自与当事人所属国不同的国家等。

(一)仲裁员的国籍

仲裁员的国籍是在临时仲裁中选择仲裁员时需要考虑的一个重要因素,尤其是在国际性临时仲裁案件中。因为在大多数情况下国际性争议的当事方都具有不同的国籍。根据《国际商会仲裁规则》第9条第5款的规

---

[1] 绝大多数国家或地区法律规定的都是普通任职资格,对仲裁员的资格没有作出特别的限制;但是也有少数国家或地区采取的是严格任职资格,此时当事人可以在法律规定的基础上设定自己的资格要求。
[2] 侯登华:《仲裁协议法律制度研究——意思自治视野下当事人权利程序保障》,知识产权出版社,2012,第137页。
[3] Harry L. Arkin, "International Ad Hoc Arbitration: A Practical Alternative," *International Business Lawyer*, Vol.15, No.1(1987): 7.

定,首席仲裁员或者独任仲裁员的国籍应有别于争议各方当事人。不过,遇有适当情形且在仲裁院规定期限内争议当事人未有异议提出的,争议当事人所属国籍的独任仲裁员或首席仲裁员亦得为仲裁院选任。按照上述规定,国际商会仲裁院在任命独任仲裁员和首席仲裁员时需要考虑双方当事人的国籍。对国籍的考虑在涉及当事人为主权国家的仲裁案件中至关重要。在对诸如外国直接投资争端等对国籍较为敏感的纠纷案件中,任命与所涉争端无关的第三国的公民为仲裁员,可以增加当事人对争端的仲裁过程及结果的信心,[1]当事人也更能接受由此作出的仲裁裁决。

与《国际商会仲裁规则》的规定类似,1998年《斯德哥尔摩商会仲裁院仲裁规则》第16条第8款规定,除有当事人另行约定或仲裁院认为适当之情形外,当事人国籍不同时,仲裁院委任的首席仲裁员国籍应与任何一方当事人相异。《联合国国际贸易法委员会仲裁规则》的规定则稍微宽松一点儿,其第6条第7款规定,任何有保证指定独立公正仲裁员之可能的因素均在指定机构考量之列,而也应当考虑到指定仲裁员之国籍与争议各方当事人国籍均为不同的可取性。这一规定没有对仲裁员的国籍作强制性要求,但指定机构在指定仲裁员时仍然需要考虑其国籍适当性的问题。

虽然如上所述的仲裁机构规则都对独任仲裁员和首席仲裁员的国籍作了一定的要求,但这主要是基于为国际仲裁中的不同国家当事人之间的纠纷提供国际化的中立解决方法的目标。[2]与此不同,多数国内法律一般都尊重当事人的意思自治,不对仲裁员的国籍作出过多限制。例如,意大利规定仲裁员可为意大利公民或外国国民。在荷兰,除当事人另有约定外,任何有法律行为能力的自然人均有被指定为仲裁员的可能性,且自然人国籍不能成为妨碍其被指定为仲裁员的事由。只有少数国家(如沙特阿拉伯)的法律对仲裁员的国籍作出了强制性规定。事实上,允许非本国国民担任仲裁员在某些情况下更有利于仲裁庭组成的平衡,更能保证仲裁员的独立性和公正性,仲裁庭作出的仲裁裁决也更能够得到双方当事人的认可。

(二)专业资格和知识

临时仲裁当事人还可以对仲裁员在特定领域的专业知识和资格提出某些特定要求。在实践中,有的仲裁员可能是具有法律专业素质的前任法

---

[1] Emilia Onyema, "Selection of Arbitrators in International Commercial Arbitration," *International Arbitration Law Review*, Vol. 8, No. 2(2005):10-11.

[2] [美]加里·B.博恩:《国际仲裁:法律与实践》,白麟、陈福勇、李汀洁等译,商务印书馆,2015,第182页。

官、律师或者法律顾问,也有部分仲裁员是某些特定行业的具备相关经验的专业人士。例如,业内专家、船长、经纪人或其他行内人士。对于一些简单的法律或业务上的争议,一般仲裁员都能够很好地解决。而在国际经济贸易纠纷当中,由于所涉领域众多,某些矛盾纠纷很大可能会涉及非常专业的问题,如果是缺乏相关专业知识背景的仲裁员,实际上很难会充分彻底地去审理案件。虽然不必要求该仲裁员达到业内专家的程度,但是由于该争议的性质繁杂,仲裁过程可能仍需要具备该领域专业知识或专业资格的人员参与。在这种情况下,具有相关领域专门知识且拥有仲裁经验的仲裁员可以满足当事人选择仲裁员的标准。不过,考虑到这种争议技术上的复杂性,选择合议仲裁的方式进行仲裁可能更加合适。例如在三人仲裁庭中,如果首席仲裁员是具有仲裁专业知识的律师,当事人指定的两名仲裁员都是相关领域的专家,就能够很好地处理该争议案件,而不必要求其达到独任仲裁的选择标准。《仲裁法修订意见稿》第89条也规定:"从事涉外仲裁的仲裁员,可以由熟悉涉外法律、仲裁、经济贸易、科学技术等专门知识的中外专业人士担任。"

(三)仲裁或司法经验

在临时仲裁中,当事人可以在临时仲裁协议中对仲裁员的仲裁或司法经验进行明确约定,以保障临时仲裁程序的顺利开展。选定的仲裁员是否具有相关仲裁或司法经验,也会对临时仲裁程序的进行产生一定程度的影响。比如在临时仲裁程序中,如果一方当事人在进行仲裁时没有任何利益或动机,他可能会拒绝与对方当事人合作,并尽可能地阻挠仲裁程序的开展,甚至可能会通过漫长的仲裁程序来拖垮对方,尤其是在对方当事人的财务状况可能不稳定时。在这种情况下,仲裁员必须能够识别这一点并妥善处理,这就对独任仲裁员或首席仲裁员的工作经验提出了相应的要求。而拥有参与国际仲裁的经验将有助于仲裁员在相关规则和法律规定的范围内采取必要的措施,[1]不拖延地推动临时仲裁程序的进行。因此,在实践中,当事人往往会选择具备相关仲裁或者司法经验的人作为仲裁员,以便更加高效、公平、快速地解决纠纷。一些国家和地区有关仲裁的相关法律亦规定仲裁员应具备仲裁或司法相关工作的经验。[2]例如在我国台湾地区,只有经过训练并取得合格证或者满足一定要求的法官、检察官、律师、

---

[1] Emilia Onyema, "Selection of Arbitrators in International Commercial Arbitration," *International Arbitration Law Review*, Vol. 8, No. 2(2005): 9.

[2] 王启:《临时仲裁中仲裁员的选任》,西南政法大学硕士论文,2012,第11页。

教授等才能够申请获得仲裁人资格。[1]另外,还有一些国家或地区对仲裁员的相关经验没有作要求,不过即便没有此类规定,似乎也不会给当事人的选择造成困难。

(四)仲裁时间

在临时仲裁中,仲裁员有充裕的时间去处理仲裁案件对于促进当事人间的纠纷解决也十分重要。如果当事人期望仲裁庭能够迅速审理双方当事人之间的矛盾纠纷,那么在选定仲裁员的时候就最好要对其空闲程度了解清楚。例如,对于那些无法投入需要的时间参与足够的临时仲裁程序的仲裁员,无论其仲裁或司法经验有多么丰富,选择他们来审理临时仲裁案件都是不划算且令人困扰的。因此,为了确保仲裁程序能够快速、高效地进行,当事人或律师最好提前先了解该案件审理的整个过程所需要的时间,以帮助仲裁员确定他们是否有充分的时间参与临时仲裁。[2]这对双方当事人来说,也极为有利。

(五)仲裁语言

仲裁员必须要能够熟悉临时仲裁程序所使用的语言。只有熟悉该种语言,才能够理解其背后所蕴含的意思。对仲裁语言的选择,将有助于仲裁员更充分、准确地清楚双方当事人之间的争议以及他们各自的立场,同时,还能避免产生额外的翻译费用。[3]除了上述种种,有时候当事人还可能在临时仲裁协议中对语言的使用作出特定要求,比如说要求除了仲裁所用的语言之外,仲裁员还可以运用其他某种特定的语言。[4]

四、仲裁员的公正性与独立性要求

国际仲裁通常都会对仲裁员的公正性和独立性有具体明确的要求。

---

[1] 我国台湾地区"仲裁法"第8条规定:"具有本法所定得为仲裁人资格者,除有下列情形之一者外,应经训练并取得合格证书,始得向仲裁机构申请登记为仲裁人:一、曾任实任推事、法官或检察官者。二、曾执行律师职务三年以上者。三、曾在'教育部'认可之大专院校法律学系或法律研究所专任教授二年、副教授三年,讲授主要法律科目三年以上者。四、本法修正施行前已向仲裁机构登记为仲裁人,并曾实际参与争议事件之仲裁者。"

[2] Emilia Onyema, "Selection of Arbitrators in International Commercial Arbitration," *International Arbitration Law Review*, Vol. 8, No. 2(2005): 10.

[3] Emilia Onyema, "Selection of Arbitrators in International Commercial Arbitration," *International Arbitration Law Review*, Vol. 8, No. 2(2005): 10.

[4] [美]加里·B.博恩:《国际仲裁:法律与实践》,白麟、陈福勇、李汀洁等译,商务印书馆,2015,第184页。

临时仲裁程序作为一种裁判性的程序,需要有中立和客观的仲裁庭,这种要求对于仲裁程序来说应当是基础性和根本性的。根据《国际商事仲裁示范法》第12条第2款的规定,对仲裁员提起回避的事由仅限定在对仲裁员的独立性或公正性引起正当怀疑的情形或者仲裁员不具备当事人各方商定资格的情形。对当事人委任或者参加委任的仲裁员提起回避的事由只有当事人一方做出委任后知悉的方可提起。由此可见,《国际商事仲裁示范法》第12条第2款对独立性和公正性设置了实质性的标准,这意味着仲裁庭的所有成员都必须遵守该规定。[1]如果违反这一要求,可以构成申请仲裁员回避的理由。同时,在仲裁员被委任之时起直至整个仲裁程序进行期间,仲裁员都应当毫不迟延地向当事各方披露与此有关的任何情况。被任命为仲裁员的候选人也有义务主动披露任何可能对其公正性或独立性产生合理怀疑的情况。机构规则中也对仲裁员的公正性和独立性问题进行了相应规定。例如,1998年《斯德哥尔摩商会仲裁院仲裁规则》第17条规定:"仲裁员必须公正、独立。在接受委任担任仲裁员时,应披露任何可能对其公正性和独立性产生具有正当理由怀疑的情形。如其已接受委任,则应立即以书面形式向当事人和其他仲裁员作出上述披露。"

许多国家或地区的仲裁立法都对仲裁员的公正性和独立性作出了相关规定,并且采用了与《国际商事仲裁示范法》相类似的标准。例如《挪威仲裁法》规定,仲裁员必须是公正的,且应当独立于当事人。该规定是对《国际商事仲裁示范法》第12条内容的直接反映,但是这种规定较为笼统,在实践中缺乏具体的标准,因而并没有太大的指导意义。不过,在2009年Frostating上诉法庭作出的一项裁决中,对仲裁员的公正性和独立性的要求有具体体现。在该案件中,首席仲裁员在审理期间发现,为其中一方辩护的律师助理接受了在仲裁员是合伙人的同一家律师事务所的工作邀请。尽管该合伙人并没有参与任职邀请的相关事项,也没有与该律师助理在律师的同一部门工作,并且他们在仲裁裁决作出前后也不存在与案件有关的联系。特隆赫姆市法院仍据此认定仲裁裁决无效,因为法庭此时有正当理由认为这种情形违背了仲裁员的公正性或独立性,但是上诉法院推翻了这种结论。究其原因,上诉法院认为该律师事务所是一家大型律师事务所,不同部门的人之间几乎没有联系,两者利益关系较弱,该律师助理不太可能能够影响合伙人对案件结果的判断。奥斯陆市法院审理的另一个案件,就被认为有正当理由否定该案仲裁员的公正性或独立性。在该案中,仲裁员是一名执业律师,且代表了作为仲裁一方当事人的律师事务所,在该律

---

[1] [美]加里·B.博恩:《国际仲裁:法律与实践》,白麟、陈福勇、李汀洁等译,商务印书馆,2015,第174页。

师事务所承担相当大的责任的情况下,此时就可以认为律师事务所与仲裁员之间的这种关系能够构成对仲裁员异议的充分理由。

对仲裁员的公正性或独立性要求,仍旧可以抽炼出一些一般性的做法。比如,仲裁员与当事人或者其代理人之间的家庭关系密切,可以提出异议。同样,仲裁员不得在法人团体(如董事会等)任职,也不得受雇于其中一方。仲裁员不得作为法律顾问参与正在仲裁的争议。正如奥斯陆市法院的裁决所表明的那样,仲裁员不能与代表仲裁一方当事人的律师事务所存在密切关联。在此种情形下,被仲裁一方当事人所委托的律师事务所频繁指定的仲裁员可以被认为与此方有太过密切联系之嫌。①

1996年《英国仲裁法》还将公正作为基本原则之一规定在首要条款当中,在其他条文中也进行了具体规定。比如,《英国仲裁法》第24条规定,在存在当事人对仲裁员的公正性产生具有正当理由的怀疑的事由时,当事人可以请求法院撤换仲裁员。《英国仲裁法》第33条规定,公平公正地对待当事人,对亟须解决争议事项提供公平的解决方案是仲裁庭的一般义务,若遇有仲裁庭违反上述义务之情形,当事人可以对此种情形下产生的仲裁裁决向法院提起异议。②同样地,《西班牙仲裁法》同样规定,在仲裁期间,仲裁员必须保持公正和独立,在所有情况下仲裁员不得与当事人有任何个人关系或商业关系,如果对仲裁员的公正性和独立性有合理怀疑的,可以对仲裁员提出质疑。③《仲裁法修订意见稿》甚至要求仲裁员签署保证独立、公正仲裁的声明书。其第52条规定:"仲裁庭组成后,仲裁员应当签署保证独立、公正仲裁的声明书,仲裁机构应当将仲裁庭的组成情况及声明书送达当事人。仲裁员知悉存在可能导致当事人对其独立性、公正性产生合理怀疑的情形的,应当书面披露。当事人收到仲裁员的披露后,如果以披露的事项为由申请该仲裁员回避,应当在十日内书面提出。逾期没有申请回避的,不得以仲裁员曾经披露的事项为由申请该仲裁员回避。"

---

① Stephen Knudtzon, *International Commercial Arbitration* (Cambridge: Cambridge University Press, 2013), p. 282.
② 罗楚湘:《英国仲裁法研究》,武汉大学出版社,2012,第101页。
③ 参见《西班牙仲裁法》第17条第1款、第3款。

五、仲裁员的回避

(一)回避申请的提出

在临时仲裁程序中,仲裁员应当对可能影响公正审理的情形进行主动披露。但在仲裁员对相关情况进行披露后,仲裁员并不是一概退出仲裁案件的审理。基于临时仲裁中的当事人享有充分的意思自治的权利,如果当事人对此没有异议的,该仲裁员仍然能够继续参与仲裁的进行。当然,如果当事人存有异议,就可以提出申请要求该仲裁员回避。

纵观各国立法与实践,基于任何事由导致被当事人选定,或者被相关机构、法院指定的仲裁员对该争议审理的独立公正受到影响的——譬如该仲裁员与其所审理的案件有个人利害关系,或者不符合当事人在仲裁协议中约定的选任仲裁员标准等——任何一方当事人均可对该被指定仲裁员提起回避之请求。[1]例如,《国际商事仲裁示范法》第12条第2款规定:"仅因存在对仲裁员的公正性或独立性引起正当的怀疑的情况或他不具备当事各方商定的资格时,才可以对仲裁员提出回避。当事一方只有根据其作出委任之后知悉的理由才可以对其所委任的或参加委任的仲裁员提出回避。"

在国际商事仲裁实践中,被指定的仲裁员应当自行披露此项可能影响案件公正审理的情况,并请求回避。当事人对仲裁员的公正性和独立性有正当理由产生怀疑的,也有权请求该仲裁员回避。《仲裁法修订意见稿》第52条也对仲裁员的披露义务也进行了规定:"仲裁员知悉存在可能导致当事人对其独立性、公正性产生合理怀疑的情形的,应当书面披露。当事人收到仲裁员的披露后,如果以披露的事项为由申请该仲裁员回避,应当在十日内书面提出。逾期没有申请回避的,不得以仲裁员曾经披露的事项为由申请该仲裁员回避。"这一规定吸收了国际上对于仲裁员披露规则的立法实践,将披露与回避制度相衔接,有利于进一步规范仲裁员行为。同时,《仲裁法修订意见稿》还增加了诚信要求,对当事人行使回避申请予以了合理限制。当事人提请仲裁员回避,一般应以书面形式提出,并需要陈述回避理由。需要注意的是,当事人在申请回避时不能违反诚实信用原则,如《仲裁法修订意见稿》第54条要求,当事人对自己选定的仲裁员申请回避时,只能根据选定之后才得知的理由提出。不难看出,多数仲裁规则都对回避申请提出的最后期限进行了实质性规定,目的是促使当事人在知悉相

---

[1] 赵秀文:《国际商事仲裁法》,中国人民大学出版社,2012,第97页。

关事由后尽快提起回避申请,以免造成相关程序迟延。[1]

(二)回避决定的作出

基于临时仲裁的自治性特征和仲裁员的公正性与独立性要求,当事人如果对某一名仲裁员的公正性或独立性产生正当怀疑,可以按临时仲裁规则的规定要求该仲裁员回避,并说明请求该仲裁员回避的理由。被申请回避的仲裁员是否回避,在适用临时仲裁机制的情况下,首先可以由仲裁庭其他仲裁员作出决定。如果仲裁庭其他仲裁员无法作出决定,在有公断人的情况下可由公断人作出;如果没有公断人,当事人可以请求仲裁机构、临时仲裁辅助机构或者法院作出被申请回避的仲裁员是否回避的决定。对于回避决定的作出,《仲裁法修订意见稿》也大抵采取了此种做法。《仲裁法修订意见稿》第55条规定:"仲裁员是否回避,由仲裁机构决定;回避决定应当说明理由。在回避决定作出前,被申请回避的仲裁员可以继续参与仲裁程序。"

六、仲裁员的替换

(一)替换仲裁员的原因

在临时仲裁中,如果有仲裁员被撤职,此时就需要对该名仲裁员进行替换。当事人的意思自治贯穿了临时仲裁程序的全过程,在仲裁员的替换中自然也不例外。相对来说,临时仲裁比机构仲裁对仲裁员的替换更少受到限制。仲裁员的替换会涉及替换理由、替换程序以及替换仲裁员的指定方式等问题。比如发生替换仲裁员的情形,大致会包括以下几种:仲裁员的指定方式与当事人之间订立的仲裁协议或者仲裁应当适用的法律不符;仲裁员因突发疾病、死亡、出差、丧失行为能力或其他原因不能在仲裁规则规定的期限内履行其职责;仲裁员辞职;法院或者仲裁机构作出了要求某仲裁员回避的决定。[2]《仲裁法修订意见稿》第56条则规定:仲裁员因回避或者其他原因不能履行职责的,就应当重新选定或者指定仲裁员。简言之,只要存在仲裁员不能履职的情形,就需要替换仲裁员。

---

[1] [美]加里·B.博恩:《国际仲裁:法律与实践》,白麟、陈福勇、李汀洁等译,商务印书馆,2015,第187页。
[2] 赵秀文:《国际商事仲裁法》,中国人民大学出版社,2012,第97页。

(二)指定仲裁员的替换

根据多数国家或地区的仲裁法或者相关仲裁机构的仲裁规则,当收回仲裁员审理特定案件的资格后,一般按原来适用的指定该仲裁员的方法指定替代仲裁员。[1]例如,《国际商事仲裁示范法》第15条规定:"因根据第13条或第14条的规定或因仲裁员由于任何其他原因而辞职或因当事各方协议解除仲裁员的委任或在任何其他情况下终止仲裁员的委任时,应按照原来适用于委任被替换的仲裁员的规则委任替代仲裁员。"

---

[1] 赵秀文:《国际商事仲裁法》,中国人民大学出版社,2012,第98页。

第六章

临时仲裁程序的进行

在临时仲裁程序中,仲裁程序的规则可以由双方当事人自行设定,在临时仲裁案件的不同阶段,当事人甚至可以决定分别适用不同的方式解决纠纷。例如,在临时仲裁程序中,可以在适用仲裁程序的同时适用调解程序,早期的中立评估制度便是此类模式的一种体现。[①]高度自治的临时仲裁,允许当事人和其选任的仲裁员协商确定案件所要适用的仲裁程序规则,诸如仲裁庭审理方式、证据开示、调解程序等事项皆可由双方当事人自行决定,合意设计的临时仲裁流程和准则能够最大程度满足仲裁当事人的实际需要,灵活性的规则也能够避免临时仲裁程序繁杂,实现当事人高效、简便解决纠纷的目的。

但是,临时仲裁要求双方当事人高度配合,如果一方或双方当事人滥用临时仲裁的制度优势,就可能导致临时仲裁程序陷入失灵状态。特别是在对临时仲裁程序运行的安排上,一旦一方当事人拒不配合,极有可能导致双方当事人合意不能,无法适用临时仲裁解决纠纷,抑或在临时仲裁程序过程中陷入僵局。并且,不具有专业性的当事人也很难在短时间内设定一套体系完备、逻辑顺畅、机制完善的临时仲裁程序规则。此时,就需要有一套认可度较高的临时仲裁规则供仲裁当事人参考适用。示范性临时仲裁规则不失为一种良措。示范性临时仲裁规则也多从国际/国内较为成熟的仲裁规则演化而来,例如,《国际商事仲裁示范法》《联合国国际贸易法委员会仲裁规则》《纽约公约》,以及我国部分自贸区颁行的仲裁规则,如《横琴自由贸易试验区临时仲裁规则》,等等。类似前述较为成熟的仲裁规则都可以为仲裁当事人提供有益参考,仲裁当事人还可以在适用这些仲裁规则的时候,对它们进行修改后适用。这既可以体现当事人自由意志,也可以满足临时仲裁的效率要求。

总体来看,临时仲裁的程序规则包括:临时仲裁程序的启动,临时仲裁的审前、审理程序,以及临时仲裁的和解或调解程序等。由于临时仲裁立法在我国尚属首次,我们将在考察域外普遍做法的基础上,结合我国法治环境,对临时仲裁程序中的一些核心规则作重点探讨,以为我国《仲裁法》修改,甚至为最高人民法院、中国仲裁协会在将来发布示范性临时仲裁规则提供必要参考。

[①] 陈磊:《临时仲裁程序僵局及其机构介入》,《新疆大学学报(哲学·人文社会科学版)》2020年第4期,第43页。

一、临时仲裁程序规则的域外考察

临时仲裁与机构仲裁在大多数国家或地区其实是并存的,例如,英国、意大利、加拿大、澳大利亚、瑞典、新加坡等国家或地区。在少数国家或地区,临时仲裁甚至成为最主要的仲裁形式,例如挪威、西班牙等。在临时仲裁与机构仲裁并存的国家或地区,两种仲裁模式共同适用仲裁规则,仅在某些特殊情形下,为了回应临时仲裁程序的特殊性而有特殊的规定。

(一)西班牙

在西班牙,临时仲裁是最主要的仲裁形式。西班牙仲裁程序的强制性规定是《西班牙仲裁法》第24条,该条规定了适当程序原则、当事人平等待遇原则和当事人充分陈述案件的权利,并要求仲裁员、当事人和仲裁机构酌情尊重仲裁程序中收到的信息的机密性。《西班牙民事诉讼法》仅规定了法庭诉讼的证据规则,临时仲裁程序的证据规则则交由临时仲裁的当事人和仲裁庭自行决定。[1]双方当事人既可以自由设计临时仲裁程序规则,也可以参考机构仲裁规则或软法,例如《国际律师协会国际仲裁取证规则》(以下简称《IBA取证规则》)确定临时仲裁的程序规则。在双方当事人没有达成临时仲裁协议或者条款的情况下,仲裁庭有充分的自由裁量权,以在其认为适当的情况下进行仲裁。

另外,双方当事人可以自由地对仲裁地进行约定。在当事人没有约定仲裁地的情况下,仲裁庭将根据案件的具体情况和当事人的便利来确定仲裁地。但无论仲裁地如何确定,仲裁听证和审议都可以在任何地点举行。除非双方当事人共同表示不举行听证会,否则仲裁庭可以视情况决定是否举行听证会。如果一方当事人明确提出需要听证,仲裁庭则应在临时仲裁程序的适当阶段举行听证会。此外,在双方当事人未达成仲裁协议,亦无法根据案件具体情况确定仲裁语言的情况下,临时仲裁将以仲裁地的官方语言进行仲裁。[2]

根据《西班牙仲裁法》第27条的规定,除非当事各方另有协议,临时仲裁程序始于仲裁请求通知至被申请人。除了根据《西班牙仲裁法》第5条对仲裁通知提出的一般要求外,对仲裁请求的任何强制性内容均没有正式的要求。但双方当事人合意选择适用的仲裁规则可能包含其他适用要求。例如,经双方当事人同意,临时仲裁庭有权裁量证据的相关性与重要性,以

---

[1] Alfonso Iglesia, Miguel Ángel Malo and Mónica Lasquíbar, "ADR in Construction: Spain," IBA International Construction Projects Committee, 2014, p. 11.

[2] Joe Tirado, *International Arbitration* (London: Global Legal Group, 2017), pp. 274–275.

及决定如何取得证据(包括依职权取得)和评估证据。值得注意的是,临时仲裁庭可以在取证方面请求法院协助。具体的协助包括申请法院调查取证以及申请法院采取必要的措施,以便仲裁员取证。

在西班牙,虽然《IBA取证规则》并未全面普及,但越来越多的临时仲裁案件寻求《IBA取证规则》的指导。一般情况下,《IBA取证规则》仅用于临时仲裁案件适用参考,仲裁庭仍然拥有酌情决定权。例如,在西班牙的国际仲裁案件中,仲裁员经常寻求《IBA取证规则》的指导,尤其是关于文件制作的指导。仲裁庭可以命令当事人向指定专家提供任何相关信息,或出示或提供查阅(检查)任何相关文件或物品的途径。[①]但仲裁庭通常也只会采用部分仲裁规则,[②]不会完全照搬某一套仲裁规则。

(二)澳大利亚

1.临时仲裁程序的口头听证

在当事方有任何相反协议的情况下,临时仲裁庭应当明确作出举行或者不举行口头听证会的决定,便于当事人明确提出证据或口头辩论,以及临时仲裁程序是否应以文件和其他材料为依据的问题。除非当事人各方同意不举行听证,否则临时仲裁庭应在仲裁程序的适当阶段举行听证会。[③]

2.临时仲裁程序的仲裁地

(1)双方在没有协议的情况下确定仲裁地

虽然双方当事人可以自由地就仲裁地达成协议,但如果当事人未能达成协议,仲裁地应由仲裁庭根据案件的具体情况确定,主要考虑是否便利双方当事人参与临时仲裁程序。[④]重要的是,听证会的地点可能与仲裁地不同。《国际商事仲裁示范法》第20条第(1)款只允许仲裁庭确定当事人未能明确选择的地点。

对于按照《澳大利亚国际商事仲裁中心仲裁规则》进行的临时仲裁,如果双方当事人没有明确约定仲裁地,并且在临时仲裁开始后的15天内仍无法达成协议的,则仲裁地应为澳大利亚悉尼。[⑤]仲裁庭可以决定是否在适当的情况下,应在那里或其他地方推进临时仲裁程序,包括聆讯证人,举行会议和检查文件等。

---

① Joe Tirado, *International Arbitration* (London: Global Legal Group, 2017), pp. 274-275.
② Carlos de los Santos, "Arbitration Guide: Spain," IBA Arbitration Committee, 2018, p.15.
③ Alex Baykitch, *Law of Australia: Practice and Procedure* (Huntington, New York: JurisNet, LLC, 2013), p. 73.
④《国际商事仲裁示范法》第20条第1款。
⑤《澳大利亚国际商事仲裁中心仲裁规则》第19条第1款。

（2）仲裁所在地的重要性和法律效力

选择仲裁地对于仲裁当事人来说非常重要，因为这种选择在很大程度上决定了临时仲裁规则的选取与适用，甚至可能会使临时仲裁程序受到仲裁地法律的约束，甚至有可能会决定仲裁地法院可以干预的程度，以及其他国家或地区承认与执行临时仲裁裁决的问题。①

3.临时仲裁程序的证据规则

在澳大利亚，仲裁员并不受适用解决争议的澳大利亚证据规则的约束。事实上，对于临时仲裁的某些程序事项，当事人固然可以协议确定，但当事人未能就此类程序性事项协商一致时，临时仲裁庭仍然可以视情况进行仲裁。仲裁员或仲裁庭的这项权力包括确定任何证据的可采性、相关性、实质性和重要性。如果临时仲裁庭要求法院协助取证，法院可以根据自己的程序规则、证据规则、诉讼规则取得证据。除非当事人另有约定，仲裁庭应当作出举行或者不举行口头听证会的决定，以便当事人提供证据或口头辩论，或者决定诉讼程序是否应根据文件和其他材料进行。除非当事各方同意不举行听讯，否则仲裁庭应根据特定程序举行听证会。②

除非当事人另有约定，临时仲裁庭可以在任何仲裁地点或其认为适当的地方举行会议，以便对证人、专家或当事人进行听证，或者检查货物、其他财产或文件。除非另有约定或者他们能够表明充分的理由，即使当事人未能出席听证会或出示书面证据，仲裁仍可以继续进行，并对仲裁庭面前的证据作出裁决。③

（1）证明责任（审问/对抗程序）

《澳大利亚国际商事仲裁中心仲裁规则》明确要求各方当事人承担证明所依据的事实以支持其请求或辩护的责任。④一般来说，举证责任会引起某些特定的事实问题与法律问题。但在澳大利亚，尚不清楚举证责任是否是实体法或程序法的问题。澳大利亚的高等法院在John Pfeiffer Pty Limited诉Rogerson案⑤中认为，针对管辖或规范法院诉讼程序的模式或行为的规则是程序性的，所有其他规则应归类为实质性的。可以看出，举证责任是一个程序问题，由诉讼法管辖。如果澳大利亚的法律适用于仲裁，那么临时仲裁案件的举证责任通常取决于原告。

---

① Lew Julian D., Mistelis Loukas A. and Kröll Stefan, *Comparative International Commercial Arbitration*（New York：Kluwer Law International,2003)），p.172.
② Alex Baykitch, *Law of Australia：Practice and Procedure*（Huntington, New York：JurisNet,LLC,2013），p.78.
③《澳大利亚国际商事仲裁中心仲裁规则》第20条第2款和第25条。
④ Alex Baykitch, *Law of Australia：Practice and Procedure*（Huntington, New York：JurisNet,LLC,2013），p.79.
⑤ Alex Baykitch, *Law of Australia：Practice and Procedure*（Huntington, New York：JurisNet,LLC,2013），p.79.

(2)证明标准

虽然澳大利亚没有确定证据标准的规定,但似乎在John Pfeiffer Pty Limited诉Rogerson案之后,证据标准是一个实质性问题,应适用于争议案情的法律。如果适用于实质性问题的法律是澳大利亚州或领地的法律,则适用相关的证据法。民事诉讼中的举证标准是"概率平衡"的证明。[1]

(3)仲裁庭享有确定证据的可接受性和重要性的权力

根据《国际商事仲裁示范法》第19条第2款的规定,仲裁庭可以其认为适当的方式进行仲裁,仲裁庭有权确定任何证据的可采性、相关性、实质性以及重要性。因此,通常可以排除的证据,例如传闻证据或意见证据,可以在仲裁程序中受理。一般而言,所有证据都将被接纳,但仲裁庭在证据评估和附加权重方面保留了很大的自由裁量权。[2]

4.临时仲裁程序中的证人

当事人可以自由地就临时仲裁庭进行仲裁所应遵循的程序达成协议。[3]如果没有这种协议,仲裁庭可以其认为适当的方式进行仲裁。[4]

(1)证据听证会

在当事方有任何相反协议的情况下,临时仲裁庭可以决定是否举行口头听证会或根据文件进行诉讼。但是,如果一方当事提出要求,仲裁庭将在仲裁程序的适当阶段举行听证会。在听证会上,双方当事人应将要求出庭的证人通知仲裁庭和其他当事人。如果任何一方当事人或仲裁庭要求证人作证,证人必须在听证会上作证。此外,仲裁庭可以要求任何人就仲裁庭认为与其结果相关的案件和材料的任何问题提供口头或书面证据。当事人有权质疑以这种方式被召集的任何证人。[5]

在听证会上,申请人通常会首先提出其证人证言,然后被申请人将提出证人证言。在此之后,任何他方可以质疑证人证言。最初联系证人的当事人有机会就其他当事人的提问中提出的事项进一步询问。专家证人也按照这个程序重复进行。仲裁庭可以随时向证人提问。如果仲裁分为某些特定问题或者阶段式开展,当事人可以对每个问题或阶段单独安排证人作证。另外,仲裁庭可以应当事方的请求或自己的动议,改变仲裁程序的

---

[1] Alex Baykitch, *Law of Australia:Practice and Procedure*(Huntington, New York:JurisNet,LLC,2013),p.79.

[2] Alex Baykitch, *Law of Australia:Practice and Procedure*(Huntington, New York:JurisNet,LLC,2013),p.80.

[3]《国际商事仲裁示范法》第19条第1款。

[4]《国际商事仲裁示范法》第19条第2款。

[5] Alex Baykitch, *Law of Australia: Practice and Procedure*(Huntington, New York:JurisNet,LLC,2013),p.81.

顺序。①

（2）证人和证人准备作证的限制

《IBA取证规则》第4条第2款规定，任何人都可以提供证据以作为案件中的证人，包括当事人或当事人的官员、雇员或其他代表。②在《IBA取证规则》中，也没有限制证人准备作证的规定。

（3）证据评估

《澳大利亚国际商事仲裁中心仲裁规则》规定，仲裁庭应考虑到《IBA取证规则》的影响。《IBA取证规则》规定仲裁庭有权确定证据的可接受性、相关性和重要性，以及对证据重要性判断的指导原则。仲裁庭应当事方的请求或自行动议，基于下列任何原因，可以将证据、陈述、口头证词或检查排除在证据适用之外：缺乏足够的相关性或重要性；根据仲裁庭确定的适用法律或道德规则的法律障碍或特权；提出所要求证据的不合理负担；合理证明已经发生的文件丢失或毁坏；仲裁庭认定具有商业或技术保密性的理由；仲裁庭认为具有特殊政治或制度敏感性的理由。③

（4）证人陈述

《IBA取证规则》对证人陈述的可受理性问题保持沉默，该规则允许仲裁庭命令各方当事人提供其打算依赖的证人陈述。④每份证人陈述必须包含：证人的全名和地址；与任何一方当事人现在和过去的关系（如果有的话）的陈述，以及他或她的背景、资格、培训和经验的说明；对事实的完整和详细描述，以及证人关于这些事实的信息来源，足以作为证人在争议事项中的证据；关于最初声明的语言，以及证人预期在听证会上作证的语言；确认陈述的真实性；证人的签名及其日期和地点。⑤

如果当事人提交证人陈述，任何当事方均可提交经修订或增加的证人陈述，只要此类修订或补充仅对另一方的证人陈述、专家报告或以前未在仲裁中提交的其他陈述所载的事项作出回应。如果被要求出庭的证人在没有正当理由的情况下未能出庭作证，则仲裁庭应无视该证人与该听证有关的任何证人陈述，除非在特殊情况下仲裁庭另有决定。

---

① Alex Baykitch, *Law of Australia: Practice and Procedure*(Huntington, New York: JurisNet, LLC, 2013), pp. 82-83.
②《IBA取证规则》第4条第2款。
③ Alex Baykitch, *Law of Australia: Practice and Procedure*(Huntington, New York: JurisNet, LLC, 2013), p. 80.
④《IBA取证规则》第9条第4款。
⑤《IBA取证规则》第9条第5款。

5.临时仲裁程序中的文件

(1)向仲裁庭提交的文件格式和种类

澳大利亚的临时仲裁程序主要由各方当事人自行决定。当事人可以自由决定提交仲裁庭的文件的形式和种类。如果未达成协议,仲裁员可以其认为适当的方式进行仲裁。对于受《国际商事仲裁示范法》约束的仲裁案件,除非仲裁庭另有协议或当事人另有约定,请求人应陈述支持其请求的事实、争议点、补救措施,随后答辩人陈述其辩护词。双方当事人同意的任何形式,应附有当事方认为相关的文件。在一般情况下,请求人提供的陈述与法院在诉讼程序中提出的请求陈述相似。对于答辩人的辩护也是如此。①

被申请人还必须在仲裁通知的答复中,或在仲裁庭确定的期限内提供辩护声明。辩护声明应答复请求人指称的事实陈述、争议点以及所寻求的救济或补救措施。被申请人可以同样附上相关文件或在其辩护声明中提及。被申请人也可以提出反诉,在这种情况下,他们必须列出支持反诉的事实、争议点以及反诉中寻求的救济。根据请求声明和辩护声明(以及任何反诉),仲裁庭应决定是否要求当事人提供进一步的书面陈述。②

在指定仲裁员之后,仲裁庭通常会举行听证会,将就要求进入的诉状和其他程序及证据事项作出指示。在一般仲裁程序下,仲裁员可以就诉状的形式和范围、文件、特定程度、联合陈述事实或问题等作出他们认为适当的指示和裁决。仲裁程序中使用的文件形式和种类将由仲裁庭和当事方根据案件的具体情况处理。但是,《国际商事仲裁示范法》要求将仲裁所依据的任何文件传达给其他当事方。③

(2)保护文件的机密性

在埃索澳大利亚资源有限公司诉 Ploughman 一案④中,高等法院认为,根据任何相反协议或者约定,当事人的一般性义务是,对仲裁中产生的文件由当事方公布或披露。在仲裁涉及公共利益因素的情况下尤其如此。如果当事人被仲裁员强制出示文件,例如适用发现程序时,所有其他当事方均有义务将该文件用于仲裁以外的任何目的。因此,如果当事人希望对临时仲裁程序完全保密,则应在临时仲裁协议中另行约定。⑤

---

① Alex Baykitch, *Law of Australia: Practice and Procedure* (Huntington, New York: JurisNet, LLC, 2013), p. 90.
② Alex Baykitch, *Law of Australia: Practice and Procedure* (Huntington, New York: JurisNet, LLC, 2013), p. 91.
③ Alex Baykitch, *Law of Australia: Practice and Procedure* (Huntington, New York: JurisNet, LLC, 2013), p. 91.
④ Alex Baykitch, *Law of Australia: Practice and Procedure* (Huntington, New York: JurisNet, LLC, 2013), p. 93.
⑤ Alex Baykitch, *Law of Australia: Practice and Procedure* (Huntington, New York: JurisNet, LLC, 2013), p. 93.

(三)英国

1.临时仲裁庭的组成

在英国,临时仲裁庭的组成包括三种形式:独任仲裁庭、二人仲裁庭以及三人仲裁庭。对于适用独任仲裁庭的情形,英国仲裁法作出了明确规定。第一,仲裁协议本身没有规定仲裁员的数目。例如,《伦敦仲裁》(Arbitration in London)这样的仲裁协议,根据1996年《仲裁法》的规定,就可以适用独任仲裁。第二,仲裁协议规定了一名仲裁员。第三,在规定有两位仲裁员的仲裁协议中,一方弃权,并且没有在规定时间内委任自己的仲裁员。[1]二人仲裁庭这种模式起源于波罗的交易所。当时,由于通信不便,全世界的航运租船便在这里实行现场交易,产生争议后便由波罗的交易所进行仲裁,仲裁员一般由争议双方各自委托的经纪人担任。如果仲裁员不能达成一致意见,就只能在波罗的交易所中另外确定一名老资格、受尊敬的经纪人来担任公断人。[2]由三人组成的仲裁庭是目前各国仲裁制度中比较普遍的形式。例如,《解决国家与他国国民间投资争端公约》默认由三人组成仲裁小组,争议双方各自指定一名仲裁员,然后由双方指定的仲裁员指定第三名仲裁员。[3]

一个好的制度是通过总结以往的立法经验和教训得来的。英国1979年《仲裁法》对三人仲裁庭的形式作出了规定,但是在指定仲裁员方面仍然存在漏洞:如果被申请人对申诉人的申请不予理睬,不为自己指定仲裁员,那么被申请人的这种消极行为就会导致仲裁无法进行下去。在独任庭的形式下,如果一方当事人不指定仲裁员,申诉人可申请法院指定;在两人仲裁庭的形式下,一方当事人通知另一方指定仲裁员后,另一方当事人不指定的,自通知之日起满7天,当事人可以指定自己的仲裁员担任独任仲裁员进行审理。而在三人仲裁庭的形式下,若被申请人不指定仲裁员,申请人无法申请法院任命仲裁员。针对这一漏洞,1990年《法院与法律服务法》对此进行了修改,被申请人未在合理期限内指定自己的仲裁员或拒绝指定的,申请人可以申请法院指定被申请人的仲裁员,进而再由这两名仲裁员指定第三名仲裁员。直至1996年英国新《仲裁法》才对指定仲裁员制度作

---

[1] 杨良宜、莫世杰、杨大明:《仲裁法——从1996年英国仲裁法到国际商务仲裁》,法律出版社,2006,第124—125页。
[2] 罗楚湘:《英国仲裁法研究》,武汉大学出版社,2012,第120页。
[3] Joachim Pohl, Kekeletso L. Mashigo, Alexis Nohen: "Dispute settlement provisions in international investment agreements: A large sample survey," http://xueshu.baidu.com/usercenter/paper/show? paperid=fedc144dcbfde48322959e0c0cda3ff4&site=xueshu_se,最后访问日期:2021年11月10日。

了比较周全的规定。①

2.临时仲裁中的送达

临时仲裁中的送达,与机构仲裁不同,机构仲裁是按照仲裁规则规定的程序和方式,将仲裁文件发送给当事人或其他仲裁参与人。而在临时仲裁中需要当事人自己将仲裁文件发送给当事人或其他仲裁参与人。正如伦敦海事仲裁程序那样,由当事人自己直接向另一方当事人和仲裁庭送达有关仲裁文件。②

3.临时仲裁的书面审理

书面审理与开庭审理对称,指仲裁庭不开庭审理案件,只根据双方当事人及证人、专家等提供的与被审理的仲裁案件有关的书面材料进行审理。③书面审理方式是开庭审理方式的一种补充仲裁审理方式,是由书面审理方式的优缺点所决定的。其优点在于,既有利于仲裁庭及时地作出裁决,又有利于当事人节省开支。其缺点在于,在这种仲裁审理方式中,当事人不能充分地质证及辩论,仲裁庭仅凭当事人提交的书面材料进行仲裁,可能导致仲裁庭在没有充分了解案情的情况下便作出了仲裁裁决。

4.临时仲裁中的证据规则

英国强制执行"证据发现原则",其适用范围很广。在成文法和主要判例中,该原则的要点是,任何一种文件,只要是合理的,含有案件当事人提供有关信息的,不论是否有利于他本人,只要文件能公平地引导当事人对有利于或不利于他的情况提出一系列询问的,则必须予以披露。当事人需要列举该原则规定范围内的文件,当一方当事人发现另一方当事人的文件中存在有利于自己的信息时,必须得到对方当事人的许可。例如,在某一工艺技术品质争议仲裁案中,对方当事人的工头上交的一份内部报告,此报告有利于仲裁庭的审理,当然也有利于他的相对方,但相对方只有经过对方当事人的同意才能得到这份报告。在西班牙对此也有类似规定,仲裁员可以命令当事人披露文件和证人出庭,如果当事人抵抗,仲裁员可以要求主管法院协助提供证据。当然,当事人可以事先通过双方协议设定规则

---

① 《英国仲裁法》第16条第5款规定:"如果仲裁庭由三名仲裁员组成,那么各方当事人应在一方向另一方送达有关这种要求的书面通知以后14天之内,各自指定一名仲裁员,该两名被指定的仲裁员立即推举出第三名仲裁员作为首席仲裁员。"《英国仲裁法》第18条规定:"当事人没有指定仲裁员的,法院可以代为指定,从而组成三人庭。"
② 牛磊:《伦敦海事仲裁与中国海事仲裁制度之比较研究》,《国际经济法学刊》2006年第3期,第309页。
③ 罗楚湘:《英国仲裁法研究》,武汉大学出版社,2012,第151页。

以及披露的范围,只要该协议规则不违反基本权利即可。①

《英国仲裁法》规定,双方当事人通过仲裁协议方式将争议提交仲裁庭处理,表明双方均愿意由仲裁员或公断人来审查他们提交的与争议有关的文件。这视为双方当事人愿意将各自占有或属于自己的有关文件提交仲裁庭,并根据仲裁员或公断人的要求,在审理过程中配合做其他一切事情。因此,英国的仲裁员从案件一开始,就必须认真考虑如何解决证据发现问题。根据争议情况,仲裁员可以把文件分成不同的类型。第一类文件,当事人之间与争议有关的信函或以其他方式交往的文件如合同、提交、运输合同等。第二类文件,往来于当事人内部或当事人与其他人员之间的信函。这类文件对仲裁审理更具有参考价值,但在这个领域内,仲裁员开始涉足特许事项或机密事项,当事人对内部文件也会很好地保密。第三类文件,涉及仲裁当事人或诉讼当事人一方或非仲裁或诉讼当事人的文件。第四类文件,与仲裁当事人有联系的人员所占有的文件,如建筑师、工程师、子公司、母公司的代理人,这些人员在案件中会产生相应的文件。②但即使有细致的文件分类,也只是用于强调仲裁员如何正确地把握证据发现原则。实际上最关键的还在于当事人,需要当事人之间密切配合。临时仲裁充分尊重双方当事人的自由意志。既然当事人选择了临时仲裁,一定是想快速、便捷地解决纠纷,那么当事人更应该积极配合,迅速解决证据发现问题,从而达到省时、省钱的最佳结果。

5. 临时仲裁中的缺席仲裁

1996年英国新《仲裁法》规定,只有在一方当事人收到通知后没有采取行动的情况下,才能继续进行仲裁并作出缺席裁决。其内在含义是要给当事人适当的通知,否则缺席当事人一方可以根据1996年英国新《仲裁法》第68条的规定,以仲裁庭没有给予他们以合理的机会陈述案情和评论对方意见——仲裁程序存在"严重不规范"为理由,向法院申请对裁决提出异议。但由此而带来的问题是,"适当的通知"应如何定义。在英国,适当的通知包括以下两方面的内容:第一,将缺席的严重后果予以告知,如告知另一方,即使他不出庭,仲裁庭也会继续开庭审理直至作出裁决;第二,确保缺席方收到或知悉有关通知。③

---

① Alfonso López-Ibor.,"Arbitration Procedures and Practice in Spain: Overview," https://uk.practicallaw.thomsonreuters.com/w0133979? navId=9132A17D6ABB92D6B7B1F82840AD9BF6&comp=pluk&transition-Type=Default&contextData=%28sc.Default%29,最后访问日期:2021年11月30日。
② 罗楚湘:《英国仲裁法研究》,武武汉大学出版社,2012,第155—156页。
③ 杨良宜:《国际商务仲裁》,中国政法大学出版社,1997,第214—215页。

(四)瑞典

1.临时仲裁庭的组成

在斯德哥尔摩商会仲裁院的仲裁规则下,当事人可以就仲裁员的数量达成一致。如果当事人未就此达成一致,默认的规则是仲裁庭应由三名仲裁员组成,除非斯德哥尔摩商会仲裁院董事会决定争议应由独任仲裁员作出。在考虑仲裁员人数时,斯德哥尔摩商会仲裁院董事会将考虑案件的复杂性、争议金额和其他相关情况。当然,当事人也可以就任命程序达成协议。如果仲裁庭未在当事人约定的期限内或在斯德哥尔摩商会仲裁院董事会规定的期限内任命,则应根据斯德哥尔摩商会仲裁院规则进行任命。根据斯德哥尔摩商会仲裁院仲裁规则,当事人应当在十天的时间内就独任仲裁员作出联合决定。如果他们没有这样做,斯德哥尔摩商会仲裁院董事会将进行指定。各方当事人应指定相同数量的仲裁员,主席则由斯德哥尔摩商会仲裁院董事会任命。如果一方当事人未能在规定的时间内指定仲裁员,斯德哥尔摩商会仲裁院董事会将进行指定。

如果根据斯德哥尔摩商会仲裁院的快速规则进行仲裁,争议将由独任仲裁员决定。除非双方当事人另有约定,否则任命程序与上述内容相符。也就是说,除非双方当事人能够在规定的时间内达成协议,否则斯德哥尔摩商会仲裁院董事会将进行指定。[①]

2.临时仲裁程序的证据规则

法院可以在取证过程中协助当事人进行仲裁。与州法院不同,仲裁庭不能对证据采取某些措施。例如,它既不能管理誓言,也不能强迫证人出庭或出示文件。必须在一方当事人向法院提出申请后才能够采取这些措施,同时,该当事方应当获得仲裁庭的同意。要求仲裁员同意提交此类请求,实际上意味着仲裁员将根据仲裁程序决定该请求是否合适。如果仲裁员认为证据不会对争议产生任何影响,法院命令的请求只会在诉讼程序中发生不必要的延迟,仲裁员就可能会驳回此类请求。如果请求是合法的,法院应批准并执行申请,但法院不会评估申请的优点或必要性。这也意味着,如果要求的证据违反了"司法程序法"中的证据规则,法院并没有义务批准该请求。也就是说,证据请求可能不符合"司法程序法"的情况,包括证据涉及商业秘密以及证人特权问题。

[①] Henrik Fieber and Eva Storskrubb, "Arbitration in Sweden: Features of the Stockholm Rules," in *International Commercial Arbitration*, ed. Jay E. Grenig (Cambridge: Cambridge University Press, 2013), pp. 284-285.

3.快速规则

如果双方当事人未就仲裁程序达成协议,《斯德哥尔摩商会仲裁院仲裁规则》设想的是,当仲裁庭认为当事人有合理机会陈述案情时,应宣布仲裁程序结束并继续作出仲裁裁决。例如,提出请求,辩护陈述,书面陈述,以及任何一方当事人提出要求或仲裁庭认为适当的口头听证会。"快速规则"实际上包括了关于仲裁程序的特定规则,其主要目的是简化程序。请求和辩护陈述要求简洁,并声明这些文件应在十个工作日内相互提交。[1]

4.临时仲裁中的特殊证据规则

特殊证据规则指各方当事人应提供他们所依赖的证据。也就是说,提供所依据的证据的是当事人,而非仲裁员。如果当事人未就证据规则达成一致,《斯德哥尔摩商会仲裁院仲裁规则》规定,仲裁员可以命令当事人确定书面证据。仲裁员可以根据要求命令当事人出示与案件结果相关的文件。证人和专家证词可以证人陈述的形式提交,当事人提出的证人也应当参加听证会并对其进行口头审查。在此基础上,仲裁庭可以依据证人以及存有的证据证明的情况作出仲裁裁决。如果仲裁员发现证据明显不相关或者以不合时宜的方式提出,仲裁员可以拒绝接受证据。但在实践中,仲裁员很少拒绝新的证据。[2]此外,在处理特定的证据问题时,当事人请求适用国际仲裁规则,或者仲裁员以《IBA取证规则》作为指导审理仲裁案件也并不少见。

(五)新加坡

1.临时仲裁庭的组成

当事人可以自由地约定仲裁员的人数。当事人如未确定仲裁员人数,则应为独任仲裁。尽管在大多数案件中,当事人约定一名或三名仲裁员,但也不反对由两名或偶数仲裁员组成的仲裁庭。但是,在当事人约定偶数仲裁员的情况下,可能存在的问题是,当仲裁程序陷入僵局时,仲裁程序不能被有效推进。[3]

2.临时仲裁的审理方式和听证程序

依据国际仲裁规则、《新加坡仲裁法》以及《新加坡国际仲裁中心仲裁

---

[1] Henrik Fieber and Eva Storskrubb, "Arbitration in Sweden: Features of the Stockholm Rules," in *International Commercial Arbitration*, ed. Jay E. Grenig (Cambridge: Cambridge University Press, 2013), p. 339.
[2] C. Lundblad, "Arbitration World, 3rd edition. Sweden (2010)," www.europeanlawyer.com.uk/referencebooks_20321.html,最后访问日期:2021年11月20日。
[3] 苏艺靓:《新加坡仲裁制度新发展述评》,《东南司法评论》2017年第10卷,第598—599页。

规则》进行的仲裁,在通常情况下是口头审理,但当事人约定只根据文件进行书面仲裁时除外。当一方当事人提出审理要求时,仲裁庭可以作出是否进行开庭审理的决定,以便当事人提出证据、进行口头陈述;仲裁庭也可以只根据当事人提交的材料进行书面审理。

临时仲裁庭有权决定是否举行听证会以使当事人提供证据或进行口头辩论,当事人不同意举行听证会的除外。应一方当事人请求,仲裁庭有义务举行听证和辩论。仲裁员必须依法为各方当事人提供充分的听证机会,平等对待双方当事人。如果当事方已经约定达成一个特定程序,仲裁庭将按照约定的程序进行仲裁。[1]

3.临时仲裁的证据规则

新加坡的仲裁,包括临时仲裁,均不受司法证据规则的约束。也就是说,适用于所有法院诉讼的《证据法》明确排除其适用于仲裁,如传闻证据、表面证据或者非法取得的证据不予采纳的规则。仲裁庭享有确定任何证据的可采性、相关性、实质性和重要性的权力。[2]

(六)意大利

1.意大利米兰商会仲裁院

意大利米兰商会仲裁院(CAM)成立于1985年,是当地商会的一个特别分支机构,自1986年以来一直在管理仲裁程序。此后,米兰商会仲裁院扩大了其活动范围,目前还提供其他替代性争议解决方案(ADR)。米兰商会仲裁院设有ADR研究中心,拥有自己的图书馆并开展国际项目,同时也是国际商业仲裁机构联合会(IFCAI)的董事会成员和中意商事调解中心(ICBMC)的成员。[3]

2010年,米兰商会仲裁院通过了新的仲裁规则,该规则于2010年1月1日生效,前一套规则可追溯至2004年。2010年的修订考虑了2006年意大利仲裁法改革带来的变化以及米兰商会仲裁院的发展实践:从2004年到2009年,米兰商会仲裁院的案件数量不断增加;分庭管理的国际案件数量也从2004年的11起增加到2009年的35起。2010年的修正案涉及米兰商会仲裁院的职能以及仲裁员的权力,确认了机构对其独立性的控制,以及诉讼的持续时间和成本。米兰商会仲裁院的仲裁条款也进行了修订,以

---

[1] 苏艺靓:《新加坡仲裁制度新发展述评》,《东南司法评论》2017年第10卷,第600页。
[2] 苏艺靓:《新加坡仲裁制度新发展述评》,《东南司法评论》2017年第10卷,第600页。
[3] Henrik Fieber and Eva Storskrubb, "Arbitration in Sweden: Features of the Stockholm Rules," in *International Commercial Arbitration*, ed. Jay E. Grenig (Cambridge: Cambridge University Press, 2013), p. 188.

使其符合当前的国际惯例和改革后的《意大利仲裁法》。①

2.临时仲裁的审理

仲裁员的数量和任命方式由仲裁协议各方确定。如果双方当事人没有任何一方对其予以确定,则由米兰商会仲裁院提供补充规则。根据《意大利仲裁规则》第14条第2款的规定,除非当事各方另有协议,仲裁庭由仲裁委员会任命的独任仲裁员组成。当争议中存在更多复杂性或更高的经济价值时,可任命三名仲裁员组成仲裁小组。根据《意大利仲裁规则》第14条第4款的规定,除非仲裁协议另有约定,仲裁小组应按如下方式任命:(a)各方任命仲裁员,如果其中一方未能这样做,仲裁员将由仲裁委员会任命;(b)仲裁庭主席由仲裁委员会任命,除非当事人同意由两名共同仲裁员共同指定。②当双方有不同国籍或在不同国家设有办事处时,仲裁委员会应当指定第三国籍的独立仲裁员或仲裁庭主席,除非当事人另有约定。

3.合并仲裁

《意大利仲裁规则》第15条第1款规定,如果多方当事人作为双方,每个当事人都可以指定一名仲裁员(每方一名仲裁员),然后主席根据当事人的意愿任命。如果没有这种双边计划,仲裁庭由仲裁委员会任命的仲裁员组成,无论双方最终作出何种任命。

当第三方请求加入未决仲裁或其中一方要求第三方干预时,仲裁庭应考虑双方的立场和另一方的立场,然后作出决定。对于案件的其他情况,仲裁庭在认为其与案件有关联时,也可以命令合并多项法律程序。

(七)挪威

1.挪威奥斯陆商会

2004年,挪威颁布了新的仲裁法,在挪威语中被称为"Lov om voldgift"。挪威是《承认及执行外国仲裁裁决公约》(《纽约公约》)的缔约国,挪威的大部分仲裁均按照相关仲裁条款以临时仲裁方式进行,机构仲裁则作为补充。③根据《挪威仲裁法》的规定,挪威机构仲裁由奥斯陆商会("奥斯陆研究所")的仲裁与争议解决机构提供。此外,在一些主要城市也有所谓的常设技术仲裁法庭(Faste Tekniske Voldgiftsretter),但这些机构仲裁的适

---

① Henrik Fieber and Eva Storskrubb,"Arbitration in Sweden: Features of the Stockholm Rules," in *International Commercial Arbitration*, ed. Jay E. Grenig (Cambridge: Cambridge University Press, 2013), p. 189.
② Henrik Fieber and Eva Storskrubb,"Arbitration in Sweden: Features of the Stockholm Rules," in *International Commercial Arbitration*, ed. Jay E. Grenig (Cambridge: Cambridge University Press, 2013), p. 192.
③ Stephen Knudtzon, *Arbitration in Norway: Features of the Oslo Chamber of Commerce*, International Commercial Arbitration (Cambridge: Cambridge University Press, 2013), p. 271.

用频率不断降低。

2.普通仲裁与快速仲裁的区别

奥斯陆研究所提供了两套适用于仲裁的规则,分别是普通仲裁规则和快速仲裁规则:[1]普通仲裁通常由三名仲裁员进行,快速仲裁通常由一名仲裁员进行;普通仲裁的裁决预计将在仲裁庭任命后一年内完成,在主要听证会结束后不迟于六周,快速仲裁将在仲裁员任命后的六个月内完成;快速仲裁中主要听证会的时限是有限的,不得超过四天。

3.临时仲裁程序的启动

(1)程序中断

根据《挪威仲裁法》第23条的规定,当被申请人接到争议仲裁请求作为仲裁程序的主体时,仲裁程序被视为已启动。因此,请求人可以简单地通知被申请人他的仲裁请求,这对于确定何时启动仲裁程序具有决定性作用。

(2)仲裁请求

根据《挪威仲裁法》第9条的规定,请求人必须向奥斯陆研究所提出仲裁请求。为了查明争议,请求应包含当事方的姓名和地址,以及对争议性质的简要说明,同时还需要列明当事人所提出的主张及其所依据的内容。根据当事方是否已就仲裁庭的组成达成一致或请求人是否希望试图达成此类协议,取决于仲裁条款中规定的内容,仲裁员可能是在请求中得以确定或请求人可能已指定其仲裁员,请求人也可以要求奥斯陆研究所任命。奥斯陆研究所通常还要求当事人提供请求所依据的合同副本以及仲裁协议存在的其他证据。[2]

(3)通知被申请人

奥斯陆研究所应通知被申请人关于请求人的请求。连同通知一起,奥斯陆研究所将为答辩人设定仲裁庭的时限,以及答辩人指定仲裁员的时限。被申请人还需要在同一时间限制内陈述其对请求人的立场,以及是否有任何反诉或抵销,如果有,则应当说明其性质、依据以及范围。[3]

(4)快速仲裁

适用于快速仲裁的规则与普通仲裁的规则大致相同,可以在《挪威仲

---

[1] Stephen Knudtzon, *Arbitration in Norway: Features of the Oslo Chamber of Commerce*, International Commercial Arbitration (Cambridge: Cambridge University Press, 2013), pp. 275-276.

[2] Stephen Knudtzon, *Arbitration in Norway: Features of the Oslo Chamber of Commerce*, International Commercial Arbitration (Cambridge: Cambridge University Press, 2013), p. 284.

[3] Stephen Knudtzon, *Arbitration in Norway: Features of the Oslo Chamber of Commerce*, International Commercial Arbitration (Cambridge: Cambridge University Press, 2013), p. 284.

裁法》第24条、第26条中找到依据。由于快速仲裁必须具体商定,根据《挪威仲裁法》第26条的规定,答复者的答复应该说明是否同意适用快速仲裁。①

4.临时仲裁的口头与书面程序

在仲裁程序中交换的诉状通常是书面形式。仲裁庭从一方收到的所有书面材料应在仲裁程序中发送给其他当事人。根据《挪威仲裁法》第26条的规定,仲裁庭应直接将从第三方收到的材料及时发送给当事人。在通常情况下,仲裁庭会举行主要听证会,让每一方当事人都有机会进行口头辩护。根据《挪威仲裁法》第15条和第30条的规定,听证是作出仲裁裁决的主要规则,除非双方同意可以根据没有听证会的文件作出仲裁裁决。②

5.临时仲裁程序的证据规则

《挪威仲裁法》第28条规定,当事人有责任在案件中提供必要的证据,并有权提出于其有利的证据。但是,当证据显然与争议无关时,仲裁庭可以拒绝当事人提交。如果所提供证据的范围与争议的重要性不成比例,仲裁庭也将限制证据的提交。③

6.临时仲裁的友好解决

根据《挪威仲裁法》第35条的规定,仲裁庭应当作出确认友好和解的仲裁裁决。确认友好和解的仲裁裁决与任何其他仲裁裁决具有相同的效力。④

二、临时仲裁程序中的规则机制

可以发现,完备的仲裁程序包含着诸多内容。即使是机构仲裁,《仲裁法》也无法穷尽式地规定所有内容。在强调灵活性与自治性的临时仲裁下更是如此。即便《仲裁法》对临时仲裁程序中的某些规则作出硬性规定,也只能是为当事人适用临时仲裁提供参考。《仲裁法》更应解决的问题是,在临时仲裁程序陷入僵局时,法律如何给出纾解路径。但如前所述,我国的

---

① Stephen Knudtzon, *Arbitration in Norway: Features of the Oslo Chamber of Commerce*, International Commercial Arbitration(Cambridge:Cambridge University Press, 2013), p. 285.

② Stephen Knudtzon, *Arbitration in Norway: Features of the Oslo Chamber of Commerce*, International Commercial Arbitration(Cambridge:Cambridge University Press, 2013), p. 287.

③ Stephen Knudtzon, *Arbitration in Norway: Features of the Oslo Chamber of Commerce*, International Commercial Arbitration(Cambridge:Cambridge University Press, 2013), pp. 287–288.

④ Stephen Knudtzon, *Arbitration in Norway: Features of the Oslo Chamber of Commerce*, International Commercial arbitration(Cambridge:Cambridge University Press, 2013), p. 292.

确也需要一套逻辑自洽的示范性临时仲裁规则为当事人在设计临时仲裁程序时提供参考。参酌域外国家或地区临时仲裁的程序规则,临时仲裁程序进行的规则机制主要包括:临时仲裁中的答辩,临时仲裁中的反请求,临时仲裁中的期间与送达,临时仲裁中的审理方式,临时仲裁中的证据规则,临时仲裁中的合并/缺席仲裁规则,以及临时仲裁中的和解/调解规则,等等。

(一)临时仲裁中的答辩

虽然临时仲裁是双方当事人合意选择的结果,但合意本身是否存在需要明确。在某些情况下,被申请人虽同意适用临时仲裁,但无法提出仲裁员人选,也不同意指定仲裁员,此时应当由申请人自行选任仲裁员组成仲裁庭请求解决矛盾纠纷。例如,《瑞典仲裁法》第34条第2款第2项规定:"一方当事人不因选定仲裁员而被视为接受仲裁庭管辖,通常被申请人可在提交答辩时提出管辖异议。"[①]因此,被申请人可以在某些特定情况下通过答辩对仲裁庭提出管辖异议。借鉴比较法上的立法和实践规则,临时仲裁中的答辩要求包括形式要求和实质要求两个方面。

1.答辩的形式要求

《仲裁法修订意见稿》第39条新增了对仲裁答辩的形式要求,即"应当在仲裁规则规定的期限内向仲裁机构提交答辩书"。这意味着,首先,答辩必须采取书面形式;其次,该申请书必须在规定期限内提交。此外,不言而喻的是,该答辩书应当由申请人本人签署或盖章。由被申请人本人签署或盖章的答辩书通常没有问题,但在很多时候被申请人会委托代理人,一旦被申请人授权委托代理人,如果每样仲裁文件都由被申请人本人签署或盖章,反而会对被申请人造成麻烦。因为在临时仲裁案件中,可能随时需要被申请人作出书面陈述、提交证据或提供其他材料。因此,在临时仲裁案件中,当事人将仲裁文件授权交由代理人签署或盖章即可提交,对仲裁当事人来说也比较方便。

2.答辩的实质要求

被申请人答辩除了满足形式要求之外,还必须满足被申请人仲裁答辩的实质要求,其原则由《仲裁法修订意见稿》第29条予以说明,也就是双方当事人平等,且有充分陈述意见的程序权利。具体包括以下事项:(1)被申请人进行答辩时,要针对申请人提出的仲裁请求及其依据一一进行答辩。(2)被申请人不得单纯反对或不承认某项事实或观点,必须附具理由或举

---

① [美]拉斯·休曼:《瑞典仲裁法:实践和程序》,顾华宁译,法律出版社,2012,第240页。

证证明。[1]在我国机构仲裁规则中,如果被申请人的反驳不附具理由或举证证明仲裁庭不予支持的条款,此时无疑在浪费双方当事人及仲裁庭的时间和精力。(3)如果请求有理,仲裁庭应予以承认;如果请求无理,仲裁庭应予驳回;如果请求部分有理、部分无理,则应予部分承认、部分反驳。(4)被申请人应按期提交仲裁答辩书。答辩应尽量在答辩期限内——收到申请人的仲裁申请书后的45天内,简易程序20天内提交。

值得注意的是,没有特殊情况,被申请人不能随意延期。因为在临时仲裁中,任何延误所造成的后果最终都将归属于当事人自己。临时仲裁程序本质上由当事人自己掌握,仲裁庭也是在征求双方当事人意见之后才作出决定。既然是当事人自己安排的临时仲裁程序,就应当毫不迟延地确定下来。也就是说,虽然仲裁答辩是被申请人的一项权利,但被申请人也应当尽快依据规则规定或当事人约定的期间如期提交答辩。

3.答辩的特别内容

就一般的答辩事项,适用上述规定并无问题。但部分答辩内容意在否定整个仲裁程序的合法性。对应到民事诉讼中,则是对诉讼的合法性要件进行否定,而非对请求(或诉讼)的有理性进行否定,具体包括仲裁协议不存在、仲裁协议无效、无仲裁管辖权,等等。《仲裁法修订意见稿》第28条的规定较为严密,但需要与临时仲裁制度进行衔接方能在临时仲裁制度中得到实现。这类答辩的形式要求与其他答辩相同,但由于直指仲裁程序本身的合法性问题,纯粹由仲裁庭加以判断并不妥当。因而《仲裁法修订意见稿》第28条规定,在仲裁庭组成前,仲裁机构可以根据表面证据决定仲裁程序是否继续进行;仲裁庭组成后由仲裁庭判断,当事人对此判断不服的可以寻求法院救济,但不影响仲裁程序进行。然而,临时仲裁并无仲裁机构,为避免当事人救济不及时、组成仲裁庭后发现程序不合法,宜允许当事人在未组建仲裁庭时,直接请求法院确认仲裁协议无效或无管辖权等。

(二)临时仲裁中的反请求

在挪威,由奥斯陆研究所通知被申请人关于申请人提出的请求事项。被申请人应在奥斯陆研究所设定的时间限制内答辩以及提出反请求并指定仲裁员。[2]无论是机构仲裁还是临时仲裁,反请求的概念都是一样的。按照我国现行《仲裁法》第27条的规定,申请人可以放弃或者变更仲裁请

---

[1] 高菲、徐国建:《中国临时仲裁实务指南》,法律出版社,2017,第274页。
[2] Stephen Knudtzon, *Arbitration in Norway: Features of the Oslo Chamber of Commerce*, International Commercial Arbitration (Cambridge: Cambridge University Press, 2013), pp. 284-285.

求;被申请人可以承认或者反驳仲裁请求,有权提出反请求。《仲裁法修订意见稿》第41条保留了这一规定。

1.主体要件

临时仲裁的反请求只能由被申请人提出,而且对方当事人只能是仲裁申请人,这是由仲裁反请求的内涵所决定的。因此,仲裁反请求的提起主体是被申请人,而被提起主体则是申请人,被申请人不可以对超出申请人之外的任何人提起仲裁反请求。与临时仲裁的申请程序形成对比,在仲裁反请求程序中,双方当事人的称谓是反请求人和被反请求人,而仲裁申请程序的双方当事人称谓是申请人和被申请人。

2.内容要件

仲裁反请求的内容只能是和申请人的仲裁请求属于同一临时仲裁协议中所约定的仲裁事项,这是由仲裁反请求必须与仲裁本请求具有牵连关系所决定的。原因在于,临时仲裁庭受理仲裁申请的基础是申请人和被申请人之间签署的临时仲裁协议,而仲裁反请求只能向受理仲裁申请的临时仲裁庭提出,那么临时仲裁庭受理仲裁反请求的基础也应该是申请人和被申请人之间签署的临时仲裁协议,因此,仲裁反请求的内容只能是和申请人的仲裁请求属于同一仲裁协议中所约定的仲裁事项,否则被申请人提出的反仲裁请求就不属于仲裁反请求。

3.程序要件

首先,提起临时仲裁反请求的期限。关于被申请人提出仲裁反请求的期限,1995年《仲裁法》没有明文规定,2015年《中国国际经济贸易仲裁委员会仲裁规则》第16条第1款[①]规定仲裁反请求的期限是45日,但如果是简易程序,被申请人提起反请求的期限为收到仲裁通知后20日内提起。其次,临时仲裁反请求的管辖。临时仲裁庭的管辖权,不管是本请求还是反请求,都取决于其所依据的基础合同中仲裁协议是否存在和有效。由于仲裁反请求的内容只能是和申请人的仲裁请求属于同一仲裁协议中所约定的仲裁事项,且反请求与本请求之间具有牵连性。因此,由受理仲裁申请的临时仲裁庭行使管辖权更为妥当。最后,本请求与反请求应该合并审理,以达到节约仲裁资源、方便当事人的目的,同时还可以避免不同的仲裁庭作出互相矛盾的仲裁裁决。

---

① 2015年《中国国际经济贸易仲裁委员会仲裁规则》第16条第1款:"被申请人如有反请求,应自收到仲裁通知后45天内以书面形式提交。被申请人确有正当理由请求延长提交反请求期限的,由仲裁庭决定是否延长反请求期限;仲裁庭尚未组成的,由仲裁委员会仲裁院作出决定。"

(三)临时仲裁中的期间与送达

1.期间

对于临时仲裁中的期间来说,原则上有两种:一种是临时仲裁规则规定的期间,另一种是仲裁庭组庭后依据双方当事人意见制定的时间表。前者例如,被申请人的答辩期限为自收到仲裁通知后45日内;提起反请求的期限也为被申请人自收到仲裁通知45日;指定仲裁员的期限一般均为15日;开庭通知的期限一般均为20日。后者的期限则是当事人自行约定而产生。基于当事人意思自治,当事人有权对临时仲裁的任何期限进行协商确定。在当事人约定和临时仲裁规则的基础上,仲裁庭需要制定审理时间表,即仲裁庭制定的审理时间表是建立在双方自愿的基础上。因而,临时仲裁的很多期限都是双方当事人自己选择的结果,而不是临时仲裁规则规定的结果。

2.送达

《瑞典仲裁法》规定,对于仲裁申请书送达的书面证明文件,仲裁申请人需要提供证据予以证明,申请人可以向被申请人提供两份仲裁申请书,一份要求签名确认后返还申请人,另一份由被申请人自己保留。送达的意义在于,通过适时送达仲裁文书给受送达人,可以使他们及时了解临时仲裁程序的进程,明确有关事项的具体要求,方便并确保他们顺利进行仲裁活动。仲裁文书送达后,就产生一定的法律后果。

对于临时仲裁的送达方式,我国1995年《仲裁法》对机构仲裁的送达方式没有作出明确规定。《仲裁法修订意见稿》第34条规定:"仲裁文件应当以合理、善意的方式送达当事人。当事人约定送达方式的,从其约定。当事人没有约定的,可以采用当面递交、挂号信、特快专递、传真,或者电子邮件、即时通信工具等信息系统可记载的方式送达。仲裁文件经前款规定的方式送交当事人,或者发送至当事人的营业地、注册地、住所地、经常居住地或者通信地址,即为送达。如果经合理查询不能找到上述任一地点,仲裁文件以能够提供投递记录的其他手段投递给当事人最后一个为人所知的营业地、注册地、住所地、经常居住地或者通信地址,视为送达。"试图在我国确立合意、善意的送达原则。同时,送达方式有适用上的顺序:第一顺位是约定的送达方式,其他信息系统可记载的方式在无约定时可以适用,以可适用的送达方式送达至当事人或其相关地址,即视为送达。

(四)临时仲裁中的审理方式

临时仲裁案件的审理为仲裁庭组成后,仲裁庭依据双方当事人约定以及适用的仲裁规则、仲裁程序法律和实体法律以及所涉争议合同的约定对双方当事人之间的临时仲裁争议案件依法进行开庭或书面审理并作出裁决的整个仲裁活动。[1]换言之,临时仲裁的审理是指仲裁庭组成后从开庭或书面审理到作出仲裁裁决。在这一过程中,临时仲裁庭依据双方当事人约定适用的仲裁规则或仲裁程序应进行的基本程序进行梳理和概括之后作出的结论。临时仲裁案件的审理方式与机构仲裁案件一样,大体上分为两种:一种是开庭审理,另一种则是书面审理。

1.开庭审理

(1)开庭审理是临时仲裁的主要审理方式

我国1995年《仲裁法》第39条规定,仲裁应当开庭进行,当事人协议不开庭的,仲裁庭可以根据仲裁申请书、答辩书以及其他材料作出裁决。2021年《仲裁法修订意见稿》对该条的改动在于,明确协议不开庭时的审理方式是"书面审理"。从1995年《仲裁法》的规定中可以看出,对于机构仲裁,开庭审理实际上是法律强制性规定,要求所有的仲裁案件都必须依法进行开庭审理。以开庭审理为原则,而书面审理是例外,还必须有双方当事人的约定。没有双方当事人约定,仲裁庭不得通过书面方式审理仲裁案件并作出裁决。同理,临时仲裁的审理方式,也应当依据《仲裁法》的规定进行审理,除非双方当事人另有约定,否则不得以书面审理的方式进行。但是,临时仲裁与机构仲裁不同,在临时仲裁中,临时仲裁案件的申请人必须在仲裁通知或者仲裁申请书中明确所涉案件是开庭审理还是书面审理,双方当事人已有约定的,从其约定;没有约定的,由申请人在仲裁通知或仲裁申请书中提出建议。被申请人接纳建议的,视为双方约定;被申请人不接纳建议的,由仲裁庭依据双方的意思决定审理方式。

(2)开庭审理阶段

仲裁庭开庭审理可以借鉴机构仲裁的规定,一般要经过以下阶段:庭审开始、庭审调查、庭审辩论、仲裁庭评议和作出裁决。

第一,庭审开始。此阶段的事项主要包括:首席仲裁员或者独任仲裁员核对双方到庭人员的身份、代理人的代理权限,并询问双方对对方出庭人员的身份是否有异议;首席仲裁员或者独任仲裁员宣布开庭,宣布案由,宣布仲裁庭组成人员和记录人员名单;告知当事人有关的仲裁权利和义

---

[1] 高菲、徐国建:《中国临时仲裁实务指南》,法律出版社,2017,第327页。

务;由首席仲裁员或者独任仲裁员向双方当事人简要介绍仲裁庭此前的准备情况、仲裁庭对本次开庭的计划和安排的审理时间表以及在开庭中应当注意的问题;在双方当事人无异议的情况下,仲裁庭宣布正式开庭。

第二,庭审调查。所谓庭审调查是指临时仲裁庭依照法定程序,向当事人和其他仲裁参与人调查案件事实,审核各种证据的活动。在机构仲裁下,《仲裁法》对仲裁庭的庭审调查程序作出了规定:①当事人陈述;②告知证人的权利、义务,证人作证;③出示书证、物证、视听资料和电子数据;④宣读鉴定意见;⑤宣读勘验笔录。在此过程中,双方当事人均应遵守庭审秩序,申请人在陈述时,被申请人不能随意打断并进行反驳;被申请人在进行答辩时,申请人也不能随意打断。经过仲裁庭的许可,任何一方当事人都可以向证人、鉴定人、勘验人提问。仲裁员可以询问当事人,经过仲裁庭的许可,当事人也可以互相发问。当事人可以在庭上提出新证据,并对当庭出示的证据进行质证。如果仲裁庭认为案情已基本查清,且证据已经得到当事人经过充分质证并核实,即可宣布庭审调查阶段结束,进入庭审辩论阶段。

第三,庭审辩论。此为在仲裁庭的主持下,当事人及其仲裁代理人根据已经庭审调查的事实和证据,结合法律规定,在庭审中阐明自己的意见,反驳对方的主张,相互进行辩论的活动。[1]庭审辩论阶段的主要任务是通过当事人及其仲裁代理人之间的口头辩论,进一步明确各方当事人的仲裁主张和理由,以达到查明案件事实、分清是非责任的目的。庭审辩论由首席仲裁员或独任仲裁员组织和指挥,按照下述顺序进行:①申请人及其代理人发言;②被申请人及其代理人发言;③互相辩论。在庭审辩论阶段,临时仲裁庭也要注意保障各方当事人权利,提供同等的辩论机会。庭审辩论终结后,能够调解的,可以先行调解,达成调解协议的,终结临时仲裁程序;调解不成的,应当及时作出裁决。

第四,仲裁庭评议和作出裁决。根据仲裁庭的组成形式,由合议仲裁庭审理的案件,经过合议仲裁庭评议环节后作出裁决;由独任仲裁庭审理的案件,则无评议环节,独任仲裁员直接作出裁决。庭审终结后,合议仲裁庭成员经过讨论,对案件作出全面、客观的分析。评议案件须以秘密方式进行,在评议时有不同意见的,须如实记入评议笔录。合议仲裁庭经过评议环节后作出仲裁裁决书。由合议仲裁庭审理的案件,应当根据多数仲裁员的意见作出仲裁裁决,少数仲裁员的不同意见可以记入评议笔录,合议仲裁庭不能形成多数意见时,应当按照首席仲裁员的意见作出临时仲裁

---

[1] 马德才编著《仲裁法学》,南京大学出版社,2016,第178页。

决。如果是由独任仲裁庭审理的案件,临时仲裁裁决按照独任仲裁员的意见作出。

2.书面审理是临时仲裁审理方式的必要补充

在临时仲裁中,书面审理案件出现的次数可能会更多,结合我国现行法与域外有益经验,仲裁庭在进行书面审理时应注意以下事项。第一,事先必须有双方当事人的书面约定或事后双方的共同书面授权。采用书面审理方式一般须经双方当事人同意或双方当事人共同提出书面审理申请才能进行。比如《仲裁法修订意见稿》第58条规定的"仲裁应当开庭进行。当事人协议不开庭的,仲裁庭可以根据仲裁申请书、答辩书以及其他材料书面审理,作出裁决。"第二,尽管双方当事人约定只进行书面审理,仲裁庭也同意了当事人的意见,如果仲裁庭在仲裁审理中发现某些关键问题仅凭当事人提供的书面材料不足以作出认定的话,仲裁庭可以作出开庭审理的决定。例如,1989年《伦敦海事仲裁员协会小额索赔程序规则》第7条规定:"大多数案件将仅凭文件和书面陈述进行审理。然而,仲裁员可以选择是否开庭。"第三,特别复杂的案件以及标的额较大的案件应审慎适用书面审理。例如,超过人民币300万元的案件最好不适用书面审理程序,除非双方当事人特别强烈要求。[①]第四,以书面审理方式审理临时仲裁案件,确有困难时可以转化为开庭审理。

(五)临时仲裁中的证据规则

布莱克斯通认为,证据系为一方或另一方所证实、澄清或确定所有争议事实或争议要点的真相者。"证据"一词是在两种不同的意义上被使用的。狭义的"证据"意指证明系争事实的方法。广义的"证据"一词,是指那些可被证明的事实,而不是证明这些事实的方法。[②]

1.证明方法

理论上对于证据的分类有以下几种:直接证据和间接证据、原始证据与派生证据、言辞证据与实物证据、本证与反证。在确定证明哪些事实以及这些事实的证明责任由谁负担之后,便发生如何证明这些事实的问题。基于此,便有三种证明事实的方法:口头证据、书面证据与实物证据。[③]

[①] 高菲、徐国建:《中国临时仲裁实务指南》,法律出版社,2017,第358页。
[②] [英]罗纳德·沃克:《英国证据法概述》,王莹文、李浩译,西南政法学院诉讼法教研室,1984年印,第1—2页。
[③] [英]罗纳德·沃克:《英国证据法概述》,王莹文、李浩译,西南政法学院诉讼法教研室,1984年印,第91页。

(1)口头证据

一般而言,口头证据包括证人资格和作证义务,宣誓、誓愿和未经宣誓的证言,拒绝作答的特权等。对于证人资格和作证义务,依照英国法律规定,无论在刑事诉讼还是民事诉讼中,任何人都有出庭作证的资格和义务。但关于证人资格存在以下几种例外:对不能认识宣誓的性质和后果的儿童,依普通法不能在诉讼中作证;精神不健全的人,只有当他有感知、记忆、表达能力,了解真实陈述的义务时,才被认为具有作证能力;享有外交特权的人以及英国女王也没有作证的义务。在英国,一般来说,所有证人在作证前都应宣誓,不进行宣誓的可以发出誓愿,此即作为庄严的声明,而不用手持圣经宣誓。在新加坡,证人作证提供的证据是以誓言或宣誓书的形式提供的。[1]在法律明确规定的情况下,证人可以提供未经宣誓的证言,但这是极少数的情况。此外,证人有拒绝作答的权利。如果证人拒绝出庭,仲裁庭可以通知他们出庭作证或提供单据。证人作伪证的,应当依法让证人对伪证负责。

(2)书面证据

书面证据分为书面陈述、文件证据和证言笔录三种。[2]书面陈述指证人在法庭外用书面形式提供的证言,作为证据必须由证人亲笔签字且声明所述属实,还须将书面陈述的副本事先送交对方。此类证据,西班牙虽未普及,但越来越多的趋势是寻求《IBA取证规则》的指导,除非当事人另有约定。[3]文件证据的采用,需要关注证据证明力的大小,国家机关、社会团体依职权制作的公文书证的证明力一般大于其他书证;原始证据的证明力一般大于传来证据;直接证据的证明力一般大于间接证据。私人文件如果作为证据使用需要鉴定,以确定文件的有效性。证言笔录即证人在仲裁庭所作的证人证言。

(3)实物证据

实物证据,是指能够证明案件真实情况的一切物品痕迹。其特点是以物品的外部特征、物质属性以及它所处的位置来反映一定的案件事实,包括送交法院检验的物品、现场勘验、当事人的身体外形等。

2.证据发现原则

在临时仲裁程序中,双方当事人为了证明自己的主张,一般都要提供各种证据材料,仲裁庭应对这些证据材料进行分析和审查,找出能证明案

---

[1] 苏艺靓:《新加坡仲裁制度新发展述评》,《东南司法评论》2017年第10卷,第600页。
[2] 罗楚湘:《英国仲裁法研究》,武汉大学出版社,2012,第153页。
[3] Carlos de los Santos, "Arbitration Guide: Spain," IBA Arbitration Committee, 2018, p. 15.

件事实的证据。但不能排除的情况是,当事人可能会隐瞒对自己不利的证据。即使对方当事人没有隐瞒的恶意,需要证据的一方当事人也可能因证据被第三方掌握而无法提交,其主张不能得到支持,这就涉及如何发现证据的问题。为了解决这一问题,《仲裁法》第43条规定仲裁庭可以自行收集证据,第46条规定了证据保全。《仲裁法修订意见稿》删除了庭审部分的证据保全规则,将其移至临时措施部分统一规定,并规定仲裁庭自行收集证据时,若有必要,可以请求法院予以协助。《仲裁法修订起草说明》指出,将证据保全制度和其他临时措施集中整合,有助于规范临时措施的行使。当然,我国语境下的证据保全制度与大陆法系国家的证据保全制度不同,后者指的一般是提前对证据进行调查的制度,而非将其长期控制以待庭审调查的制度。我国语境下的证据保全制度确实是一项与财产保全制度类似的临时措施,可与其他临时措施统一规定,有助于提高纠纷解决效率。

3. 证据的关联性与可采性

证据的关联性又被称为相关性,是指证据与待证事实之间存在逻辑上的联系,并且能够直接或间接地证明全部或者部分待证事实的存在或者不存在,或者使待证事实的存在或不存在成为很有可能。[1]所有可采事实都是相关的,但并非所有相关事实都是可采的,只有达到法律的要求,才具备可采性。相关事实有系争事实以及能够推论出系争事实的其他事实。按照斯蒂芬给"关联性"一词所下的定义:所采用的任何两个事实关系如此紧密,以致按照事件的一般过程,其中一事实以其自己或与其他事实一道,而证明或者使得另一事实在过去、现在或将来可能存在或不存在。[2]临时仲裁程序尊重当事人的意思自治,当事人可以合意提高证据作为定案依据的关联性程度,也可以合意降低要求。

(六)临时仲裁中的合并、缺席仲裁规则

1. 合并仲裁规则

合并仲裁是我国借鉴国际商事仲裁的实践经验,根据我国仲裁发展的现实需要建立的一项制度。[3]合并仲裁既方便当事人也方便仲裁庭,同时还有利于提高仲裁效率。在机构仲裁条件下容易作出合并仲裁的规定,而在临时仲裁条件下较少作出合并仲裁的规定。原因在于,在机构仲裁条件

---

[1] 江伟、肖建国主编《仲裁法》,中国人民大学出版社,2016,第182页。
[2] [英]罗纳德·沃克:《英国证据法概述》,王莹文、李浩译,西南政法学院诉讼法教研室,1984年印,第11—12页。
[3] 参见《香港国际仲裁中心机构仲裁规则》第28条。

下,只要当事人选择了某一仲裁机构,就完全存在在短时间内同一当事人在同一仲裁机构提出两个或两个以上仲裁案件的可能性,并按照该机构仲裁规则实行合并仲裁。而在临时仲裁中,当事人签署了同样的临时仲裁协议,当事人在短时间内提交了两个或两个以上的临时仲裁案件,但并无一个第三方组织机构代为其将两个或两个以上的仲裁案件合并在一起审理,只能由仲裁庭决定。在仲裁庭未组成的情况下,就没有可以将案件合并审理的组织。如此一来,在临时仲裁中似乎并不适用合并仲裁规则。因而,在临时仲裁中,当事人要想将其两个或两个以上的临时仲裁案件合并为一个仲裁案件审理,双方当事人就应该有意识地预先做好约定。

对于临时仲裁的合并仲裁规则可以参照2015年《中国国际经济贸易仲裁委员会仲裁规则》第19条的规定进行确定。具体规则如下:(1)有两个或两个以上的临时仲裁案件;(2)适用同一临时仲裁规则;(3)各案仲裁请求依据相同或相容(同一个仲裁协议或者多份仲裁协议内容相同或相容);(4)各案当事人相同、各争议所涉及的法律关系性质相同;(5)各案涉及的多份合同为主从合同;(6)所有案件的当事人均同意合并仲裁。

2.缺席仲裁

缺席审理是诉讼案件中无法避免的事项,临时仲裁也是如此。引起缺席仲裁的原因有二:一是没有达到适当通知标准;二是申请人或被申请人无正当理由拒不到庭或未经仲裁庭许可中途退庭。不同的原因所导致的后果也不相同。

(1)未达到适当通知标准

在某些情况下,当事人会因搬迁、拒收等原因无法知悉有关通知,有时则是当事人签收了仲裁通知或仲裁申请书,但组庭、开庭时又无法签收。无论如何,在无法确保当事人知悉临时仲裁程序进行状况时,即使仲裁庭已经发出开庭通知,也必须撤销开庭。即使开庭也会使仲裁庭作出的仲裁裁决因违反正当程序而被要求撤销。

(2)申请人或被申请人无正当理由拒不到庭或未经仲裁庭许可中途退庭

在临时仲裁程序中,申请人或被申请人无正当理由拒不到庭或未经仲裁庭许可中途退庭的情形与机构仲裁并无二致。根据我国1995年《仲裁法》第42条第2款的规定,被申请人经书面通知,无正当理由开庭时不到庭的,或在开庭审理时未经仲裁庭许可中途退庭的,仲裁庭可以进行缺席审理并作出裁决。同理,申请人开庭时无正当理由缺席庭审,或未经仲裁庭许可而中途退庭不再参加案件审理的,可以视为申请人撤回其仲裁请求,仲裁庭则不再开庭。在反请求的条件下,仲裁庭可以继续进行庭审,并据此作出缺席的反请求仲裁裁决。这一规则在《仲裁法修订意见稿》第60条中得到了保留。即便是缺席审理,临时仲裁庭对缺席的当事人已提交的仲裁资料仍应当经过调查核实,充分了解其主张和理由,客观公正地保护缺席一方当事人的合法权益。也就是说,缺席仲裁裁决必须在案件事实已清、证据充分的情况下作出。

(七)临时仲裁中的和解或调解规则

1.临时仲裁中的和解

仲裁和解是指当事人在仲裁程序进行中自行协商或者经第三方促成协商并达成和解的纠纷解决方式。[①]临时仲裁的和解有两种形式:双方协商与第三方促成协商。前者是指双方当事人自行讨论、相互说服对方;后者则是指在第三方的努力下当事人达成的一致。我国台湾地区"仲裁法"第44条规定:"仲裁事件,于仲裁判断前,得为和解。和解成立者,由仲裁人作成和解书。前项和解,与仲裁判断有同一效力。"由是观之,双方达成和解书的与仲裁裁决具有同样的效力,当事人应自动履行。该法第45条同时规定:"未依本法订立仲裁协议者,仲裁机构得依当事人之申请,经他方同意后,由双方选定仲裁人进行调解。调解成立者,由仲裁人作成调解书。前项调解成立者,其调解与仲裁和解有同一效力。"

因此,我国台湾地区"仲裁法"实际上严格区分了调解与和解,在当事人之间有仲裁协议的情况下,当事人可以进行和解;而在当事人之间没有仲裁协议的情况下,当事人只能提请仲裁庭进行调解。[②]此外,在我国台湾地区"仲裁法"中,在仲裁程序中作出的和解书比大陆一般意义上的和解协议的效力要强。根据我国现行《仲裁法》的规定,当事人在仲裁程序中达成的和解协议在没有制作成仲裁裁决书时,不能直接向法院申请强制执行,而在仲裁程序中形成的调解书具有与仲裁裁决同等的效力。《瑞典仲裁法》也有类似规定,临时仲裁程序中的和解不能达成具有强制执行力的权益。[③]仅在双方当事人要求时,才能由仲裁庭作出确认友好和解的裁决,此时才具有强制执行的效力。[④]但事实上,无论是临时仲裁调解书,还是临时仲裁和解协议,甚至是临时仲裁裁决书,都只有在法院确认以后,才可以进入强制执行程序。

[①] 江伟、肖建国主编《仲裁法》,中国人民大学出版社,2016,第220页。
[②] 王利明:《海峡两岸仲裁立法的比较研究》,《法学评论》2004年第1期,第48页。
[③] [美]拉斯·休曼:《瑞典仲裁法:实践和程序》,顾华宁译,法律出版社,2012,第408页。
[④] 《瑞典仲裁法》第27条第2款规定:"仲裁庭可经双方要求,以裁决形式确认和解协议。此类裁决和和解协议不同,具有强制执行力。"

2.临时仲裁中调解与和解的区分

在临时仲裁程序中,仲裁调解与仲裁和解都是解决纠纷的一种方式和手段。两者的主要区别有以下四点。(1)性质不同。调解是在仲裁庭的主持下进行的,而和解的形式有两种:一种是双方当事人对权利的自行处分,不需要仲裁庭来主持,另一种是经第三方协助进行和解。(2)发生的时间不同。调解是发生在当事人申请临时仲裁程序之后作出仲裁裁决之前,即仲裁程序中的某一阶段;而和解可以发生在申请仲裁之后,也可以在申请仲裁前已达成和解协议,提交给仲裁庭则是为了获得第三方主体的认证。发生在仲裁申请之后的,当事人可以在开庭中,由第三方主持和解,也可以在庭审外,双方当事人自行和解。(3)法律后果不同。当事人达成调解协议的,仲裁庭应当制作调解书,或者根据调解协议的结果制作裁决书;而当事人达成和解协议的,可以请求仲裁庭根据和解协议作出裁决书,也可以撤回仲裁申请。(4)当事人反悔后的处理不同。在调解书签收前当事人反悔的,仲裁庭应当及时作出裁决,在签收后仲裁调解书与仲裁裁决书具有同一效力;而当事人达成和解协议,一方不履行的,只能根据原协议申请仲裁。[①]

3.第三方促成的仲裁和解与仲裁调解

在第三方促成下协商进而达成合意的仲裁和解与仲裁调解之间的区别在于第三方在协商过程中发挥的作用不同:第三方促成的仲裁和解强调双方当事人之间的互动和自主性,而仲裁调解则主要发挥调解员在纠纷解决中的主导作用。换句话说,两者的区分标准是第三方在纠纷解决过程中的积极程度不同,但这种积极程度是很难判断的。并且,当事人在仲裁和解与仲裁调解中达成的协议都是充分尊重当事人意思自治的结果,后续不论是请求仲裁庭根据协议制作仲裁调解书还是仲裁裁决书,其法律效力也不存在实质区别。

因此,在机构仲裁的情形下,仲裁机构的仲裁规则开始模糊两者的区别,对仲裁调解与仲裁和解不加区分。对于临时仲裁中第三方促成的仲裁和解和仲裁调解的问题,我们可以通过临时仲裁辅助机构这一角色解决。双方当事人可以在仲裁协议中约定,也可以在仲裁庭的指引下约定由临时仲裁辅助机构协助进行调解或和解。临时仲裁辅助机构是专业的仲裁人士或机构,中立地服务于双方当事人,通过他们促使当事人达成调解或和解,可以更快地实现解决纠纷的目的。

[①] 黄进、宋连斌、徐前权:《仲裁法学》,中国政法大学出版社,2007,第128页。

4.临时仲裁与和解相结合

《仲裁法修订起草说明》指出,《仲裁法修订意见稿》"创新发展仲裁与调解相结合的中国特色制度",具体表现是增加"仲裁确认"条款,并规定与原有仲裁程序的衔接。《仲裁法修订意见稿》第69、70条规定的"仲裁确认"以及仲裁衔接制度,针对的"调解"都是仲裁程序之外达成的,而非在仲裁程序之内形成的,属于这里所讨论的和解,而非调解。按照《仲裁法修订意见稿》的规定,仲裁庭组成前乃至仲裁程序开始前形成的和解,可以由仲裁庭根据其内容制作调解书或裁决书。仲裁程序中的和解,可以撤回仲裁申请,并且在第三方(调解员)促成和解的过程中,仲裁程序中止。这一制度契合临时仲裁制度的效率追求。

(八)临时仲裁中的临时措施

《仲裁法修订意见稿》专设了"临时措施"一节(第43—49条),将财产保全、证据保全、行为保全等短期措施集中规定。除增设行为保全制度,允许仲裁庭采取财产保全、证据保全、行为保全之外的短期措施外,还设置了紧急仲裁员制度。(第49条)在当事人提起仲裁之前,适用临时措施应当直接诉诸法院;当事人提起仲裁之后,适用临时措施可以选择向仲裁庭或法院申请。(第46条)而紧急仲裁员制度是在提起仲裁之后,组成仲裁庭之前为当事人提供的便利措施,指的是当事人可以请求仲裁机构指定紧急仲裁员,由紧急仲裁员采取临时措施。但是,不论在仲裁庭组成前后,当事人均可直接向法院申请保全,不必须通过仲裁庭或紧急仲裁员"中转"。必须通过仲裁庭或紧急仲裁员"中转"或进行判定的情形是非典型临时措施,也就是允许仲裁庭采取的保全措施之外的临时措施。对于此类临时措施,当事人不可直接申请法院实施,因为法院仅受理典型临时措施(保全)的申请。(第46、47条)对此类临时措施,人民法院只能"协助执行",不能直接判断是否执行。(第48条)如果需要采取的是非典型临时措施,在仲裁庭组建前,确实只有设置紧急仲裁员一途。对于临时仲裁而言,其并无仲裁机构,在仲裁组织之外另设一紧急仲裁员并无必要。当事人需要采取此类措施的,宜解释为财产保全、行为保全或证据保全之一,允许径行向人民法院申请实施。

(九)临时仲裁中的中间裁决

《仲裁法修订意见稿》在《仲裁法》第55条部分裁决规则的基础上,增加了与之相联系又不同的中间裁决规则,促进纠纷的快速解决。《仲裁法修订意见稿》第74条规定,部分裁决和中间裁决均具有法律效力,有助于当事人快速实现权利。但须注意的是,《仲裁法修订意见稿》第74条混淆了部分裁决与中间裁决的界限。首先,《仲裁法修订意见稿》第74条规定,二者是否履行都"不影响仲裁程序的进行和最终裁决的作出",将中间裁决、部分裁决都与最终裁决对立起来。这并不妥当,因为部分裁决就是最终裁决,是相对于全部终局裁决存在的部分终局裁决,[①]是对事实清楚的一部分纠纷进行的终局判断,如此才能和中间裁决区分开。相对于最终裁决存在对象是中间裁决,也就是"作为终局判决内容之准备而为之裁判,其目的就在于就诉讼上之特定争点,先表示法院之见解,禁止当事人于终局判决前就该争点再为主张,而能专心于其他攻击或防御方法之提出,以提高审理之效率"[②]。其次,为终局判决作准备的中间裁决通常不具有可执行的事项,如果终局裁决之前的某一裁决具备可执行的事项,通常是对部分纠纷的终局性判断(部分裁决)或临时性判断(临时措施),而非专门为作出终局裁决作准备的裁决(中间裁决)。对于临时仲裁而言,应当积极运用部分裁决制度,将部分纠纷先行解决,促进权利的实现;积极运用中间裁决制度,将部分争议排除出审理范围,实现对争议焦点的逐次集中审理,促进纠纷快速解决。

三、网络临时仲裁的适用机制

根据第47次《中国互联网络发展状况统计报告》数据显示,截至2020年12月,我国网民规模达9.89亿,互联网普及率达70.4%;网络购物用户规模达7.82亿,网上零售额达11.76万亿元,其中,实物商品网上零售额多达9.76万亿元,占社会消费品零售总额的24.9%。除此之外,网络出行服务、网络娱乐服务、网络医疗健康服务、网络教育服务等网络行业已经渗透到生活的各个方面。然而,网络市场的扩张意味着商业利益的快速流动,随之而来的是各种利益纷争。虚假促销、网络售假、售后问题、物流快递、支付出错、网络诈骗等问题层出不穷,这些纠纷的出现对我国网络争议解决机制的发展提出了迫切要求,同时也带来了挑战。在网络争议解决机制尚不完善的情况下,一些著名网商平台如"淘宝网"发展出了自己的争议处理规则,包括信用评价系统、第三方支付、信誉标记、网上第三方争议解决、在线

---

① 陈荣宗、林庆苗:《民事诉讼法》(下),三民书局有限公司,2021,第170页。
② 吕太郎:《民事诉讼法》,元照出版有限公司,2021,第604页。

投诉等。①然而,面对愈来愈大的网络纠纷量,这种传统的争议解决机制已经无法满足各类网络行业产生的"在线纠纷,在线解决"的需求,逐步催生了网络仲裁等在线争议解决机制。

网络仲裁,或称互联网仲裁、电子仲裁、在线仲裁、线上仲裁、网上仲裁、智能仲裁等,"是利用互联网等网络技术资源提供仲裁服务的网上争议解决方法"②。仲裁程序的全部或者主要部分通过互联网进行,充分利用互联网技术、电子通信技术及其他计算机技术,智能完成仲裁申请与受理、答辩、仲裁庭组成、举证质证、仲裁庭审、仲裁裁决作出以及文件送达等环节,高效地解决平等主体之间的民商事纠纷。临时仲裁由于充分尊重当事人意思自治,若双方当事人协商一致采取线上方式适用临时仲裁,不仅可以进一步降低纠纷解决的成本,还能够提高仲裁效率。此次《仲裁法修订意见稿》第30条明确规定,仲裁程序可以通过网络方式进行,为互联网仲裁提供了法律依据。同时,通过对书面审理(第58条)、质证规则(第63条)的规定,为网络仲裁提供了制度支持。在网络临时仲裁中,网络临时仲裁的受案范围、网络临时仲裁的送达方式、网络临时仲裁的证据规则以及网络临时仲裁的审理方式等几个方面应受到格外重视。

(一)网络临时仲裁的受案范围

根据我国现行《仲裁法》第2条的规定,民事主体间发生的合同纠纷和其他财产权益纠纷,可以仲裁。从理论上来说,网络仲裁只是采用了互联网技术,其本质是利用互联网技术服务于仲裁发展,是仲裁领域的创新,而不是一种新型的仲裁模式,其仍属于仲裁的范畴,因此,所有符合一般临时仲裁受案范围的案件都有可能通过互联网进行仲裁。况且如前所述,互联网行业已经渗透到社会生活的各个方面,互联网仲裁的发展前景十分广泛,因此网络临时仲裁的受案范围应等同于一般临时仲裁的受案范围,例如,适用于网络购物合同纠纷、网络服务合同纠纷、金融借款合同纠纷、产品责任等网络纠纷。

但是,就目前而言,这种理想状态并不存在,适用网络仲裁的首要条件是互联网技术的支持。广州仲裁委是我国互联网仲裁领域的领头羊,其在国内率先推出自主开发的在线仲裁办案系统和律师网上服务平台,通过该平台,当事人及其代理人可以在互联网上完成立案、开庭、查询案件进度等

---

① 高薇:《互联网争议解决的制度分析——两种路径及其社会嵌入问题》,《中外法学》2014年第4期,第1060页。
② 参见《广州仲裁委员会网络仲裁规则》第2条。

各种工作,但由于各个地区经济发展不均,并非所有地方的仲裁庭都能满足实施互联网仲裁的条件。互联网技术这一客观限制使互联网仲裁的受案范围被限制在互联网技术所支持的范围内。

互联网临时仲裁面临的最大问题是对于证据的举证、质证、认证还不能完全实现在线全流程办案。对于交易全流程以电子商务方式在线实施的案件来说,其证据主要是以电子数据形式留存在服务器中,该类案件的举证、质证、认证方式通过当前的网络技术可以得到支持。因此,将互联网临时仲裁的受案范围限定在全流程在线交易类的案件是合理的。在目前技术尚不足以实现在线办案的地区,互联网临时仲裁的受案范围就应当有所限制,只能将那些适合在线办案的案件纳入互联网仲裁当中,而不能完全根据当事人的自由约定。当然,随着网络技术的发展,在不久的将来,在线举证、质证、认证等问题能够得到完全解决,将非涉网纠纷纳入互联网仲裁的受案范围也是合理的,那时候就应当尊重当事人的程序选择权,根据当事人的约定适用互联网仲裁程序。

另外,根据《南京仲裁委员会网络仲裁规则》第6条、《广州仲裁委员会网络仲裁规则》第6条的规定,当事人订立网络仲裁协议的,视为具备进行网络仲裁所必需的设备条件及技术能力,包括但不限于收发电子邮件、使用移动通信工具、参加网络视频庭审等。该规定认为只要当事人订立网络仲裁协议即可以视为当事人具备了参与网络仲裁的技术条件。事实上,从正当程序原则来看,不能仅因为双方当事人具有网络仲裁合意,就认为当事人符合进行网络仲裁的条件,因为当事人的程序选择不得超出客观条件允许的范围,这样才能保证当事人的实体利益。可以考虑在适用这样规则的同时,给予没有技术条件的当事人一定的技术援助,而不能让那些技术仍有限制、不适宜进行网络仲裁的案件适用互联网仲裁程序。

(二)网络临时仲裁的送达方式

在互联网仲裁中,有关仲裁的一切通知、文书、证据等材料,都可以通过电子送达方式向当事人送达。电子送达具有即时性的特点,可以大幅度缩短仲裁期限,克服传统仲裁审理期限较长的弊端。电子送达可以采用电子邮件、传真、短信、微信、QQ等即时收悉的特定系统作为送达媒介。对应系统显示的电子邮件、传真、短信等网络系统显示发送成功的日期为送达日期,但受送达人证明到达其系统的日期与发送系统显示发送成功的日期不一致的,以受送达人证明到达其特定系统的日期为准。

我国《民事诉讼法》第90条规定,经受送达人同意,法院可以采用电子送达的方式送达诉讼文书,电子送达方式与传统的送达方式具有同等的法律效力。电子送达是互联网仲裁的主要送达方式,当事人在申请仲裁或者答辩时应当向仲裁庭提供电子邮箱或号码并确认电子送达方式,在网络仲裁中适用电子送达须双方当事人事前约定或经受送达人事后同意。也就是说,电子送达的适用是有条件的,电子送达的有效性来源于当事人的约定或者同意。

《广州仲裁委员会网络仲裁规则》第11条规定了一种特殊情形的电子送达,在不能找到受送达人的电子送达地址或者号码的情况下,可以通过网络仲裁平台为受送达人生成电子邮箱,作为其电子送达地址。即使该仲裁规则规定只有在受送达人确认该电子邮箱,仲裁材料发送至受送达人确认的电子邮箱才视为送达,而未确认电子邮箱的则转为线下程序处理,不再适用该仲裁规则,但在当事人未约定或事后没有同意电子送达方式时,赋予仲裁庭强行适用电子送达方式的做法并不合理。网络仲裁在追求高效的同时,仍然应当充分尊重当事人的正当权益。在这种情况下,应当遵循互联网仲裁适用电子送达以当事人事前约定或事后同意为基础。当然,在不能适用电子送达的情形下,由于互联网只是作为仲裁程序的工具,可以在仲裁程序中灵活运用,此时可以直接根据案件需要将送达程序适用线下规定,按照常规送达方式送达。

(三)网络临时仲裁的证据规则

网络临时仲裁涉及两种证据提交方式,分别对应不同的证据类型而设置。以电子数据形态存在的证据的审查关键在于真实性判断问题,换言之即为电子数据的可靠性问题,此类证据大多体现为电子合同。

1.电子合同的效力判断

电子合同在现代商务活动中应用广泛,不论是在普通临时仲裁还是互联网临时仲裁中都存在许多以数据电文形式签订的合同。根据我国《民法典》相关规定可知,[①]合同有效的条件须满足:(1)当事人具有民事行为能力;(2)合同双方意思表示真实;(3)不违反法律或者社会的公共利益。然而,电子合同相较于普通合同具有一定的特殊性,尤其是在签订方式上会存在诸多影响效力认定的因素,通常会出现当事人行为能力认定、身份识别、自动电文、电子签署等问题。

---

① 《中华人民共和国民法典》第143条规定:"具备下列条件的民事法律行为有效:(一)行为人具有相应的民事行为能力;(二)意思表示真实;(三)不违背法律、行政法规的强制性规定,不违背公序良俗。"

(1)电子合同的书面形式

认定电子合同有效性的关键在于合同的书面形式与数据电文的关系。我国《民法典》第469条后两款规定,书面形式不限于纸质的、实物的形式,只要"能够有形地表现其所载内容"的形式均可以视为书面形式,但电子合同如何实现有形地表现其所载内容仍未明确。联合国国际贸易法委员会曾在《电子商务示范法》中规定了一种"功能等同法",该规则表明电子合同被认定为有效的前提为能够满足书面形式的功能需要。申言之,若法律硬性要求信息须采用书面形式,则只要相关数据所包含的信息是可以获取的,并且可用来进行事后引证,那么该数据电文就符合书面形式的要求。

鉴于此,电子合同若要具备证据的基本条件必须满足的条件有:可反复使用,与原来状况相同且可永久保存,可确定该数据电文的相关时间、地点等信息。当前,在区块链等互联网技术手段的支持下,电子合同所需的上述条件成为可能,其客观状态被准确封存于数据库中,这种记录形式完全契合书面形式的全部功能。区块链是一种记录技术,数据库内发生的所有动态过程都会按照时间顺序被验证、执行和记录,并被盖上"时间戳",形成不可篡改的数据库,随时提供查阅和验证。[1]作为一种分布形式特殊的数据库,区块链不仅完成提供信息储存和读取,而且具有极强的不可篡改性,任何人均可以架设服务器成为一个保存着整个数据库的新节点,这也为强化司法公信力作出了贡献。

从某种程度上说,区块链技术不仅能够证明电子合同签订的事实,而且排除了电子合同容易被伪造篡改、痕迹性弱的弊端,甚至比纸质合同更加安全可靠。《最高人民法院关于互联网法院审理案件若干问题的规定》(以下简称《互联网法院规定》)第11条在明确了区块链等技术手段存证的电子数据的审查和认定方式的同时,也首次肯定了通过区块链等技术手段存证的证明力。[2]《广州仲裁委员会网络仲裁规则》也明确了通过区块链等互联网技术所留存证据的证明力。在互联网临时仲裁中,对电子合同等电子证据的客观状态进行查证是不能避免的,不论是当事人合意选择还是仲裁员决定,选择参考互联网法院的电子合同认定方式,肯定区块链等技术手段的存证效果是对电子合同书面形式的认可。

---

[1] 郑戈:《区块链与未来法治》,《东方法学》2018年第3期,第76—77页。
[2] 《最高人民法院关于互联网法院审理案件若干问题的规定》第11条第2款规定,"当事人提交的电子证据,通过电子签名、可信时间戳、哈希值校验、区块链等证据收集、固定和防篡改的技术手段或者通过电子取证存证平台认证,能够证明其真实性的,互联网法院应当确认"。

(2)电子合同当事人的认定

首先,关于电子合同当事人行为能力的认定。相较于传统的交易方式,虚拟网络空间中的交易双方无法凭借直观感受判断交易相对方的年龄和精神状况,这就为交易双方通过虚假的个人信息隐藏真实身份提供了可能,让网络交易充满不确定性。根据中国互联网络信息中心(CNNIC)2020年底发布的统计数据显示,截至2020年6月份,我国网民人数已达到9.4亿,其中10岁以下网民占比3.5%,10—19岁网民占比14.8%。[①]可以说,作为无民事行为能力人或者限制民事行为能力人的未成年人非常容易参与网络交易活动。虽然一般而言在网络交易实名制的要求下,无民事行为能力人和限制民事行为能力人不可能用自己的身份参与到与自身行为能力不符的网络交易中,但如果法定代理人未尽到监护职责,则完全可能被无民事行为能力人或限制民事行为能力人利用法定代理人的身份或者其他完全民事行为能力人的身份签订电子合同,对方当事人往往也难以识别。因此,出于对交易相对人信赖利益的保护和网络交易安全的维护,可以赋予身份信息的实际所属者特定条件下的撤销权,若一定期限内身份信息实际所属者未追认也未做其他意思表示,则应当认定合同有效。

其次,关于电子合同签署方式的要求。电子合同的签署不仅是合同书面形式的基本要求之一,同时也事关当事人身份的认证。在传统合同中,当事人认可合同内容的签署方式为手写签名或者盖章或者二者均具备,但电子合同却不具备这样的识别条件。如何证明签署人对于数据电文所载信息进行认可,且认可结果不会在录入和传输过程中被篡改、删除则成为重中之重的问题。[②]我国在2004年颁布的《电子签名法》第3条明确了电子签名[③]的效力,承认所有"安全"的电子签名都具有与手写签名同等的法律效力,同时,该法第14条也将电子签名的生成和传达过程限定为"可靠"。换言之,只要在特定情况下保证数据电文的编制和传输过程能够达到适当和可靠的程度,尤其是在以当前国际上公认的成熟技术为依托的情况下,应当认可电子签名的法律效力。

---

① 参见第46次《中国互联网络发展状况统计报告》。
② 联合国国际贸易法委员会《电子商务示范法》规定:"法律规定需要签名的,如果数据信息符合以下条件,则符合签名要求:(1)使用了某种方法确定此人,并能说明此人已经同意该信息数据中的内容;(2)该方法是可信的,并且对生成或者传送该信息的目的是合适的。"
③ 《电子签名法》第2条规定:"本法所称电子签名,是指数据电文中以电子形式所含、所附用于识别签名人身份并表明签名人认可其中内容的数据。本法所称数据电文,是指以电子、光学、磁或者类似手段生成、发送、接收或者储存的信息。"该法第3条规定:"当事人约定使用电子签名、数据电文的文书,不得仅因为其采用电子签名、数据电文的形式而否定其法律效力。"该法第14条规定:"可靠的电子签名与手写签名或者盖章具有同等的法律效力。"

电子签名的标准主要有四:身份真实、意愿真实、合同内容未改以及签名未变。这些信息可以通过时间戳、区块链、身份认证技术和加密算法等技术手段进行确认。时间戳、区块链和加密算法等技术可以将合同原文与签名进行锁定,防止伪造、篡改、删除的情况发生。从实践操作来看,国内不乏为当事人提供第三方认证服务的电子合同服务商,而且这种电子合同的效力已经获得了多家仲裁机构和司法机关的认可。身份认证技术的主要实现方式是实名制认证,最常见的实名制认证方式为上传身份证照片,除此之外还有生物动态识别技术、银行卡绑定及验证等多种途径。但目前对于身份认证方式的立法规范还处于空白,司法实务中多依赖当事人间的信任和经验法则。

(3)电子合同的意思表示

电子合同在成立上,与一般法律行为一样必须具有当事人、意思表示与标的三个要素,三个要素缺一不可,否则法律行为无法成立和生效。就意思表示而言,传统合同中的意思表示理论包括意思表示的发出、到达、撤回与撤销以及意思表示的生效。电子合同中的意思表示同样也包括这些问题,但由于电子合同是通过并利用互联网而达成的双方意思表示,因而也存在其特殊性。

第一,意思表示的发出。意思表示的发出,是指表意人向意思表示受领人作出意思表示,完成一切为使意思表示生效所必需的行为。在意思表示不存在相对人时,表意人的意思表示一经做出便生效。在存在相对人时,则需要区分意思表示作出的形式,以对话形式作出的意思表示,在相对人知道其内容时生效(了解主义);以非对话方式作出的意思表示,需在该意思表示到达相对人时生效(到达主义)。

电子合同中的意思表示虽然是以数据电文为载体的电子化的意思表示,其同样存在着能否及时被相对人受领的问题,因此,也应当区分是以对话方式作出的还是以非对话方式作出的。例如,当事人通过数据电文发出要约的途径有电子数据交换(EDI)、电子邮件等,虽然要约到达相对人十分迅速,但由于收件人通常并非一直处于在线状态,无法立即得知表意人的意思表示并立即回答,因此,无法将之归类为传统民法概念的直接对话,而是属于非对话的意思表示。又如,买家发出提交订单的要约时,承诺由系统自动回复并成立,此种类型中承诺的意思表示具有即时性,应当属于以对话方式作出的意思表示。

第二,意思表示的到达与生效。如前所述,对于无相对人的意思表示,意思表示作出时即生效,因此不存在到达生效的问题,如以公告方式作出的意思表示,公告发布时生效。只有在有相对人的意思表示时,才有意思表示到达生效的问题。在以对话为形式的意思表示中,意思表示一经作出即可传达到对方,因此当相对人了解该意思表示时即生效;在非对话的意思表示中,意思表示到达相对人之时便可推定其已掌握了意思表示的内容。至于本人是否取得事实上的占有,则暂时不予考虑。因此,我国《民法典》第137条第2款将以非对话形式作出的并采用数据电文形式的意思表示,该数据电文进入指定的特定系统时即为到达,意思表示生效,即使收信人不知,在法律上仍然发生到达的效力。当邮件到达收信人所使用的邮件服务器之时,即使此时收信人可以随时收取,但也不能据此认为其负有随时检查的义务。电子信箱为收受信件设备的一种,其使用的方式应该符合日常生活经验与交易习惯,并不能期待受领人在正常工作时间之外,仍然有随时检查信件的义务。因此,是否应直接规定数据电文到达指定的特定系统意思表示即生效还值得进一步思考。

第三,意思表示的撤回与撤销。所谓意思表示的撤回,是指意思表示发出后尚未到达受领人之前,表意人将其撤回。只要撤回的通知先于意思表示到达或者与意思表示同时到达,该撤回就是有效的。在电子合同中,表意人是否可以撤回其意思表示要根据意思表示的形式进行确定。如果是对话的意思表示,一经发出而为相对人所了解,例如即时消息通信,因此不得撤回。对于非对话的意思表示,在互联网上几乎是作出便立即到达相对人,因此要想撤回的通知先于或同时与意思表示到达对方几乎不可能实现。但如果出现类似以下情形,即意思表示是以电子邮件传送,由于网络、系统故障等原因,电子邮件未能及时到达对方,那么便存在撤回的可能性,一般认为意思表示此时可以被撤回。

意思表示的撤销,指意思表示生效之后,表意人又向其发出通知以否认前一意思表示效力的行为。在电子交易合同中存在网络卡顿、误操作等情况,意思表示出错概率较普通的合同更高。我国《民法典》第477条明确规定以非对话方式作出的撤销要约的意思表示应该在受要约人作出承诺之前到达受要约人。此种规定并未考虑到电子合同中以数据电文为载体的意思表示到达十分迅速,表意人往往来不及在受要约人承诺之前撤销意思表示。因此,电子合同中意思表示的撤回与撤销与普通合同具有相当大的差异,在规则适用上应当作出区别。

2. 证据电子化处理的效力

证据电子化处理,也可以称为"电子化处理证据",即基于线上审理的需求将最初并非以电子数据生成和存在的证据,通过电子化处理而形成证据副本。当然,若一项证据不属于电子化证据也不能够进行电子化处理,那么则只能将对该证据的举证、质证、认证程序放在线下进行,因此该类证据应当具有能够被电子化处理的特性。需要进行电子化处理的证据一般为物证、书证,具体处理方式为借助相应机器使用扫描或者拍摄等手段将证据转化并上传至线上保存。

此类证据的认定方法在《互联网法院规定》第10条已有规定,如果互联网法院审核通过则该证据视为符合原件形式,此时对方当事人可以对该证据的真实性提出疑问并阐明理由,若理由合理则当事人必须提供原件。虽然线上程序能够让案件审理变得高效、便捷,但若此种形式会使该类证据的真实性存疑,为了保证对案件基本事实的尊重,必须舍弃对线上举证、质证、认证的选择。除此之外,还有相应规范采用了第三方认证等方式,例如《广州仲裁委员会网络仲裁规则》。应当注意的是,虽然采用第三方认证的方式也具备一定的合理性,但是需要确保该第三方在技术和法律领域都具有足够的权威性。

值得注意的是,网络临时仲裁的当事人不可避免地会有电子商务活动中的销售商与消费者,二者之间通常通过签订网络电子格式合同的方式订立买卖合同。该合同一般是在电子交易过程中,销售商为重复使用而预先拟定好的格式合同,并通过电子数据形式规定双方权利义务关系,消费者只有完全接受才可确立交易关系的一种电文化协议。我国《民法典》第496条第2款规定了提供格式合同一方对免责、减责条款应尽的提示与说明的义务,在其没有履行该义务而使合同相对方没有注意到相关条款时,对方可以主张该条款不成为合同的内容。双方对于争议解决方式的约定自然属于合同条款中具有重大利害关系的条款,提供格式条款的销售商应有义务提请对方注意。

在网络临时仲裁中,电子格式合同的有效性对临时仲裁条款的有效性具有一定的影响。关于网络临时仲裁规则约定有效性的判断,也应当遵循一般格式合同有效性的判断标准予以确认。在提供格式条款的对方当事人对网络临时仲裁的相关格式条款的效力不予接收时,该条款的效力自然应当被排除。若对方当事人接受了格式合同,也应具体问题具体分析。若提供格式条款的一方没有尽到提醒义务或对方当事人没有机会阅读、审视该条款,该网络临时仲裁条款也应被认定为不具备法律效力。如果当事人接受了格式合同,而且提供格式条款的一方也以显眼和醒目的方式给予了对方当事人足够的提醒,则可以认定对方当事人该网络临时仲裁条款表示接受。

此外还有两点需要注意:首先,若当事人在格式条款之外约定了网络临时仲裁条款,根据临时仲裁所体现的意思自治立法理念,该条款因更能反映当事人真实的意思表示而应当优先于格式条款并且应当视为对格式条款的变更;其次,临时仲裁条款具有独立性。根据我国《仲裁法》第19条确立的仲裁条款独立性原则,当格式合同本身的效力因显示公平等原因而发生变动时,临时仲裁条款的效力并不因此受到影响。

(四)网络临时仲裁庭的组成方式

在临时仲裁中,当事人可以对仲裁庭的组成方式和人数等自由约定,当事人既可以直接选定仲裁员,也可以约定选定仲裁员的方法或约定指定仲裁员的方式。但在实践中,也经常会出现当事人未能对仲裁庭的组成问题作出约定的情形。一般而言,在纠纷解决中,无论是诉讼还是仲裁,均有对独任制与合议制两种组庭方式的讨论。传统观点认为,在保障程序正当的方面,尤其是裁决者在面对复杂案件时,合议制会产生优于独任制的效果。由于仲裁是具有私权性质的争议解决方式,因此在传统仲裁理论中,为平衡双方当事人的利益,均以合议制为原则。我国现行《仲裁法》也是这样规定的,当事人普遍也更加信赖合议制,在约定临时仲裁协议的时候也更加倾向于选择合议制。但实际上,德国早期的民事案件多由独任法官操办,只在判决时由合议庭进行;并且,只要独任法官能够反复与当事人讨论案件,也可以像合议制那样达到对案件的客观化认识。[1]因此,传统观点实际上并不能对合议制及独任制的优劣作出正当的评价。

那么在互联网临时仲裁中,若当事人对于仲裁庭的组成方式没有约定,应当采取独任制还是合议制?我国民事诉讼法对独任制是限制适用的态度,只作为简易程序的配套适用。但是,临时仲裁本身就有提高效率和降低成本的价值考量,网络临时仲裁更加大了当事人对于这种价值的追求程度。因此,在网络临时仲裁中,可以考虑对独任制进行一定程度的开放。一种方案是参照《民事诉讼法》关于独任制的适用,对于一般的网络临时仲裁案件,在当事人对仲裁庭组成方式没有约定时,以合议制为原则,另外参考标的额大小、案件类型等因素对案件的复杂程度进行界定,作出适用独任制的例外规定。另一种方案是基于网络临时仲裁的价值追求,在网络临时仲裁案件中直接以适用独任制为原则,但是当事人也可以约定适用合议制。至于仲裁员的具体选任方式,前文已述,在此不再赘述。

---

[1] 段文波、高中浩:《德国独任法官制度改革与启示》,《西南政法大学学报》2016年第1期,第86页。

(五)网络临时仲裁的审理方式

仲裁的审理方式分为开庭审理和不开庭审理两种。在传统民事诉讼理论中,开庭审理充分贯彻了直接言词原则。相比于书面审理,开庭审理能够让双方当事人进行更加充分的辩论,与裁决者更深入的交流,在保障双方当事人辩论权的同时,也更利于查清案件事实。

一般而言,双方当事人在达成临时仲裁协议时,应当对审理方式进行明确的约定。申请人应在仲裁通知或仲裁申请书中明确双方当事人对审理方式的合意。我国现行《仲裁法》第39条明确规定,仲裁案件应以开庭审理为原则,只有当事人达成了不开庭的协议,才有可能采取书面审理的方式;《横琴自由贸易试验区临时仲裁规则》第33条也作出了同样的规定。

相反的是,《广州仲裁委员会网络仲裁规则》规定,以书面审理为主,以网络视频庭审、网上交流、电话会议等其他审理方式为辅。事实上,书面审理确实具有较弱的辩论性,无法充分保障当事人的程序性利益。尤其在互联网临时仲裁中,线上开庭审理对于当事人的辩论与交锋本身就有一定程度的削弱,更遑论书面审理。在纠纷解决中,即使效率成为最重要的价值,仍不能对公平造成损害。因此,书面审理在网络临时仲裁中的正当性是十分值得拷问的。我国在推进临时仲裁立法的过程中,即使是在网络临时仲裁中,仍应坚持现行《仲裁法》中所确立的以开庭审理为原则。只有双方当事人约定书面审理,才可以在尊重仲裁庭的裁决权和当事人意思自治的前提下进行书面审理。

第七章
临时仲裁裁决确认程序的建构

仲裁庭作出临时仲裁裁决后,临时仲裁裁决即发生法律效力,债务人自愿履行其义务的,仲裁当事人之间的纠纷便得到了化解。但是,在很多情况下,由于国际形势、商业环境和法治意识等主客观因素的影响,债务人极有可能拒绝履行其应当履行的义务。债权人又希望通过生效临时仲裁裁决实现债权清偿。此时,迎面而来的问题是,临时仲裁裁决究竟具有何种效力?临时仲裁裁决是否可以和我国现行法下的机构仲裁裁决相同,生效后自动具备执行力?债权人是否可以直接申请法院强制执行,强制债务人履行义务?

我国理论界一般认为,仲裁机构作出的仲裁裁决与生效民事判决具有同等的法律效力——既判力、执行力和形成力。这缘于我国对仲裁机构的特殊定位以及对仲裁事业发展的制度保障。但临时仲裁却与此相异,临时仲裁裁决仅仅依靠仲裁当事人自行选定的仲裁员通过约定的仲裁程序达成,天然无法与需要经过公共认证的作为公文书的执行名义相对应。在现行法律体制下,临时仲裁裁决面临缺乏司法强制力保障强制执行的尴尬境地。[1]解决这一问题的可靠方案则是在我国建构起独立的临时仲裁裁决确认程序,使临时仲裁裁决经过公共审查和公共认证。具体而言,双方当事人可以在临时仲裁裁决、调解书送达签收后一定期间内,申请法院对临时仲裁裁决进行审查,法院审查确认后临时仲裁裁决、调解书即产生执行力。债务人仍不履行义务的,债权人可以申请法院强制执行。但是,临时仲裁裁决确认程序要在我国《仲裁法》中建立,需要在理论与现实之间分析其必要性和可行性,并站在我国《仲裁法》修改、《民事强制执行法》立法的大背景下,明确临时仲裁裁决确认程序的逻辑构造,以使该项制度能够真正落地实行。

值得注意的是,《仲裁法修订意见稿》第93条规定:"专设仲裁庭仲裁的案件,裁决书经仲裁员签名生效。对裁决持不同意见的仲裁员,可以不在裁决书上签名;但应当出具本人签名的书面不同意见并送达当事人。不同意见不构成裁决书的一部分。仲裁庭应当将裁决书送达当事人,并将送达记录和裁决书原件在送达之日起三十日内提交仲裁地的中级人民法院备案。"这意味着临时仲裁裁决经过仲裁员签名就可以产生法律效力,只是仲裁庭需要将仲裁裁决书原件提交给仲裁地的中级法院进行备案。

但是,这一法律效力并不包括执行力,因为《仲裁法修订意见稿》第82条规定:"当事人应当履行裁决。一方当事人不履行的,对方当事人可以向有

---

[1] 陈磊:《临时仲裁程序僵局及其机构介入》,《新疆大学学报(哲学·人文社会科学版)》2020年第4期,第45页。

管辖权的中级人民法院申请执行。人民法院经审查认定执行该裁决不违背社会公共利益的,应当裁定确认执行;否则,裁定不予确认执行。裁定书应当送达当事人和仲裁机构。裁决被人民法院裁定不予确认执行的,当事人就该纠纷可以根据重新达成的仲裁协议申请仲裁,也可以向人民法院起诉。"《仲裁法修订起草说明》对该条的解释是:"一是依据审执分离原则,为解决撤销程序和不予执行程序对仲裁裁决重复审查和易造成结果冲突的问题,将撤销程序作为司法监督仲裁裁决的一般原则,删除了当事人在执行程序阶段提出不予执行审查的规定,同时赋予执行法院对裁决是否符合社会公共利益的主动审查权。二是统一了执行法院对国内和涉外案件的执行审查标准。"据此,无论是机构仲裁裁决,还是临时仲裁裁决,只要是国内仲裁裁决(包括涉外仲裁裁决与非涉外仲裁裁决),都应当在经过法院审查后确认不违背社会公共利益的,仲裁裁决才能够真正进入执行程序当中。这与我们主张的临时仲裁裁决确认程序虽然在理论逻辑上整体相似,但在具体的程序构造上仍有所差异。我们所主张的临时仲裁裁决确认程序是要法院先审查确认、再由债权人申请执行,《仲裁法修订意见稿》对仲裁裁决执行机制的改革则是先由债权人申请执行、再由法院审查确认。两种方案究竟谁更契合理论与实践,我们也将作一定思考。

一、我国建立临时仲裁裁决确认程序的必要性

(一)临时仲裁缺乏既有法律支撑引发执行困境

我国学界一般认为,"仲裁裁决确定之后具有与确定判决同样的效力,不仅具有与判决同样的形式上的约束力,也同样具有与确定判决所具有的实质上的约束力——既判力、形成力和执行力"[1]。其理论依据主要源于1995年《仲裁法》第62条的规定:"当事人应当履行裁决。一方当事人不履行的,另一方当事人可以依照《民事诉讼法》的有关规定向人民法院申请执行。受申请的人民法院应当执行。"但是,从严格意义上来说,这是我国1995年《仲裁法》对机构仲裁的规定,与临时仲裁无涉。因此,在我国现行法下,临时仲裁裁决的执行实际缺乏法律支撑。由于我国目前对临时仲裁的适用仅仅限于各自贸区内先行先试,并未在全国铺开,对临时仲裁裁决的执行问题也需要参酌自贸区拟定的程序规则。

---

[1] 张卫平:《民事诉讼法》,法律出版社,2019,第511页。

自最高人民法院在2016年发布《自贸区司法保障意见》从国家宏观政策的方向打破1995年《仲裁法》不承认临时仲裁的桎梏后,最高人民法院在2019年又相继发布《关于人民法院进一步为"一带一路"建设提供司法服务和保障的意见》《关于人民法院为中国(上海)自由贸易试验区临港新片区建设提供司法服务和保障的意见》,在2021年3月发布《关于人民法院为北京市国家服务业扩大开放综合示范区、中国(北京)自由贸易试验区建设提供司法服务和保障的意见》,进一步肯定我国自由贸易试验区内的临时仲裁模式,并强调"恪守国际公约义务,依照《承认及执行外国仲裁裁决公约》承认和执行外国仲裁裁决",为临时仲裁在我国的发展提供切实助力。但遗憾的是,无论是2016年的《自贸区司法保障意见》,还是2019年的《关于人民法院进一步为"一带一路"建设提供司法服务和保障的意见》《关于人民法院为中国(上海)自由贸易试验区临港新片区建设提供司法服务和保障的意见》,抑或2021年的《关于人民法院为北京市国家服务业扩大开放综合示范区、中国(北京)自由贸易试验区建设提供司法服务和保障的意见》,都只是笼统地规定自贸区内可以通过"三特定原则"适用临时仲裁,并未就临时仲裁裁决的执行等程序问题作出规定。可以说,在我国当下的政策适用中,临时仲裁基本只是一个概念意义上的产物,没有具体的制度适用规则。宏观政策的缺失,致使司法实务不得不探索具体规则回应这一现实问题。

2017年,珠海市横琴新区管委会和珠海仲裁委员会联合发布的《横琴自由贸易试验区临时仲裁规则》实际上也没有直接规定临时仲裁裁决的执行问题,而是通过规定临时仲裁裁决、调解书的转化机制,与现行《仲裁法》《民事诉讼法》进行衔接,赋予临时仲裁裁决与机构仲裁裁决相同的效力。《横琴自由贸易试验区临时仲裁规则》第47条规定:"(一)裁决书或调解书作出后,一方当事人可以自裁决书或调解书送达最后一名当事人之日起两年内请求珠海仲裁委员会确认裁决书或调解书,并由该当事人预交相应费用……(四)珠海仲裁委员会确认后,该临时仲裁视为机构仲裁。"

从我国首部临时仲裁规则观察,其并没有直接赋予临时仲裁裁决以执行力,而是通过仲裁机构介入,在仲裁委员会确认临时仲裁裁决后,将临时仲裁转化为机构仲裁。这一程序设计的目的是在临时仲裁未得到立法层面认可的情形下,通过将临时仲裁转化为机构裁决间接确保临时仲裁裁决的有效性,进而增强当事人对临时仲裁解决纠纷的信心。[1]但是,从规范层

---

[1] 陈磊:《适用〈横琴自由贸易试验区临时仲裁规则〉进行临时仲裁的现实困境及本土化推进》,《法治论坛》2020年第4期,第308页。

级上来讲,《横琴自由贸易试验区临时仲裁规则》效力较低,亦未在全国普及,并不能为全国范围内临时仲裁裁决的执行提供合法依据,不可避免地面临合法性质疑。并且,"该规则将珠海仲裁委员会作为保障仲裁程序推进的最终机构,浓厚的地方化色彩使其缺乏普适性,难以被其他自贸区企业选用"①。但是,《横琴自由贸易试验区临时仲裁规则》仍旧为临时仲裁裁决的执行提供了一条整体较为可行的规则路径,即先确认再执行。《仲裁法》在修改时有必要吸取这一有益经验,在法律上确立临时仲裁裁决确认程序,彻底解决临时仲裁裁决的执行问题。

(二)私法自治下的临时仲裁裁决缺乏公共认证

根据我国民事诉讼法的规定,民事执行依据主要包括人民法院制作的、已经发生法律效力的民事判决书、裁定书、调解书、支付令和决定书,仲裁机关制作的、已经发生法律效力并有执行内容的仲裁裁决和调解书,等等。从规范层面上来说,临时仲裁裁决并非仲裁机关制作的仲裁裁决,无法涵盖在现行法下的执行名义当中。这也从侧面反映《横琴自由贸易试验区临时仲裁规则》第47条确立的转化机制实属现行法下的无奈之举。除了现行法的困缚之外,从理论上来说,具有给付内容的临时仲裁裁决本身也并不具有执行力,无法与民事判决书、裁定书、调解书等执行依据等同。

理论上,"执行力属于执行名义所具有的通用效力,是通过强制执行来实现生效法律文书所确定内容的效力"②。强制执行作为以强制方式来实现或保全私人债权的国家程序,乃是国家使用公权力的行为。③也就是说,执行力是来源于国家的强制实施力量,是"国家为了实现公力救济而赋予裁判或其他特定法律文书的一种强制性效力,是国家强制权力的体现"④。"毕竟执行力是以国家强制作为后盾的,没有公权力加持,不能作为执行名义。"⑤进一步而言,执行力实际上是具有给付内容的公文书或可视为公文书的生效法律文书所具有的一种法律效力。如果生效法律文书不是公文书,就需要经过公法层面的认证转化为公文书,否则并不满足执行名义的形式要件。根据《仲裁法修订意见稿》第93条的规定,临时仲裁裁决经过仲裁员签名生效。那么,生效的临时仲裁裁决是否满足公文书的要求呢?答案显然是否定的。

---

① 汤霞:《临时仲裁制度在我国自贸区适用的困境与纾解》,《国际经济法学刊》2020年第4期,第50页。
② 肖建国、刘文勇:《论执行力主观范围的扩张及其正当性基础》,《法学论坛》2016年第4期,第17页。
③ [德]奥拉夫·穆托斯特:《德国强制执行法》,马强伟译,中国法制出版社,2019,第3页。
④ 李科:《论执行和解协议之执行力》,《政治与法律》2008年第11期,第152页。
⑤ 肖建国:《强制执行形式化原则的制度效应》,《华东政法大学学报》2021年第2期,第26页。

在我国,公文书指的是国家机关或者其他依法具有社会管理职能的组织在其职责范围内制作的文书。临时仲裁裁决则是由仲裁双方当事人自行选定的仲裁员组成的仲裁庭按照双方当事人约定的程序事项制作。仲裁当事人可以对仲裁员的国籍、专业知识、仲裁经验、司法经验、语言等各种因素自由约定,并不需要在仲裁委员会或者其他公权力机关或法律授权之人选任、培训的仲裁员名册中选择临时仲裁的仲裁员。我国亦未建立完备的仲裁员选任制度。在临时仲裁模式下,仲裁员并未完全经过国家认证,仲裁庭亦无法担负起公众审查或者公权力判断的责任。临时仲裁裁决仅仅是仲裁双方当事人在第三方(仲裁庭)主持下达成的合同契约,并不具有公众审查或公权力判断的属性。仲裁员或仲裁庭不属于国家机关或其他依法具有社会管理职能的组织,其所作出的仲裁裁决也就不具有任何官方色彩,仲裁裁决不属于公文书,仲裁裁决无法直接产生执行力。[1]临时仲裁裁决要具有执行力,临时仲裁裁决确定的权利义务内容就必须获得公众审查或公权力判断确认。如此一来,借由法院展开的临时仲裁裁决确认程序的建立就具有了理论和现实的必要。

值得注意的是,机构仲裁裁决为什么会具有执行力?其中既有立法不明确的因素,也有理论误识的原因。由于我国现行《仲裁法》第62条规定:"当事人应当履行裁决。一方当事人不履行的,另一方当事人可以依照《民事诉讼法》的有关规定向人民法院申请执行。受申请的人民法院应当执行。"据此,我国学界通常认为机构仲裁裁决就是执行名义。然而,学界新近观点认为,仲裁裁决本身并不具有执行力,只有被法院裁定执行的仲裁裁决,才能作为执行名义,执行名义只能是公文书,"要使仲裁裁决产生执行力,必须由法院作前置性审查,转化为公文书才有可能",仲裁裁决要"获得执行力必须有一个被人民法院确认的环节",法院对仲裁裁决的审查确认是运用和行使审判权的过程,仲裁裁决非经法院实质性审查判断赋予其执行力,不得执行。[2]至于机构仲裁裁决能够满足执行名义的公文书要求则是因为,在过去,我国仲裁法对仲裁机构的性质定位及其治理结构规定不明确,导致仲裁"行政化"色彩严重,[3]在这一阶段,将机构仲裁裁决"视为公文书"也就没有什么问题。然而,《仲裁法修订意见稿》第13条规定:"仲裁机构是依照本法设立,为解决合同纠纷和其他财产权益纠纷提供公益性

---

[1] 肖建国:《强制执行形式化原则的制度效应》,《华东政法大学学报》2021年第2期,第26页。

[2] 张卫平:《现行仲裁执行司法监督制度结构的反思与调整——兼论仲裁裁决不予执行制度》,《现代法学》2020年第1期,第124—127页;肖建国:《强制执行形式化原则的制度效应》,《华东政法大学学报》2021年第2期,第26—29页。

[3] 姜丽丽:《论我国仲裁机构的法律属性及其改革方向》,《比较法研究》2019年第3期,第143页。

服务的非营利法人,包括仲裁委员会和其他开展仲裁业务的专门组织。仲裁机构经登记取得法人资格。"这意味着我国仲裁机构已经开始向民间性改革,仲裁机构是公益性非营利法人。蜕变为民间性的机构仲裁裁决将无法满足执行名义的公文书要求,这也许就是《仲裁法修订意见稿》第82条要求仲裁裁决经过法院审查认定才能执行的一大原因。

二、我国建立临时仲裁裁决确认程序的可行性

(一)临时仲裁裁决须获认可才能进入执行程序是国际通行做法

由于西班牙仅认可临时仲裁,不认可机构仲裁的合法性,[1]我们选择较有代表性的西班牙对临时仲裁裁决的执行问题进行剖析。在西班牙,对仲裁裁决的执行不仅取决于仲裁裁决的性质,还取决于仲裁裁决是否在西班牙作出。在西班牙国内作出的仲裁裁决是具有终局性、法律约束力以及强制执行效力的仲裁裁决。西班牙仲裁裁决可在与法院判决相同条件的基础上,直接依照《西班牙民事诉讼法》的有关规定对仲裁裁决所载债权进行执行。执行机构是作出仲裁裁决或者仲裁决定的仲裁地初审法院或仲裁机构。[2]因此,对于请求法院强制执行的申请人来说,只需要依照《西班牙民事诉讼法》第517条以及其后各条规定的债权人请求法院对其执行标的进行执行的规则、制度展开即可。囿于法治体系的差异,西班牙国内仲裁裁决的执行与大陆法系下执行力赋予的正当性基础并不相同,对我国的借鉴意义并不明显。但是,西班牙对国外临时仲裁裁决的执行机制却能够为我们提供有益参考。

1.确认与执行:分离抑或合并?

在西班牙,国外临时仲裁裁决指的是在西班牙境外制作的临时仲裁裁决。但实际上,西班牙的仲裁从业人员在请求法院执行国外仲裁裁决时并不清楚法院的"确认"规则与"执行"规则如何发生作用,同时也并不清楚是否应由同一机构处理国外仲裁裁决的确认与执行问题。在西班牙,有学者认为初审法院可在同一程序中就确认与执行国外仲裁裁决作出决定。但

---

[1] 张建:《中国自贸区临时仲裁规则的法律构建》,《石河子大学学报(哲学社会科学版)》2017年第5期,第68页。

[2] Alfonso López-Ibor, "Arbitration Procedures and Practice in Spain: overview," https://uk.practicallaw.thomsonreuters.com/w-013-3979? navId=9132A17D6ABB92D6B7B1F82840AD9BF6&comp=pluk&transitionType=Default&contextData=%28sc.Default%29,最后访问日期:2021年11月30日。

有相反观点认为,由于确认与执行程序存在不同的理论基础,因而对国外仲裁裁决的确认与执行应当划分为两个不同的程序。[1]因而,有必要对西班牙国外临时仲裁裁决的确认与执行是否应由同一机关适用同一程序进行挖掘,在历史抉择的背后发现其深层的社会因素,从而为我国《仲裁法》修改提供可供参考的规则选择机制与法律论证机制。

西班牙在2000年对其民事诉讼法作了全面修改,并取代了自1881年起开始实施的《西班牙民事诉讼法》的大部分规定,但1881年《西班牙民事诉讼法》中确认与执行国外仲裁裁决等部分条款仍然保留了下来,并继续行之有效。[2]其中最典型的是《西班牙仲裁法》第8条第4款的规定:"为执行国外仲裁裁决,根据《西班牙民事诉讼法》第545.2条,并在适当情况下参酌1881年《民事诉讼法》第958条的规定,作出仲裁裁决的地方初审法院具有管辖权。"但仍有学者认为,这一条款涉及的是已经过时的规则制度,不应成为西班牙法院执行国外仲裁裁决的权力依据。[3]但这仍是西班牙民事诉讼法学界的观点,并未从西班牙法律上使该条款失去效力。也就是说,在西班牙,在确认与执行国外临时仲裁裁决时仍然需要依照《西班牙民事诉讼法》《西班牙仲裁法》以及1881年《西班牙民事诉讼法》的相关规定进行。但事实上,《西班牙民事诉讼法》针对国外仲裁裁决的确认与执行的规则设计仍然存在不足。例如,《西班牙民事诉讼法》第545.2条规定,作出仲裁裁决的法院将是执行仲裁裁决的法院。但这一条款假设的是作出仲裁裁决的同一法院可以执行仲裁裁决,因此,这一条款事实上只是确定了西班牙国内仲裁裁决确认与执行的主管机关,[4]并不适用于国外临时仲裁裁决的确认与执行。

在西班牙,国外临时仲裁裁决的效力须受一项在传统上被称为"许可"(exequatur)的法院裁决的制约。只有西班牙法院作出了"许可"裁决,国外临时仲裁裁决才可得到西班牙的正式认可,西班牙法院才能够对该临时仲裁裁决予以执行。根据1881年《西班牙民事诉讼法》第958条的规定,如果国外临时仲裁裁决不被法院确认,执行仲裁裁决的权利将返还给债权人。

---

[1] Article 46 LA 296 (Hinojosa Segovia ed., 2008).

[2] Spanish Code of Civil Procedure 8 January 2000 (Ley 1/2000, de 7 enero que aprueba la ley de enjuiciamiento civil.

[3] Alfonso Espada Méndez, "Articuloo. Tribunales competents para las funciones de apoyo y control del arbitraje," Comentarios a La Ley Arbitraje de, 2003, pp. 73-79.

[4] Werner Jahnel, Eva Vázquez Pozón, "Specifie Issues Regarding the Recognition and Enforcement of Foreign Arbitral Awards in Spain: Can Arbitrators Still Use Registered Letters with Acknowledgment of Receipt?" 2009, p. 441.

对于"确认"国外临时仲裁裁决的主管机关,2003年《西班牙仲裁法》在起草时,就有立法者认为,如果国外临时仲裁裁决得到"许可",确认国外临时仲裁裁决的主管机关应当是西班牙最高法院。西班牙最高法院确认该仲裁裁决后,应将此国外临时仲裁裁决通过西班牙高等法院送交地方初审法院予以强制执行。如此一来,对国外仲裁裁决的确认与执行是两种完全不同的程序规则。因而,在《西班牙仲裁法》起草时这一见解就已经备受争议。反对的学者认为,对国外仲裁裁决的确认与执行进行"分而治之"不仅会严重浪费司法资源,还会提升当事人的诉讼成本与负担。

根据2003年修改后的《西班牙民事诉讼法》第955条的规定,在不与《纽约公约》等国际条约以及西班牙加入的其他国际规范的规定相冲突的情况下,就确认与执行判决或者国外仲裁裁决的请求,作出裁决的主管法院应是被要求确认与执行的当事人的住所或居所所在地的初审法院,或者决定对其具有效力的人的住所或居所所在地的初审法院。此外,领土管辖权将由执行地点或者这些裁判产生法律效力的地方决定。①根据前述规定,如果临时仲裁裁决在西班牙国内作出,前述法院将不具有管辖权。但《西班牙民事诉讼法》《西班牙仲裁法》并没有明确阐明国外临时仲裁裁决确认与强制执行的法院权限规则。

明确西班牙法院这一权限规则的是西班牙奥维耶多省法院在2005年3月31日作出的一项决定。在西班牙奥维耶多省法院的这项决定里,法庭通过适用2000年《西班牙民事诉讼法》第545.3条认为其有权对国外仲裁裁决进行确认与执行。然而,这一条款是确定法院可以执行除判决、国内仲裁裁决或者2000年《西班牙民事诉讼法》第545.1条和第545.2条所述裁判以外的规定。②因而很容易想象的是这样一个问题:一家在马德里设有注册办事处的西班牙公司在西班牙境外进行的临时仲裁失败,国外(胜诉)方请求在西班牙强制执行该仲裁裁决。根据1881年《西班牙民事诉讼法》第955条的规定,当事人必须向马德里一审法庭提出确认和强制执行请求,只有被请求执行人在西班牙没有住所的情况下,才能在被请求执行人的资产所在地提出强制执行请求。相反,根据2000年《西班牙民事诉讼法》第545.3条的规定,寻求执行的一方可选择在败诉方的住所或败诉方的资产所在地提出强制执行请求。因此,西班牙奥维耶多省法院的这项决定清晰地表明了寻求有效执行的一方当事人所面临的不确定性,同时也很清楚地提供了一个需要澄清法院确认与执行国外仲裁裁决的管辖权规则的

---

① Article 955 LEC 1881.

② Audiencia Provincial of Oviedo (Sección Sa), núm 29, 31 March 2005.

例子。如今,国外临时仲裁裁决的确认与执行程序皆属于西班牙地方初审法院的职权范围,并且主要是在被请求执行的当事人有注册办事处的地方。1881年《西班牙民事诉讼法》第955条分别规定确认程序与执行程序,其立法意图是通过规定各自单一的程序以实现权力分离。

2.确认与执行的理由

根据《西班牙仲裁法》第46条的规定,在不与《纽约公约》或其他优先适用的国际条约相抵触的情况下,1881年《西班牙民事诉讼法》第951—958条的规定(适用于外国判决的执行)同样适用于国外临时仲裁裁决的确认与执行。也就是说,在对国外临时仲裁裁决进行确认时,利害关系方可以同时请求强制执行国外临时仲裁裁决。事实上,对于国外临时仲裁裁决的强制执行程序本身而言(双方本质上具有一定的对抗性),其与执行西班牙法院判决的程序规则在很大程度上是相似的,对非西班牙从业人员而言并没有任何特殊保护利益。因此,西班牙毫无保留地批准的《纽约公约》是西班牙确认和执行国外仲裁裁决制度的基石。在《纽约公约》的适用范围内,严格意义上的强制执行规则只有在不违反《纽约公约》的相关规定的情况下才可予以适用。

西班牙一贯对确认国外仲裁裁决持积极态度,仲裁前的"许可"亦逐步产生了一项公认的原则,即争议的是非曲直并不需要在强制执行程序中进行审查。也就是说,强制执行程序的范围应当严格限制在法院审查国外临时仲裁裁决是否符合《纽约公约》所规定的相关内容。因此,西班牙法院将专门关注是否存在临时仲裁裁决,双方当事人之间的临时仲裁协议(《纽约公约》第4条)是否合法、有效,并着重考虑拒绝确认国外临时仲裁裁决的具体理由,同时细致审议被申请人之请求所依据的具体理由(《纽约公约》第5条)。[①]基于此,在西班牙能够得到确认的国外临时仲裁裁决的理由主要见于《西班牙仲裁法》第46条以及《西班牙国际合作法》第52—55条的相关规定,而拒绝确认国外临时仲裁裁决的最常见的理由则主要是出自《纽约公约》所规定的相关理由。

3.强制执行请求

国外临时仲裁裁决的确认与强制执行程序需要西班牙法院应执行申请人的申请而启动,即需要由执行申请人向有关法院(Tribunal Superior de Justicia)提出确认与强制执行请求后,法院方可展开强制执行程序。如果初审法院裁定国外临时仲裁裁决不属于驳回理由的,将对该仲裁裁决予以

---

① Joe Tirado, *International Arbitration* (London: Global Legal Group, 2017), p. 280.

确认。同时,法院的裁决具有终局性,亦是一审法官(地方法官)启动强制执行程序的开始。[1]值得注意的是,执行申请人的强制执行请求必须在仲裁裁决成为生效裁决后的5年内提出。债权人逾期提出的,对方当事人可向法院提出异议以阻止执行。同时,债权人的强制执行请求必须附有法院"许可"裁定。依照《西班牙民事诉讼法》《西班牙仲裁法》的规定,西班牙对债权人的强制执行请求亦有所限制。换言之,债权人的强制执行请求必须表明下列事项:(1)请求法院予以强制执行的财产所有权归属状态;(2)需要予以强制执行的财产的价值;(3)执行申请人是否知道被申请执行人的资产,以及在执行申请人认为被申请执行人资产不足以满足其请求时可以附加的被申请执行人的资产;(4)如有必要,执行申请人可以要求执行机关采取强制执行措施以查找被申请执行人的资产;(5)债权人应对执行人员明确表示其各项具体请求。[2]对于被申请执行人来说,其反对法院启动强制执行程序的唯一方法是向法院提交"反对意见书"。根据法律规定,这种反对的理由包括:执行申请人请求法院予以强制执行的事项事实上已经被债务人履行完毕;5年时效期限届满后执行申请人才申请法院强制执行;双方当事人均同意放弃强制执行临时仲裁裁决所载之债权。

同时,对于法院的强制执行行为与法院强制执行的最后决定,当事人均不能对此提起上诉。[3]与此不同的是,在阿根廷、巴西、哥伦比亚等国,当事人在特定情况下可以对法院是否确认国外临时仲裁裁决的决定提起上诉。例如在阿根廷,在确认国外临时仲裁裁决的决定作出前,当事人可以向上诉法院提出异议;在巴西,当事人可以对是否确认国外临时仲裁裁决的法院命令提起上诉,但前提是另一方当事人对该项确认没有提出异议;在哥伦比亚,虽然其仲裁法明确排除可以对确认外国仲裁裁决的决定提起上诉,但如果当事方的宪法权利受到侵犯的,法院决定亦有可能会面临宪法权利主张(acción de tutela)的问题。[4]

4.债权人请求强制执行的,应当提交相关证据

在债权人就国外临时仲裁裁决向法院提出确认与强制执行请求时,必

---

[1] Alfonso López-Ibor, "Arbitration Procedures and Practice in Spain: Overview," https://uk.practicallaw.thomsonreuters.com/w-013-3979? navId=9132A17D6ABB92D6B7B1F82840AD9BF6&comp=pluk&transitionType=Default&contextData=%28sc.Default%29,最后访问日期:2021年12月1日。

[2] Article 549 LEC 2000.

[3] Article 956 LEC 1881.

[4] 乌利亚律师事务所拉丁美洲网络:《国际仲裁指南:拉丁美洲概述》,https://www.uria.com/documentos/areasgeograficas/2/documento/5130/latam_Int_Arbitration_CH.pdf? id=5130,最后访问日期:2021年11月18日。

须向法院提交经正式认证的国外临时仲裁裁决的原件,临时仲裁协议原件(如果没有原件,须有经正式认证的副本),代理人的委托书以及正式的西班牙语翻译人员名单。但根据《纽约公约》第4条的规定,申请确认和执行国外仲裁裁决的当事方在提出申请时,应当提供的是"经正式认证的仲裁裁决原件"或者"经正式认证的仲裁裁决副本",但并未指明哪项法律应适用于临时仲裁裁决是"经正式认证的"还是"经适当认证的"。依据西班牙仲裁法的规定,临时仲裁裁决应以书面形式作出,并应由仲裁员本人签名。同时,根据《西班牙仲裁法》第37条的规定,如果临时仲裁裁决的内容以及仲裁员本人签名均被记录下来,并以电子、光学或其他形式进行确定的,也应当将其视为书面仲裁裁决。另外,临时仲裁裁决还必须包括仲裁员作出仲裁裁决的理由、仲裁日期和地点以及仲裁费用等。需要明确的是,临时仲裁裁决不再需要进行公证,除非一方当事人自费,明确要求仲裁员在临时仲裁裁决送达之前对临时仲裁裁决进行公证。①

《纽约公约》第4条第2款规定,如果仲裁裁决不是以仲裁裁决所依赖的国家的官方语言作出的,请求确认与执行仲裁裁决的当事方应当提供该仲裁裁决的译文。同时,译文必须由一名官方工作人员或者一名宣誓过的翻译人员或者一名外交或领事代理人对其加以证明。1881年《西班牙民事诉讼法》第956条亦规定,可予以强制执行的国外临时仲裁裁决必须依法翻译成西班牙文,遗憾的是第956条没有提到仲裁裁决译文是否需要认证的问题。但根据《西班牙民事诉讼法》的一般规则,实际上只需要当事人提交私人翻译。但如果对方当事人认为译文不准确,并提供了其认为译文不准确的理由,则对方当事人可以在5日内对译文提出质疑。②如果发生了这种质疑,则执行申请人必须向法院提交经正式认证的国外临时仲裁决译文。倘使最终的正式翻译与前者基本相同,则质疑方必须承担正式翻译的相关费用。

5. 确认与执行已在原籍国撤销的国外临时仲裁裁决

参酌《纽约公约》第5条第1款(E)项的规定,西班牙并不会普遍确认在原籍国撤销的国外临时仲裁裁决,因而西班牙立法者要求待决的强制执行程序,在国外临时仲裁裁决被撤销后应当立即终止。因此,如果国外临时仲裁裁决在债权人提出强制执行请求之前已被废止的,合理的假设是法

---

① Werner Jahnel, Eva Vázquez Pozón, "Specifie Issues Regarding the Recognition and Enforcement of Foreign Arbitral Awards in Spain: Can Arbitrators Still Use Registered Letters with Acknowledgment of Receipt?" 2009, p. 448.

② Article 144 LEC 2000.

院应当对该仲裁裁决拒绝确认与执行。然而,由于西班牙仲裁法并未对此种情形进行明确规定。同时,对《纽约公约》进行严格的文义解释,亦可以发现《纽约公约》实际上规定的是可以拒绝确认和执行国外仲裁裁决。因此,在适当情况下仍应给予西班牙法官一定程度的"酌处权",以执行已被原籍国撤销的国外临时仲裁裁决。不可否认的是,这种做法其实也是符合《欧洲国际商事仲裁公约》的相关规定的。在适用《欧洲国际商事仲裁公约》的情况下,如果仲裁裁决仅根据第9条所列的有限理由被撤销,执行法官可以对之拒绝确认和执行。[1]因此,与国内临时仲裁裁决不同的是,在原籍国已被撤销的国外临时仲裁裁决,并不会当然导致西班牙拒绝确认与执行。简单地说,国外临时仲裁裁决如因下列原因而在原籍国被废止,该临时仲裁裁决仍可在西班牙得到确认与执行:(1)临时仲裁协议无效;(2)临时仲裁程序违反正当程序要求;(3)临时仲裁庭之仲裁员权力过大;(4)仲裁员在仲裁程序中存在违规行为。

6. 在仲裁地诉讼撤销国外临时仲裁裁决前,确认和执行国外临时仲裁裁决

根据《纽约公约》的规定,如果当事人在原籍国提出了撤销仲裁裁决诉讼申请,法院可对该仲裁裁决拒绝确认与执行。然而在西班牙,法院原则上不能以此为由拒绝确认与执行国外临时仲裁裁决。首先,关于在撤销诉讼终结前是否应当中止执行国外临时仲裁裁决所载执行债权的问题。根据《纽约公约》第6条的规定,执行法官有权决定是否中止执行国外临时仲裁裁决的强制执行程序。也就是说,东道国法院有充分的自由裁量权来决定这一问题,反对强制执行的一方无须提出任何请求与理由,简言之,法官可以依职权作出决定。但与之相反的是,根据《西班牙仲裁法》第45.1条的规定,反对执行的一方可以要求有管辖权的法院中止执行国外临时仲裁裁决的强制执行程序。但是,被请求方必须提供相当于临时仲裁裁决金额的担保以及延迟执行国外临时仲裁裁决可能导致的任何损害赔偿。换言之,根据该条规定,执行法官在听取请求强制执行的一方当事人的意见后,只决定是否中止执行的安全问题,而不决定确认与执行本身的问题。通过文义解释的逻辑思考,如果被请求执行的一方当事人支付了执行法官认为适当的金额,法官则必须中止执行,法官对此并没有适用自由裁量权的余地。

---

[1] Lew Julian D.M., Mistelis Loukas A. and Kröll Stefan, *Comparative International Commercial Arbitration* (New York: Kluwer Law International, 2003), pp. 103-105.

也就意味着一旦被异议方提交足够的担保款项,诉讼将自动中止。[1]也就是说,在这种情况下,只有在撤销诉讼中止后才能够恢复仲裁裁决的强制执行程序。实际上,在西班牙境外中止执行还是恢复执行仲裁裁决的决定,往往取决于强制执行的强度以及国外强制执行程序的时间长短,同时还取决于法官的自由裁量权的适用。[2]相较而言,《纽约公约》的规定更符合理论逻辑,并且对双方当事人更为有利。要言之,法院可酌情中止诉讼程序。即使反对强制执行的当事人愿意支付相应的保证金,如果法院认为在国外撤销诉讼的理由不充分或者持续时间太长,也并不会妨碍西班牙法院根据《纽约公约》对国外临时仲裁裁决进行确认和执行。

(二)由法院对临时仲裁裁决进行审查符合我国司法现实

传统理论认为,执行力专属于享有执行权的法院,生效法律文书要"获得执行力必须有一个被人民法院确认的环节"[3]。但实际上,执行力是执行名义应有之义或本质特征。[4]执行名义除须具备给付内容可能、适法、确定等实质要件外,在形式要件上,只需是公文书或可被视为公文书的生效法律文书。因此,只要具有给付内容的生效法律文书可以被视为公文书,并满足执行名义的实质要件,就可能成为执行名义(执行名义法定)。由是观之,生效法律文书要具有执行力,并不一定要经由法院确认,只需要国家机关或者其他依法具有社会管理职能的组织依职权确认即可,垄断执行权的法院并不垄断执行力。

如此一来,临时仲裁裁决确认程序的"管辖主体"并不一定是法院。仲裁机构同样具有此种功能(至少在《仲裁法》修改前如此)。据此,有人认为可以由仲裁机构对临时仲裁裁决进行审查确认。其理由主要在于:首先,我国各类仲裁委员会是经由国家认证后具备解纷职能的组织,由仲裁委员会对临时仲裁裁决确定的权利、义务进行审查满足执行力赋予的正当性基础。虽然也有学者主张剥离仲裁委员会的"行政化"性质,但至少在目前,这一观点还未被立法者接纳。其次,从仲裁与司法的关系上来说,法院的作用在于对仲裁进行必要协助和正确监督,司法强权不应该成为临时仲裁

---

[1] Alfonso Espada Méndez, "Articuloo. Tribunales competents para las funciones de apoyo y control del arbitraje," Comentarios a La Ley Arbitraje de, 2003, pp. 73-79.

[2] Soleh Boneh, International Ltd. v. The Government of the Republic of Uganda (1993) 2 Lloyd's Rep. 208.

[3] 张卫平:《现行仲裁执行司法监督制度结构的反思与调整——兼论仲裁裁决不予执行制度》,《现代法学》2020年第1期,第124页。

[4] 肖建国主编《民事执行法》,中国人民大学出版社,2014,第114页;谭秋桂:《民事执行法学》,北京大学出版社,2015,第78页。

制度发展的绊脚石。仲裁委员会介入临时仲裁,相较于法院直接介入临时仲裁,能够尽可能保障仲裁的独立性,避免临时仲裁遭受司法裹挟,推动临时仲裁制度发展。最后,从客观层面讲,仲裁委员会对仲裁事业的发展更为熟悉,便于具体实践作业。

不过,由仲裁委员会对临时仲裁进行审查确认,将导致临时仲裁与机构仲裁"含混不清",模糊临时仲裁的制度价值。首当其冲的是,借由仲裁委员会确认将折损当事人对临时仲裁的信赖。如果临时仲裁裁决的执行还需要仲裁委员会单独"把关"的话,临时仲裁的公信力就可能远不如机构仲裁。因为机构仲裁裁决并不需要单独确认(在立法者接受机构仲裁裁决亦无执行力之前),债权人可以直接申请强制执行,长此以往,将大大降低当事人适用临时仲裁解决纠纷的积极性。如果需要通过仲裁委员会确认临时仲裁裁决,临时仲裁与机构仲裁的界限也并不明朗。最为明显的问题是,仲裁委员会审查确认后,执行依据是临时仲裁裁决,还是仲裁委员会的审查确认文书,抑或二者共为,甚至如《横琴自由贸易试验区临时仲裁规则》一般,直接将临时仲裁裁决转化为机构仲裁裁决。并且,所谓司法裹挟仲裁,实际上是对我国司法制度的误解。即使在当下,我国司法制度已在向好发展。从对仲裁事业的发展保障角度而言,司法亦不落后于仲裁机构。无论是对仲裁裁决的撤销,还是对涉外仲裁裁决的审查确认,法院都发挥着举足轻重的作用。因此,由法院对临时仲裁裁决进行审查确认更能发挥临时仲裁的独立性和真正价值,为临时仲裁保驾护航。

如果前面是站在我国《仲裁法》修改前机构仲裁与临时仲裁的差异层面考虑的,从未来发展审思,仲裁机构也无法担负起审查确认临时仲裁裁决的功能。《仲裁法修订意见稿》第13条已经明确我国仲裁机构是公益性非营利法人,我国仲裁机构将成为民间第三方组织,社会服务机构将是我国仲裁机构的最终去向。[①]未来,我国仲裁机构显然不是国家机关或者具有公共管理职能的社会组织,无法承担公文书要求的公法认证的功能。也就是说,从我国仲裁规则发展角度看,仲裁机构并不适宜审查确认临时仲裁裁决。《横琴自由贸易试验区临时仲裁规则》规定的转化机制仅仅是我国《仲裁法》正式建立临时仲裁制度之前的无奈对策。同时,从《仲裁法修订意见稿》第82条的规定来看,即使是机构仲裁裁决,也需要经过法院审查确认方能执行。如果采取仲裁机构审查确认的方式,意味着临时仲裁裁决要经过双重审查确认才能进入执行程序,无论是在理论层面还是从实践适

---

① 谭启平:《论我国仲裁机构的法律地位及其改革之路》,《东方法学》2021年第5期,第157—162页。

用考虑,双重审查确认都没有必要。当然,这一前提是我国《仲裁法》采纳了《仲裁法修订意见稿》的做法。

三、临时仲裁裁决确认程序的规范构造

(一)临时仲裁裁决确认程序的定位

根据《横琴自由贸易试验区临时仲裁规则》第47条的规定,当事人请求仲裁委员会确认临时仲裁裁决书或调解书的,仲裁委员会应当在受理之日起30日内作出是否同意转化的决定。仲裁委员会确认该仲裁裁决书后,临时仲裁就视为机构仲裁。也就是说,在《横琴自由贸易试验区临时仲裁规则》下,仲裁委员会确认临时仲裁裁决后,临时仲裁裁决将不复存在,转由机构仲裁裁决代替。虽然这一规则是在我国《仲裁法》正式确立临时仲裁制度之前的探索举措,但其创新性仍值得我们借鉴。不过,这一程序设计的合理性仍然值得我们反思。

当事人适用临时仲裁的原始动力在于临时仲裁的高效简便性,但临时仲裁的制度保障却是临时仲裁能够发挥实际作用的根本。通过法院对临时仲裁裁决进行审查确认,能够保证临时仲裁裁决结果能够最终实现,保障债权人的合法权益。法院审查确认后,临时仲裁裁决与法院确认裁定共同作为执行依据,在债务人不履行义务时,债权人可以向执行法院申请强制执行。不赞成《横琴自由贸易试验区临时仲裁规则》将临时仲裁直接转化为机构仲裁的做法,是因为这将折损临时仲裁的独立性。法院对临时仲裁裁决进行审查确认,仅仅是对临时仲裁裁决施以公众审查或公权力判断,使临时仲裁裁决确定的权利义务内容获得公法层面的认证,赋予临时仲裁裁决以执行力的程序法效力。将临时仲裁转化为机构仲裁的做法,在我国《仲裁法》建立临时仲裁制度之前的确具有可行性,但我国要全面推行运行顺畅的临时仲裁制度,就必须保证临时仲裁的独立性。临时仲裁裁决确认程序,只能是一种在债务人不履行义务时的救济机制。这一救济机制不能将临时仲裁"消灭",否则,临时仲裁制度就没有了建立的必要与适用的可能。

那么,《仲裁法修订意见稿》第82条确立的先申请执行、后审查确认的做法是否合理呢?无论是先申请执行后审查确认,还是先审查确认后申请执行,二者的共同点在于仲裁裁决并没有执行力,需要法院审查确认。申请执行的先后涉及的则是强制执行请求权的行使问题。强制执行请求权

作为一种公法上的请求权,其行使必须要有合法有效的执行名义。在学理上,无论是抽象执行请求权说,还是具体执行请求权说,都认为强制执行请求权依附于执行名义。然而,在《仲裁法修订意见稿》第82条的规定下,债权人申请执行的时候,并没有合法有效的执行名义,仲裁裁决并无执行力。因此,一个吊诡之处在于,一方面认为仲裁裁决没有执行力,另一方面又将债权人申请执行作为法院审查确认的前置程序。《仲裁法修订意见稿》第82条存在背离执行力赋予逻辑的嫌疑。如果我国《仲裁法》仍然接纳了《仲裁法修订意见稿》第82条的做法,在解释上可能就需要认为,债权人申请执行的同时也在申请法院审查确认,只有法院审查确认仲裁裁决合法有效的,法院才能对债务人的责任财产采取强制执行措施。

(二)临时仲裁裁决确认程序的启动

对于临时仲裁裁决确认程序的启动,我们可以参照《横琴自由贸易试验区临时仲裁规则》第47条的规定进行设定。临时仲裁充分强调双方当事人的自由意志,因此,在临时仲裁裁决确认程序的启动层面,一般应由双方当事人共同在临时仲裁裁决书或调解书送达后一定期间内向法院提出确认申请,并预交相应费用。

对法院的选择,则需要依照双方当事人在临时仲裁协议中约定的仲裁地进行确定,如果当事人没有对仲裁地进行约定,则可以按照仲裁裁决作出地或者管理案件的仲裁机构所在地进行确定。对此,《仲裁法修订意见稿》第27条规定:"当事人可以在仲裁协议中约定仲裁地。当事人对仲裁地没有约定或者约定不明确的,以管理案件的仲裁机构所在地为仲裁地。仲裁裁决视为在仲裁地作出。仲裁地的确定,不影响当事人或者仲裁庭根据案件情况约定或者选择在与仲裁地不同的合适地点进行合议、开庭等仲裁活动。"在级别管辖的确定上,考虑到临时仲裁裁决确认程序与非诉调解协议司法确认程序整体相近,审查事项上也无本质不同,由基层人民法院及其派出法庭审查较为适宜,而没有必要如现行《仲裁法》一般由中级人民法院管辖。

这里的问题是,在《仲裁法修订意见稿》第82条规定的先申请执行后审查确认的做法下,临时仲裁裁决确认程序的启动机制是怎样的?由于强制执行请求权的享有者是债权人,因此,在《仲裁法修订意见稿》的做法下,临时仲裁裁决确认程序就只能依债权人申请而启动,债务人无权启动,管辖法院则应当是执行法院。如前所述,《仲裁法修订意见稿》第82条最大的问题是,模糊了仲裁裁决确认程序与仲裁裁决执行程序的关系,仲裁裁决确认程序本应独立于、前置于仲裁裁决执行程序,《仲裁法修订意见稿》却将二者混同。未来,如果我国《仲裁法》接纳了这一做法的话,临时仲裁裁决确认程序在具体适用上便只能依债权人向执行法院申请强制执行而启动了。

(三)临时仲裁裁决的审查范围

法院对临时仲裁裁决进行审查的范围,可以为哪些临时仲裁裁决能够进入强制执行程序划定一个合理的标准。简单地说,审查范围要解决的问题是,法院在审查临时仲裁裁决时,需要审查何种事项。一种意见认为,我们可以参照《纽约公约》和《国际商事仲裁示范法》规定的拒绝承认和执行仲裁裁决事由进行确定,毕竟两项国际公约都明确承认临时仲裁。但这样的问题是,实际将仲裁裁决的不予执行提前到临时仲裁裁决确认程序中,执行程序中的仲裁裁决不予执行制度将名存实亡。因此,有学者提倡废止现行法下的仲裁裁决不予执行制度,变执行中审查为执行前审查。[1]这一观点发现了我国仲裁裁决不予执行制度的弊端,极具前瞻性。临时仲裁裁决本身并不具有执行力,必须经过公法认证方可对接强制执行程序。因此,对临时仲裁裁决的执行,必须实施执行前审查。在临时仲裁裁决的确认事由方面,则需要结合临时仲裁裁决确认程序本身的性质进行确定。

法院审查确认后认为临时仲裁裁决合法有效的,需要作出裁定,其程序与非诉调解协议司法确认程序基本相同。因此,法院对临时仲裁裁决的审查,可以参考司法确认程序的规则要求。具体而言,法院在对临时仲裁裁决进行审查确认时,需要注意以下事项:(1)双方当事人是否具有合法有效的临时仲裁协议或者条款;(2)争议事项是否具有可仲裁性;(3)临时仲裁裁决是否违反法律强制性规定;(4)临时仲裁裁决是否侵犯国家利益、社会公共利益、他人合法权益;(5)临时仲裁裁决是否违背公序良俗。

为保障临时仲裁的独立性,充分尊重当事人的自由意志,法院在审查确认时,还有必要对临时仲裁是否违反自愿原则进行严格审查。例如,仲裁员是否按照当事人约定选任,仲裁程序是否按照当事人约定进行,仲裁裁决书是否按当事人要求写明仲裁请求、争议事实、裁决理由、裁决结果、仲裁费用的承担、裁决的日期以及仲裁地,等等。对于这些事项的审查,临时仲裁协议或者条款有确定的,法院依照协议判断即可。如果临时仲裁协

---

[1] 肖建国:《强制执行形式化原则的制度效应》,《华东政法大学学报》2021年第2期,第29页;张卫平:《现行仲裁执行司法监督制度结构的反思与调整——兼论仲裁裁决不予执行制度》,《现代法学》2020年第1期,第126页。

议或者条款没有确定,双方当事人亦没有约定适用示范性临时仲裁规则,法院则需要依照双方当事人的陈述进行确定。

可以发现,法院对临时仲裁裁决的审查确认涉及的仅仅是临时仲裁裁决的合法有效性问题,法院并不对临时仲裁裁决确定的实体权利义务进行判断。如果允许法院对临时仲裁裁决的实体权利义务内容进行审查判断,临时仲裁裁决确认程序就属于司法复审。而司法复审本质是对仲裁独立性的侵害。也许是为了保障仲裁制度的独立性,坚守一裁终局,《仲裁法修订意见稿》第82条仅允许法院对仲裁裁决是否违背社会公共利益进行审查。然而,《仲裁法修订意见稿》第82条将仲裁裁决执行程序与仲裁裁决确认程序混合,而仲裁裁决执行的前提是仲裁裁决合法有效存在,因此法院仍得审查仲裁裁决的合法有效性。比如仲裁事项是否具有可仲裁性,仲裁裁决是否违反法律强制或禁止规定,仲裁裁决是否违反国家利益、社会公共利益,等等。

第八章

临时仲裁的监督机制

虽然临时仲裁强调当事人意思自治,允许当事人自行设计临时仲裁程序准则,但临时仲裁要正常运转,仍然需要法律给予必要的协助和正确的监督,避免临时仲裁程序陷入僵局,保障仲裁当事人合法权益。对临时仲裁实施正确监督的关键在于,确定行使监督权的主体以及对临时仲裁监督的具体方式。在现行法下,对仲裁的监督主要是司法监督,这也是最为有效的监督方式。对于临时仲裁来说,仲裁司法监督同样不可或缺,但仅仅依靠司法监督这一种形式,恐无法有效保障临时仲裁制度的发展,需要兼采其他监督方式。同时,具有给付内容的生效临时仲裁裁决并不具有执行力,须经由法院审查确认方能执行。这就意味着,现行法下的仲裁裁决不予执行制度并不适于临时仲裁。在临时仲裁模式下,已经通过临时仲裁裁决确认程序对临时仲裁裁决的合法有效性进行审查,仲裁裁决不予执行制度没有存在的必要。况且,学界已在呼吁废除仲裁裁决不予执行制度,主张对仲裁裁决实施前置性审查。①《仲裁法修订意见稿》同样删除了仲裁裁决不予执行制度,这意味着对仲裁裁决的司法监督机制主要依靠仲裁裁决确认程序与仲裁裁决撤销程序。值得注意的是,《仲裁法修订意见稿》第20条第1项规定:"中国仲裁协会履行下列职责:根据章程对仲裁机构、仲裁员和其他仲裁从业人员的违纪行为进行监督。"这意味着我国仲裁监督机制将推行行业自律与司法监督并行的监督方式,这一做法殊值肯定。

一、行业自律与司法监督并行的监督方式

临时仲裁监督机制的关键问题之一是确定行使监督权的主体。对此,司法监督说认为,应当由法院介入并监督临时仲裁程序;②仲裁协会监督说主张,应由仲裁协会行使监督权力并承担对临时仲裁员培训的职能;③区分监督说则将临时仲裁监督分为司法内监督和司法外监督,前者由法院行使,后者交由仲裁协会和当事人行使;④仲裁员组织监督说主张,我国应效仿伦敦海事仲裁员协会、纽约海事仲裁员协会、新加坡海事仲裁院的做法,建立现代的仲裁员组织,同时结合法院的角色,从司法监督和社会监督两

---

① 肖建国:《强制执行形式化原则的制度效应》,《华东政法大学学报》2021年第2期,第29页。
② 陈磊:《中国自由贸易区临时仲裁制度的实践与制度构建——以〈横琴自由贸易试验区临时仲裁规则〉为切入点》,《对外经贸实务》2019年第8期,第7页。
③ 张贤达:《我国自贸区临时仲裁制度的构建》,《国家检察官学院学报》2017年第3期,第170页。
④ 高菲、徐国建:《中国临时仲裁实务指南》,法律出版社,2017,第145—146页。

方面共同监督临时仲裁程序。①如果单纯依赖某一种监督模式,无论是仲裁委员会监督、社会监督还是仲裁员组织监督,都无法有效保障临时仲裁的发展。

首先,对于仲裁委员会来说,仲裁委员会需要在特定情况下适时介入临时仲裁,为其提供行政性服务或者与临时仲裁进行程序、文书上的对接。是故,为避免出现"既当运动员,又当裁判员"的情况,仲裁委员会不宜在参与仲裁活动的同时,又赋予其自身权力。其次,不宜允许社会公众及其他社会组织对临时仲裁活动实施社会监督。原因在于,临时仲裁在根本上是一种体现私主体意思自治特征的民间私行为,第三方不具有行使监督权的正当性。况且,仲裁活动需要遵守保密性,向社会公众公开极有可能损害仲裁当事人的权益。再次,仲裁员组织在监督临时仲裁程序中发挥的仍然是自律作用,这种作用能够依靠各地仲裁协会实现。但是,由于我国仲裁行业监督指的是中国仲裁协会对其会员实施的监督,②而此处的"会员"仅指现行《仲裁法》中的"仲裁委员会",并不包括临时仲裁,这是因为当时我国还未真正提出临时仲裁制度的建构设想。此后,2001年中国国际经济贸易仲裁委员会才确定中国仲裁协会的职能应涉及行业监督、制定示范仲裁规则、培训和管理仲裁员、普及仲裁知识等多方面。③不过,就未来而言,仲裁协会在承担监督机构仲裁和其他相关方面,促进仲裁业发展的同时,亦不能忽略对临时仲裁的监督与支持。较为合适的办法是将中国仲裁协会的管理范围扩大到临时仲裁庭和临时仲裁员,并没有必要新设冗杂的机构。对此,《仲裁法修订意见稿》第20条第1款明确,仲裁协会的监督对象在仲裁机构及其组成人员、仲裁员之外,还包括其他仲裁从业人员,防止仲裁协议的监督对象出现"盲区"。

我国《仲裁法》在修改时应当接受《仲裁法修订意见稿》的做法,在仲裁司法监督外,增加仲裁协会的行业监督方式,从而实现行业自律与司法监督并行的监督方式。一方面,临时仲裁的监督完全交由法院是不现实的。近年来,法院民商事案件数量庞大,如果在这一基础上,再增加大量仲裁案件,将给法院带来巨大压力,进一步凸显人案矛盾。并且,漫长的监督程序

---

① 初北平、史强:《自由贸易试验区临时仲裁制度构建路径》,《社会科学》2019年第1期,第107页。
② 宋连斌:《论中国仲裁监督机制及其完善》,《法制与社会发展》2003年第2期,第107—112、160页。
③ 中国国际经济贸易仲裁委员会江苏仲裁中心:《关于成立中国仲裁协会的意见》,中国国际经济贸易仲裁委员会江苏仲裁中心官网,http://www.cietac-js.org/index.php? m=Article&a=show&id=1160,最后访问日期:2021年11月26日。

与当事人对一裁终局的期望相违背,可能损及当事人的程序利益。[1]因此,监督机制全部依靠法院并不具备可行性。另一方面,仲裁制度向来有自律的传统,仲裁制度在11世纪晚期融入欧洲世俗法时,就具有行业自律性。对于仲裁员自身来说,临时仲裁组庭不需要经仲裁委员会确认,仲裁员作出的仲裁裁决是否公正直接影响其声誉,同时也对其收入有更大影响,仲裁员会更加"爱惜羽毛",适合通过行业自律即仲裁协会进行自我监督。值得注意的是,虽然临时仲裁的任意性较强,但为了体现对当事人意思自治的尊重,保持仲裁独立性,对临时仲裁的监督也应当重程序事项而非实体事项的审查。

二、临时仲裁裁决撤销制度的机制构建

(一)临时仲裁裁决撤销制度的域外考察

1.西班牙

(1)《西班牙仲裁法》的修订

西班牙在2011年修订了其自2003年起开始施行的《西班牙仲裁法》的大部分规定。《西班牙仲裁法》的这次局部修改主要涉及撤销仲裁裁决、仲裁员责任、公司纠纷的仲裁以及破产程序对仲裁协议的影响四个方面的内容。[2]就撤销仲裁裁决而言,主要包括三个方面的变化。

首先,2003年《西班牙仲裁法》要求法院在撤销临时仲裁裁决前,不论双方当事人的意见为何,都需要依职权进行"强制性聆讯"。但从西班牙的仲裁实践出发,所谓的法院"强制性聆讯"仅仅是推迟法院作出是否撤销的决定而已。这一要求看似在程序上能够充分保障双方当事人的合法权益,但从实用主义思维出发,对于双方当事人与法院而言并没有实践操作层面的价值。原因在于,在法院的强制性聆讯中,双方当事人的律师通常只会重复他们在书面陈述中已经陈述过的事实与理由,这对于案件进展来说并没有太明显的价值。基于此,2011年《西班牙仲裁法》规定,只有双方当事人都要求法院举行听证会的,法院才能安排听证会进行聆讯,以决定是否撤销仲裁庭作出的仲裁裁决,从而推动仲裁裁决撤销程序的高效、迅速展开。

---

[1] 肖永平:《内国、涉外仲裁监督机制之我见——对〈中国涉外仲裁裁决监督机制评析〉一文的商榷》,《中国社会科学》1998年第2期,第95页。

[2] Guillermo Bayas Fernandez, "The Amendment of Spain's Arbitration Act: A Promising but Unfinished Agenda," https://www.nyujicp.org. 最后访问日期:2024年2月17日。

其次，2011年《西班牙仲裁法》规定，如果法院裁定撤销临时仲裁裁决的理由是仲裁员对双方当事人未提交其仲裁的问题作出了仲裁裁决，申请人应在仲裁裁决作出后10日内将临时仲裁裁决提交给相应的专家组进行审查。这一举措将使仲裁员有机会在当事人提起司法诉讼之前及时地纠正错误，以在一定程度上减少司法诉讼，节约司法资源，并节省当事人的诉讼成本与负担，避免当事人遭受诉累。

最后，根据2003年《西班牙仲裁法》的规定，撤销临时仲裁裁决的理由之一是"与公共政策相冲突"，而2011年《西班牙仲裁法》将这一理由修改为"临时仲裁裁决'明显与公共政策相冲突'"。立法者认为修改后的该项理由可以在一定程度上避免仲裁员或法官滥用"与公共政策相冲突"随意撤销仲裁裁决，[1]以更公平地维护双方当事人的合法权益，从而实现临时仲裁迅速、简便地解决双方当事人之间的民商事纠纷（如经济贸易纠纷等）争端的目的。

（2）撤销临时仲裁裁决的制度规定

第一，撤销临时仲裁裁决的事由。

在西班牙，请求法院撤销仲裁裁决是当事人在西班牙现行法律法规下可以对仲裁裁决提出质疑的唯一途径。[2]原因在于，西班牙对临时仲裁采取十分有利和尊重的态度，除非发现临时仲裁裁决有重大的可撤销理由，否则西班牙法院并不愿意撤销充分体现双方当事人真实意思表示的临时仲裁裁决。即使西班牙法院受理了当事人撤销临时仲裁裁决的申请，往往也会拒绝审理仲裁案件的具体案情。也就是说，即便撤销案件是由当事人自己间接导致的，西班牙法院也会在不审查临时仲裁裁决本身的正确性的情况下，重点关注当事人请求撤销临时仲裁裁决的事实与理由是否符合西班牙缔结、加入的国际条约、双边司法协助条约以及西班牙现行法律法规所规定的撤销理由。

根据《西班牙仲裁法》第6条的规定，一方当事人知道违反了此法的任何非强制性规定或仲裁协议的任何要求后，应当在规定的期限内或在没有该条款的情况下说明自己的反对意见，否则该方当事人将被视为放弃了提出反对的权利。[3]因此，在西班牙，为了能够撤销一项临时仲裁裁决，对临时仲裁裁决提出异议的一方当事人必须十分审慎和及时，否则将会丧失相

---

[1] Guillermo Bayas Fernandez, "The Amendment of Spain's Arbitration Act: A Promising but Unfinished Agenda," https://www.nyujicp.org. 最后访问日期：2024年2月17日。

[2] Joe Tirado, *International Arbitration* (London: Global Legal Group, 2017), p. 278.

[3] Joe Tirado, *International Arbitration* (London: Global Legal Group, 2017), p. 278.

应的救济权利。依照《西班牙仲裁法》的规定,如果申请人能够证明下列任何事项,临时仲裁裁决才可被法院撤销:临时仲裁协议或条款不存在,或者临时仲裁协议或条款虽然存在但无效;申请人没有收到关于仲裁员的任命或者其他任何命令的通知,申请人也没有接到无法行使其权利的通知;仲裁员对不属于应当由自己决定的事项作出了临时仲裁裁决;仲裁员的任命或者仲裁程序违背了双方当事人达成的临时仲裁协议,或者双方当事人根本没有就此达成临时仲裁协议,或者双方当事人就此达成了临时仲裁协议,但与《西班牙仲裁法》关于仲裁员任命或仲裁程序的规定相违背;仲裁员对不能仲裁的事项作出了决定;临时仲裁裁决明显与公共政策相冲突。[1]

第二,撤销临时仲裁裁决的制度规则。

在西班牙,当事人要撤销在西班牙作出的或在国外作出的临时仲裁裁决,应当在临时仲裁裁决作出后两个月内向西班牙法院提出撤销申请。同时,申请人应当提供足以使法院撤销临时仲裁裁决的证据以及相关的文件资料。法院在收到申请后将会及时通知对方当事人。对方当事人在收到法院通知后将会有20日的时间针对撤销临时仲裁裁决的申请,提出相应的反对意见,但也需要提供相应证据以及其他文件资料。法院也可以应双方当事人的请求,在最终作出是否撤销临时仲裁裁决的裁定前召开听证会,以确定是否撤销该仲裁裁决。在听证会后或者法院根本未举行听证会的,法院将会择期作出具体的撤销与否裁定。法院的这一裁定是具有终局性质的,双方当事人不得对此提起上诉。[2]

2.希腊

由于临时仲裁所需仲裁费用较少,同时也能够很好地兼顾现代社会对纠纷解决机制效率与公正的价值目标共同平衡发展的价值偏向。因此,除了西班牙普遍支持临时仲裁制度的运用与发展之外,还有很多国家或地区的仲裁法规均将临时仲裁规定为主要的仲裁形式,例如希腊、葡萄牙、英国等。中国澳门特别行政区目前所适用的"自愿仲裁法"就以临时仲裁为主,兼采常设仲裁机构。[3]尤其是希腊,曾一度取消机构仲裁,而普遍推行临时仲裁。

与西班牙不同的是,希腊并没有一般的仲裁机构,因此,在希腊临时仲裁相较于机构仲裁仍然更为常见。但同样,在希腊,当事人也不能对仲

---

[1] Joe Tirado, *International Arbitration* (London: Global Legal Group, 2017), p. 278.
[2] Inigo Rodriguez Sastre and Elena Sevila Sanchez, "Spain: International Arbitration 2018," https://iclg.com/practice-areas/international-arbitration-laws-and-regulations/spain,最后访问日期:2021年11月28日。
[3] 储永昌:《临时仲裁制度探析——兼论中国仲裁服务市场的开放》,《仲裁与法律》2005年第5期,第67—76页。

裁决提起上诉。但一项仲裁裁决可以在当事人向主管上诉法院提交撤销请求后,在裁决送达提出申诉一方当事人后的三个月内撤销。

根据希腊法律规定,如果申请人能够证明以下任何一项,仲裁裁决就可被法院撤销:仲裁协议的一方当事人没有行为能力签署此类协议;仲裁协议无效;一方当事人未被适当通知有关仲裁员的任命或程序,或者未提出其论点;仲裁裁决事项未包括仲裁协议中的争议,或者仲裁裁决包含超出仲裁协议条款的规定;仲裁庭的组成或仲裁程序与仲裁协议或希腊第2735/99号法律不一致;根据希腊法律,双方当事人争议的主题非属可仲裁事项,或该仲裁裁决与国际公共政策相冲突。[1]

(二)我国临时仲裁裁决撤销制度的构建

对于仲裁地在本国,但根本无涉于本国任何当事人的国际仲裁案件,比利时等国家或地区曾强行禁止法院行使撤销管辖权,或者要求法院放弃撤销管辖权,从而导致绝大多数的境外当事人因无撤销临时仲裁裁决制度控制仲裁质量,而不敢选择该国为仲裁地。[2]如此一来,对于保护本国企业合法权益,吸引境外投资,促进本国经济发展而言,具有诸多弊端。同时,本国法院不行使仲裁裁决撤销管辖权不仅会阻碍本国仲裁制度的良性发展从而与世界脱轨,还会使得本国纠纷解决机制渐渐丧失国际影响力,阻碍本国的贸易和法律规则走向世界。

因此,对于我国来说,如果不赋予我国法院对临时仲裁裁决的撤销管辖权,不但会危害我国的司法主权,而且会有损于我国当事人在国际商事贸易及经济纠纷等案件中的利益,损害我国的司法权威。通过法院对包括临时仲裁裁决在内的所有仲裁裁决进行撤销实行管辖是各个国家行使司法主权的一种重要手段。同时,在合理的情况下通过行使仲裁裁决撤销管辖权,有利于间接实现本国或本地区的商事和法律规则对国际或区际贸易与法律规则产生一定程度的影响。从这个意义上来说,有必要赋予我国法院针对临时仲裁裁决的撤销管辖权。一般而言,临时仲裁裁决撤销的程序规则主要包括是否允许撤销、撤销的依据以及撤销的理由等。

1. 撤销临时仲裁裁决的依据

我国现行《仲裁法》第58条规定,"向仲裁委员会所在地的中级人民法

---

[1] Stelios Grigoriou, "Arbitration in Greece Domestic and International," http://www.greeklawdigest.gr/topics/judicial-system/item/207-arbitration-in-greece-domestic-and-international,最后访问日期:2021年11月25日。

[2] Martina Prpic, "Setting Aside Recourse and Enforcement of Awards Annulled in the Country of their Origin," *Croatian Arbitration Yearbook*, Vol.10, No.1(2003), pp.16-17.

院申请撤销裁决"。由于临时仲裁没有固定的仲裁机构,也就没有仲裁机构所在地法院可言,因此,临时仲裁裁决的撤销无法适用我国现行《仲裁法》规定的仲裁机构所在地的判定方法。关于撤销临时仲裁裁决的依据的问题,根据各个国家或地区的制定法,法院通常只对仲裁地在本国或境内的仲裁裁决行使撤销管辖权。[1]由此可以看出,"仲裁地"是主流的撤销仲裁的依据。"在我国打造国际仲裁中心的背景下,随着临时仲裁机制引入,境外仲裁机构内地仲裁日益增多,我国仲裁地法院制度亟待完善,以增强我国作为仲裁地的竞争力。"[2]因此,有必要确立"仲裁地"作为撤销临时仲裁裁决的依据,并在立法上以"仲裁地法院"为基准对临时仲裁裁决的撤销依据进行确定。对此,根据《仲裁法修订意见稿》第77条的规定,当事人可以向仲裁地的中级人民法院申请撤销仲裁裁决。明确将仲裁地作为判断法院撤销管辖权的依据。

然而,即使在赋予仲裁地法院撤销临时仲裁裁决的管辖权之后,也存在需要梳理的疑难问题。以我国涉自由贸易试验区的临时仲裁裁决的撤销为例,可能会出现疑难问题的临时仲裁裁决撤销案件主要有以下几种情形:(1)未在自由贸易试验区登记的境外法人或居于境外的自然人可能为客观上发生于境外的纠纷基于某些原因按协议约定了自由贸易试验区为仲裁地;(2)当事人都居于我国境内但全部未在自由贸易试验区注册,同时其间纠纷没有涉外,或者不存在涉及自由贸易试验区的要素却共同选择自由贸易试验区作为仲裁地;(3)临时仲裁裁决依照《自贸区司法保障意见》无须且实际也未以自由贸易试验区为仲裁地。[3]

以此类推,在我国《仲裁法》确立临时仲裁制度之后,我国各地也可能出现以下三种情形的案件:(1)境外主体就法律关系的相关事实发生于境外的纠纷选择我国作为临时仲裁的仲裁地;(2)当事人都属于我国自然人或法人,但是当事人选择的仲裁地并不在与法律关系有关的地点,甚至是不同法域的地点;(3)虽然仲裁地并不在我国境内,与法律关系最为密切的地点也不属于我国领土,但是当事人仍然诉请我国法院撤销临时仲裁裁决。

对于第(1)种情形,最为妥当的选择仍然是由选定的仲裁地法院行使临时仲裁裁决的撤销管辖权。因为即使实体法律关系不在国内,当事人选定仲裁地的行为实质上认可了我国的仲裁法秩序,认同我国法院依照正当

---

[1] 张庆元、陆薇:《国际商事仲裁中的国籍问题》,《仲裁研究》2010年第2期,第38页。
[2] 薛源、程雁群:《论我国仲裁地法院制度的完善》,《法学论坛》2018年第5期,第86页。
[3] 张圣翠、傅志军:《我国自贸区临时仲裁制度创新研究》,《上海财经大学学报》2019年第2期,第148页。

程序审查仲裁裁决。第(2)种情况,在自由贸易试验区的临时仲裁制度背景下,非自由贸易试验区的境内主体选择临时仲裁当然是不被允许的,但我国《仲裁法》一旦确立临时仲裁制度,临时仲裁的仲裁地与实体法律关系相关地点无关,并不会导致临时仲裁裁决无效,只会使仲裁员与仲裁机构之间的竞争不受地域限制,展开广泛的市场竞争,符合仲裁本身的特性——"民众即是仲裁客户,服务仍是仲裁的本质所在。"①因此,为了确保各主体提供的仲裁服务间的有效竞争,应当由仲裁地法院管辖临时仲裁裁决撤销案件的权力。

就第(3)种情形而言,虽然我国法院对临时仲裁裁决案件加以审理有利于维护我国司法主权,在国际上推广我国仲裁制度,提升我国影响力。但是,在该种情形下,按照其他国家的法律,其他国家的法院通常有权加以审理,此时存在潜在的国际管辖权冲突问题,即"停留在纸上的、处于静止状态的冲突"②。一旦不同国家的法院实际行使了撤销管辖权,则会将这种潜在的冲突转化为现实的冲突。我国司法解释也明文规定了不方便法院原则,③在这类案件中我国法院查明案件事实、推进诉讼程序较为困难。不方便法院原则反映了国际礼让的态度,可以缓解国家间司法秩序的冲突,保护被告的程序权利,"避免了被告在与法院所在地缺乏实质联系时应诉而带来的巨大负担"④。虽然我国目前规定的不方便法院原则对于适用条件的要求较为严苛,必须同时满足六项条件方可适用,表现了最高人民法院严格限制不方便法院原则的态度,但其参考2005年《第二次全国涉外商事海事审判工作会议纪要》的相关规定将其纳入司法解释的做法,本身就体现了为适当适用不方便法院原则提供裁判依据的态度。因而,对于该类案件,我国法院不宜行使管辖权。

从域外国家或地区的通行做法以及我国自由贸易试验区的实践经验来看,我国都应当以仲裁地法院作为撤销临时仲裁裁决的依据。此外,随着我国对外开放的不断深入,"一带一路"倡议的深入实施,以及自由贸易

---

① 吕勇、黄志勇:《WTO与中国仲裁机构的改革》,《仲裁与法律》2004年第1期,第38页。
② 赵相林主编《中国国际私法立法问题研究》,中国政法大学出版社,2002,第527页。
③ 《最高人民法院关于适用〈中华人民共和国民事诉讼法〉的解释》第532条规定:"涉外民事案件同时符合下列情形的,人民法院可以裁定驳回原告的起诉,告知其向更方便的外国法院提起诉讼:(一)被告提出案件应由更方便外国法院管辖的请求,或者提出管辖异议;(二)当事人之间不存在选择中华人民共和国法院管辖的协议;(三)案件不属于中华人民共和国法院专属管辖;(四)案件不涉及中华人民共和国国家、公民、法人或者其他组织的利益;(五)案件争议的主要事实不是发生在中华人民共和国境内,且案件不适用中华人民共和国法律,人民法院审理案件在认定事实和适用法律方面存在重大困难;(六)外国法院对案件享有管辖权,且审理该案件更加方便。"
④ 张申:《普通法不方便法院原则及其应用》,《人民法院报》2020年9月18日第8版。

试验区建设的不断深化,与世界上其他国家或地区的国际、区际商事贸易合作也将会愈来愈频繁。撤销国际临时仲裁裁决涉及国家司法主权,在全球化趋势下,为能在促进国际商事贸易合作交流的同时捍卫我国司法主权,以仲裁地法院作为撤销临时仲裁裁决的法院应当是最佳选择。因此,为更好地维护我国公民的合法权益,保护我国合法企业在海内外投资的安全性与稳定性,以仲裁地法院作为撤销临时仲裁裁决的依据,与仲裁机构标准相比较而言,更能够保护我国当事人的合法权益。从另一个角度考虑,也能够很好地保护外国投资者在我国从事商事贸易的合法权益,以增强外国投资者的投资信心。

2. 撤销临时仲裁裁决的事由

"仲裁裁决撤销制度的核心在于仲裁裁决撤销事由的各项规定。"[1]我国《仲裁法》第58条规定了7种撤销仲裁裁决的法定事由,分别是无仲裁协议,仲裁机构越权裁决,仲裁庭组成或仲裁程序违法,仲裁裁决依据的证据系伪造,对方当事人隐瞒重要证据,仲裁员有受贿、徇私枉法等违法犯罪行为,仲裁裁决违反社会公共利益。但是,我国《民事诉讼法》《仲裁法》规定的仲裁裁决撤销事由,无法直接适用于临时仲裁。例如,对于仲裁庭组成或仲裁程序违法而言,临时仲裁没有标准的程序流程,没有特定的仲裁规则予以约束,仲裁庭组成或程序违法对于临时仲裁而言很难发生,只能以双方当事人的约定为依据。

同时,我国仲裁裁决撤销事由也没有进行内部区分。正如德国将程序的合法性前提进行区分一样,如果"诉讼前提条件"或"程序前提条件"只有经当事人责问才被考虑,则被称为"诉讼障碍"。[2]《国际商事仲裁示范法》同样将撤销仲裁裁决的理由划分为两类:第一类是当事人需提出证据予以证明的情形,第二类是法院需要主动查明的情形。[3]并且,在我国现行法下,国内机构仲裁裁决和涉外仲裁裁决的撤销理由不同,实质上形成了"双轨制"的做法,并不符合我国参加国际条约中的非歧视性规定,不利于维护我国法律尊严。[4]"双轨制"下对涉外仲裁裁决的撤销仅仅包括"涉外仲裁机构作出的裁决",未对国际社会更为常用的临时仲裁予以确认。

基于域外已有经验以及我国本土法治环境,首先有必要针对临时仲裁的特殊性设定可撤销事由,而后通过当事人举证与法院主动查明的协同作

---

[1] 张卫平:《仲裁裁决撤销事由的解析及调整》,《经贸法律评论》2018年第1期,第104页。
[2] [德]罗森贝克、施瓦布、戈特瓦尔德:《德国民事诉讼法》,李大雪译,中国法制出版社,2007,第432—433页。
[3] 薛源、程雁群:《论我国仲裁地法院制度的完善》,《法学论坛》2018年第5期,第93页。
[4] 张圣翠:《论我国仲裁裁决撤销制度的完善》,《上海财经大学学报》2012年第1期,第40页。

用模式有效平衡双方当事人利益,实现临时仲裁裁决撤销制度的应有功能,同时破除"双轨制"的做法,将两类临时仲裁裁决撤销事由"并轨"。《仲裁法修订意见稿》在意识到"双轨制"的弊端后,也没有再区分涉外仲裁和非涉外仲裁。《仲裁法修订起草说明》对《仲裁法修订意见稿》第77条规定的仲裁裁决撤销程序解释道:"统一了法院撤销国内和涉外仲裁裁决的规定;将撤销国内和涉外仲裁裁决的规定情形整合,增加了对恶意串通、伪造证据等欺诈行为取得的、涉嫌虚假仲裁的撤销情形;增加了裁决的部分撤销情形。"《仲裁法修订意见稿》统合涉外和非涉外仲裁,摒弃"双轨制"的做法,将有力提升我国仲裁制度的国际竞争力。

就法院撤销临时仲裁裁决的事由而言,我国《仲裁法》可以参酌《国际商事仲裁示范法》对撤销国际商事仲裁裁决所规定的诸项事由。因为《国际商事仲裁示范法》规定的仲裁裁决撤销事由来自《纽约公约》第5条规定的拒绝承认和执行外国仲裁裁决事由,[1]世界上大部分主要国家或地区都已接受《纽约公约》所确立的规则。借鉴《国际商事仲裁示范法》可以使我国的仲裁实践得到国内外民商事主体认可。虽然《国际商事仲裁示范法》规定的是撤销国际商事仲裁裁决,但其理由充分体现了当事人意思自治原则,同时兼顾了仲裁地公共政策与仲裁地程序法的强制性规定,于程序保障而言亦能充分保障双方当事人的合法权益,满足"并轨"需要。

值得注意的是,仲裁裁决违反社会公共利益的情形需要谨慎适用。仲裁裁决是否违反社会公共利益这一撤销仲裁裁决的事由关涉的是社会公共利益的价值衡量问题。由于各国经济、政治、风俗、法律等方面存在差异,加之公共政策或公共利益的范围本身具有模糊性,以违反社会公共利益为由撤销仲裁裁决成为最没有确定性的法律手段。[2]因此,有必要从制度设计层面避免法院滥用这一理由以尽可能减少这一情况的发生。当前国际趋势也是对公共政策审查限制逐步严格。例如,西班牙在2011年修改《仲裁法》时,将"仲裁裁决与公共政策相冲突"修改为"仲裁裁决明显与公共政策相冲突";2019年修订的《瑞典仲裁法》第33条第2款规定,如果裁决或裁决作出的方式明显不符合瑞典法律制度的基本原则,则该仲裁裁决无效或部分无效。因此,我国仲裁法也有必要限制公共政策的审查事由,将《国际商事仲裁示范法》中的"仲裁裁决与本国公共政策相抵触"修改为仲裁裁决明显与我国公共政策相抵触,或明显违反社会公共利益。

---

[1] J. Brian Casey, *Arbitration Law of Canada: Practice and Procedure* (Second Edition) (Huntington, New York: JurisNet, LLC, 2011), p. 415.
[2] 赵宁:《国际商事仲裁裁决撤销制度研究》,复旦大学博士论文,2008,第71页。

对于仲裁裁决具体的撤销事由,世界上的主流做法是按照《国际商事仲裁示范法》的规定将仲裁裁决撤销事由分为以下两类。第一类是须由当事人予以证明的情形:仲裁协议无效,无效理由包括当事人无行为能力、根据当事人选择的适用法或仲裁地法无效;申请撤销仲裁裁决的当事人因一定原因未能陈述自己的意见,如未得到适当通知;仲裁裁决处理了超出提交仲裁范围的事项;仲裁庭组成或仲裁程序不当。第二类是需要法院依职权查明的情形:争议事项不具有可仲裁性;仲裁裁决违反仲裁地公共政策。[①]我国在建立临时仲裁裁决撤销制度时,可以参考其分类方法,将临时仲裁裁决撤销事由分为法院依职权审查和当事人提出并证明两类,同时规定具体的临时仲裁裁决撤销事由。法院只能在符合临时仲裁裁决的撤销事由时,对其作出撤销判决,否则法院应予驳回。

《仲裁法修订意见稿》基本沿用了国际主流做法,将仲裁裁决撤销事由区分为当事人提出证据证明的情形以及法院依职权审查的情形。《仲裁法修订意见稿》第77条规定:"当事人提出证据证明裁决有下列情形之一的,可以向仲裁地的中级人民法院申请撤销裁决:(一)没有仲裁协议或者仲裁协议无效的;(二)裁决的事项不属于仲裁协议的范围或者超出本法规定的仲裁范围的;(三)被申请人没有得到指定仲裁员或者进行仲裁程序的通知,或者其他不属于被申请人负责的原因未能陈述意见的;(四)仲裁庭的组成或者仲裁的程序违反法定程序或者当事人约定,以致于严重损害当事人权利的;(五)裁决因恶意串通、伪造证据等欺诈行为取得的;(六)仲裁员在仲裁该案时有索贿受贿,徇私舞弊,枉法裁决行为的。人民法院经组成合议庭审查核实裁决有前款规定情形之一的,应当裁定撤销。当事人申请撤销的情形仅涉及部分裁决事项的,人民法院可以部分撤销。裁决事项不可分的,应当裁定撤销。人民法院认定该裁决违背社会公共利益的,应当裁定撤销。"只不过与《国际商事仲裁示范法》等国际规则不同的是,《仲裁法修订意见稿》第77条规定的法院职权审查事项仍然只是"仲裁裁决违背社会公共利益",而没有将争议事项的可仲裁性纳入法院职权审查范围之内。同时,与国际主流做法最大的不同是,《仲裁法修订意见稿》仍然坚持法院可以对仲裁裁决的实体问题进行审查,只是相较于1995年《仲裁法》,增加了对恶意串通、伪造证据等欺诈行为取得的,涉嫌虚假仲裁的撤销情形。

---

① 薛源、程雁群:《论我国仲裁地法院制度的完善》,《法学论坛》2018年第5期,第93页。

3.撤销临时仲裁裁决的救济机制

在我国现行《仲裁法》下,无论是机构仲裁裁决,还是临时仲裁裁决,只要被法院裁定撤销,当事人要么选择重新达成仲裁协议申请仲裁,要么选择向法院起诉。仲裁裁决撤销程序并没有给当事人提供救济机制。从程序正义考虑,无论法院裁定撤销仲裁裁决,还是裁定当事人的仲裁撤销申请,都应当给予双方当事人相应的救济措施。在意识到我国现行《仲裁法》在仲裁裁决撤销程序救济机制上的缺失后,《仲裁法修订意见稿》第81条规定:"当事人对撤销裁决的裁定不服的,可以自收到裁定之日起十日内向上一级人民法院申请复议。人民法院应当在受理复议申请之日起一个月内作出裁定。"

4.撤销临时仲裁裁决的裁定效力

临时仲裁裁决一旦被我国法院撤销,原临时仲裁裁决就会失去法律效力,不能得到我国法院的强制执行。问题在于,撤销临时仲裁裁决裁定在域外的效力。对已被仲裁地法院撤销的仲裁裁决的执行问题主要有"传统主义学派""非国内化仲裁学派""折中说"三种观点。传统主义学派主张,一旦裁决地国法院撤销了在其境内作出的仲裁裁决,此裁决就会失去法律效力,法院不应予以执行。[1]非国内化仲裁学派认为,仲裁不隶属于任何一个国家或地区的法律制度,"任何国家的法院均不能行使此项撤销仲裁裁决的权力"[2]。折中说则认为,应当根据具体的仲裁裁决撤销理由,区别看待仲裁地法院撤销仲裁裁决的效力。但正如前所述,仲裁地在仲裁制度中发挥着重要作用,撤销仲裁裁决的管辖权也通常由仲裁地法院行使——传统主义学派强调仲裁裁决的合法性植根于仲裁地国法律揭示了仲裁地国法律对仲裁这种非司法纠纷解决机制的深层影响。

在妥当规定临时仲裁裁决撤销事由的基础上,滥用撤销权力无限度保护本国当事人利益的现象在我国的临时仲裁裁决撤销制度下能够有效避免。其他国家或地区应当对我国法院依法作出的临时仲裁裁决撤销裁定的效力予以认可,执行地法院不得无视该裁定,或者按照折中说的观点考察具体的撤销事由——撤销事由的考量已经纳入了我国立法的架构中。因此,如果我国法院撤销了一项以我国境内为仲裁地的临时仲裁裁决,其他国家或地区不应当对已被撤销的临时仲裁裁决予以执行。同时,根据国际礼让原则,我国也不应执行被仲裁地法院撤销的仲裁裁决。

---

[1] 赵秀文:《论国际商事仲裁裁决的国籍及其撤销的理论与实践》,《法制与社会发展》2002年第1期,第76页。

[2] 刘晓红:《非内国仲裁裁决的理论与实证论析》,《法学杂志》2013年第5期,第82页。

按照国际交往中的对等原则（抑或是民事诉讼的对等原则），如果其他国家或地区不承认我国法院撤销临时仲裁裁决的裁定，并且执行被撤销的仲裁裁决，我国法院也有权对该国撤销仲裁裁决的判决予以审查，决定是否予以认可。因此，我国《仲裁法》修改时应为撤销仲裁裁决的裁定效力增设如下规则：仲裁裁决被撤销后，任何国家或地区不得承认或执行该裁决的效力。其他国家或地区承认或执行被仲裁地法院依法撤销的仲裁裁决的，我国法院按照对等原则处理。

临时仲裁裁决被撤销的另一重效力则涉及仲裁裁决本身，即临时仲裁裁决撤销之后，原仲裁协议效力如何？当事人是否可以直接向法院提起诉讼？各国立法也多有不同，即使是都允许法院审理的国家或地区，其立法上也并不相同。比如，我国台湾地区"仲裁法"第43条规定，仲裁裁决被法院判决撤销的，当事人可以就争议事项提起诉讼。《意大利民事诉讼法典》第830条第2款规定，当事人没有在仲裁协议或随后的合议中另行达成处置意见，由上诉法院就争议的实体问题作出决定，在签署仲裁协议时，一方当事人移居国外或拥有国外住所的，只有当事人在仲裁协议中确定或提出一致请求时，上诉法院才能就争议的实体问题作出决定。[1]可见，意大利法认为撤销仲裁裁决后，法院可直接审理实体争议，当事人无须另行起诉，在国际仲裁中必须有当事人合意上诉法院才能对争议的实体问题作出判断。而我国台湾地区则主张当事人在此种情形下需要另行起诉，法院方可审理实体争议，当事人也可以选择协商达成一致意见之后提起仲裁。意大利法律虽然允许当事人达成一致意见后仲裁，但只要当事人在一定期间内没有达成一致就可以由法院进行审判。

---

[1]《意大利民事诉讼法典》，白纶、李一娴译，中国政法大学出版社，2017，第328页。

第九章

临时仲裁程序的机构介入

我国对外开放战略的纵深推进，"一带一路"倡议的实施以及自由贸易试验区的建设，在推动经济发展、社会进步的同时，也导致国际商贸纠纷逐步增多。在这样的环境下，极具灵活性的临时仲裁制度的确具有建立的必要。但是，临时仲裁的意志自治性和程序灵活性在很大程度上取决于当事人双方的协议。因此，对程序的稳定性和流畅性也提出了更高的要求，带来了更大的考验。一旦合意不足或协议不当，将造成临时仲裁程序失灵。此外，临时仲裁中缺少专门的机构和人员管理，也使得因当事人约定内容存在瑕疵而出现程序中断、陷入僵局的可能性大大增加。[1]因此，临时仲裁要有效运行，达到当事人高效解决纠纷的目的，需要中立第三方为临时仲裁提供仲裁支持，助力临时仲裁程序运行，解决临时仲裁程序陷入僵局的问题。例如，仲裁员选任不能时协助选任仲裁员，帮助仲裁当事人核准仲裁员费用，协助送达案件材料，提供仲裁员名册，等等。这种仲裁支持并非改变临时仲裁的性质，而是为临时仲裁程序的进行提供服务。因介入机构的不同，服务事项也有所差异。总体而言，经由中立第三方介入的临时仲裁，主要包括法院介入、仲裁机构介入以及临时仲裁辅助机构介入三类。

一、法院介入临时仲裁

仲裁的自治性与契约性要求排除司法的过度干预，司法对于仲裁，只能是必要协助与正确监督。因此，强调当事人意思自治的临时仲裁通常也不会涉及法院介入临时仲裁程序当中的问题。但在某些情况下，特别是在对临时仲裁的监督上，仍需要法院适时介入临时仲裁。监督仲裁的最重要的方式是通过国家司法权进行的监督，这也是最实质性的监督方式。[2]通过当事人提起仲裁裁决请求的方式来对仲裁进行监督，无论是在我国，还是在国际的仲裁司法审查程序中，都是一种适用较广的司法监督形式。[3]

除了法院监督临时仲裁这种司法介入外，法院还可以在仲裁员选任不能时，介入临时仲裁，协助当事人选任仲裁员。这种服务类事项实际上也更能体现出司法对临时仲裁的协助。《仲裁法修订意见稿》第92条就规定："专设仲裁庭仲裁的案件，无法及时组成仲裁庭或者需要决定回避事项的，当事人可以协议委托仲裁机构协助组庭、决定回避事项。当事人达不成委

---

[1] 陈磊：《临时仲裁程序僵局及其机构介入》，《新疆大学学报（哲学·人文社会科学版）》2020年第4期，第43页。
[2] 苟应鹏：《我国临时仲裁裁决撤销制度的建构》，《北京仲裁》2020年第3期，第164页。
[3] 张卫平：《仲裁裁决撤销程序的法理分析》，《比较法研究》2018年第6期，第11页。

托协议的,由仲裁地、当事人所在地或者与争议有密切联系地的中级人民法院指定仲裁机构协助确定。指定仲裁机构和确定仲裁员人选时,应当考虑当事人约定的仲裁员条件,以及仲裁员国籍、仲裁地等保障仲裁独立、公正、高效进行的因素。人民法院作出的指定裁定为终局裁定。"在临时仲裁的仲裁员选任陷入僵局时,法院可以指定仲裁机构协助当事人确定临时仲裁中的仲裁员。

除此之外,司法对临时仲裁的协助,还体现在审查确认临时仲裁裁决赋予临时仲裁裁决以执行力,以及对临时仲裁当事人出现"三不管"困境的纾解。所谓"三不管"困境,指的是临时仲裁程序陷入僵局无法继续进行下去,但因合法有效的临时仲裁协议存在,当事人既不能向法院提起诉讼来解决纠纷,也不能向仲裁机构申请仲裁,从而陷入临时仲裁庭、常设仲裁机构和法院都不能有效解决商事纠纷的僵局。[1]此时,应允许当事人向法院提起诉讼,排除临时仲裁协议的约束力。但是,这要求我国《仲裁法》在确立临时仲裁制度时,明文规定特定情形下排除临时仲裁协议的法律效力问题,否则不应当违背当事人的意思自治。这实际上提醒我国《仲裁法》在建立临时仲裁制度时,一方面要在最大程度上尊重当事人意思自治,另一方面也要对当事人合意不能的事项进行规定,避免临时仲裁失灵,最终陷入仲裁僵局。

二、仲裁机构介入临时仲裁

适用临时仲裁并不等于禁止仲裁机构介入临时仲裁,在当事人需要的情况下,仲裁机构可以适时介入提供部分有限服务。仲裁机构适时介入临时仲裁,一方面可以继续发挥临时仲裁的制度优势,另一方面又可以借助仲裁机构完善的设施和服务,避免临时仲裁陷入僵局,帮助仲裁庭快速化解纠纷。先行先试的《横琴自由贸易试验区临时仲裁规则》同样规定,仲裁机构可以在特定情形下介入临时仲裁。[2]

在实践中,仲裁机构能够以两种模式介入临时仲裁活动中:一种是在当事人选任仲裁员有争议时协助指定仲裁员;另一种是提供行政性服务,

---

[1] 陈磊:《临时仲裁程序僵局及其机构介入》,《新疆大学学报(哲学·人文社会科学版)》,2020年第4期,第45页。
[2] 《横琴自由贸易试验区临时仲裁规则》规定,仲裁机构可以协助,指定及替换仲裁员,配合仲裁庭或法院进行财产保全,协商仲裁员报酬及办案费用,管理仲裁费用,决定仲裁员回避,恢复中止的仲裁程序,确认仲裁庭作出的裁决书,保存案卷资料,等等。

例如提供场地、传递文件、餐饮服务等。①对于第一种情形,瑞典、新加坡和我国香港特别行政区都规定,仲裁机构可以代为指定仲裁员。其中,瑞典斯德哥尔摩商会仲裁院还提供更换仲裁员的服务,以使临时仲裁程序能够顺利进行下去。②《联合国国际贸易法委员会仲裁规则》则称仲裁机构为临时仲裁的指定机构(appointing authority),意指仲裁机构帮助临时仲裁指定仲裁员。《中国国际经济贸易仲裁委员会章程》也规定,中国国际经济贸易仲裁委员会的主要职能之一就是,根据约定或请求,为机构或非机构仲裁提供指定仲裁员等相关服务。《仲裁法修订意见稿》第92条第1款同样规定:"专设仲裁庭仲裁的案件,无法及时组成仲裁庭或者需要决定回避事项的,当事人可以协议委托仲裁机构协助组庭、决定回避事项。"

此外,我国《仲裁法》还应当明确仲裁庭的自裁管辖原则和仲裁庭优先原则。理论界一般也认为,我国应当取消仲裁机构对仲裁庭管辖权的决定权,取消或者限制法院处理仲裁庭管辖异议的优先管辖权,而应当将这两种权力交给仲裁庭行使,这将有利于提高仲裁效率、节省司法资源,使仲裁程序更为顺畅。③临时仲裁作为不依赖于仲裁机构的仲裁模式,更应体现出仲裁庭在案件审理中指挥者的角色。好在《仲裁法修订意见稿》明确了仲裁庭对仲裁协议效力及其管辖权问题的自主审查权。《仲裁法修订意见稿》第28条规定:"当事人对仲裁协议是否存在、有效等效力问题或者仲裁案件的管辖权有异议的,应当在仲裁规则规定的答辩期限内提出,由仲裁庭作出决定。仲裁庭组成前,仲裁机构可以根据表面证据决定仲裁程序是否继续进行。当事人未经前款规定程序直接向人民法院提出异议的,人民法院不予受理。当事人对仲裁协议效力或者管辖权决定有异议的,应当自收到决定之日起十日内,提请仲裁地的中级人民法院审查。当事人对仲裁协议无效或者仲裁案件无管辖权的裁定不服的,可以自裁定送达之日起十日内向上一级人民法院申请复议。人民法院应当在受理复议申请之日起一个月内作出裁定。人民法院的审查不影响仲裁程序的进行。"如果这一做法正式确定下来,将进一步提升临时仲裁的仲裁效率,彰显仲裁自治。

总而言之,对于临时仲裁的仲裁机构介入而言,应当在仲裁庭的决定权和仲裁机构适当参与的平衡中把握好仲裁机构参与的限度。一方面,我国《仲裁法》应当明确,仲裁庭才是仲裁程序的主导者,仲裁庭决定收费、组

---

① 许进胜、陈曦:《中国涉外商事仲裁实务指引》,法律出版社,2014,第300页。
② 赖震平:《我国商事仲裁制度的阙如——以临时仲裁在上海自贸区的试构建为视角》,《河北法学》2015年第2期,第161页。
③ 王翰、李广辉:《论仲裁庭自裁管辖权原则》,《中国法学》2004年第2期,第170—171页。

织程序、开庭地点及时间、裁决和裁决留置、送达等事项,另一方面《仲裁法》还应明确机构介入的情形,防止临时仲裁过度被仲裁机构、法院裹挟。综合国际上通行的仲裁机构职能,我国临时仲裁的仲裁机构介入应限于:指定和更换仲裁员,协助双方商讨仲裁员的报酬、必要开支费用,代替仲裁员或调解员持有费用,提供设施及场地,存放和保管资料等有关案件服务行政事项,临时仲裁对接,协助执行临时仲裁裁决等与仲裁案件有关的审理、执行的辅助事项,等等。

尽管临时仲裁需要仲裁机构介入,以补足临时仲裁天然具备的程序缺陷,但是仲裁机构的介入也应有其必要限度。"仲裁机构的介入并不改变临时仲裁的性质。"[①]仲裁机构的介入应以积极肯定和辅助临时仲裁为目的,有限度地介入临时仲裁程序当中,帮助临时仲裁程序顺利推进,而非"家长式"管理。这种介入不同于司法介入,后者是体现司法对临时仲裁的监督,而常设仲裁机构对临时仲裁的作用在于"辅助",并非监督和积极干预。

三、临时仲裁辅助机构介入临时仲裁

中国南沙仲裁中心所做改革就是将既有的仲裁机构角色先转变为第三方服务机构,再进入临时仲裁,服务于临时仲裁。这种第三方服务机构被称为"临时仲裁辅助机构",主要是接受仲裁当事人委托,为仲裁当事人或仲裁庭提供临时仲裁程序管理、辅助和服务等事项的自然人或单位。我国《仲裁法》在修改时有必要吸取南沙仲裁中心的有益经验,对临时仲裁辅助机构进行相应的制度设计,将临时仲裁辅助机构的主体和职能进行扩展,并设置相应的规则机制,以规范临时仲裁辅助机构的运转以及当事人委托辅助机构的程序路径等。

(一)临时仲裁辅助机构的内涵与外延

临时仲裁辅助机构作为一种中立第三方辅助服务机构,其应运而生除了现实的实践需求外,还因为临时仲裁本身仍有部分程序性、行政类事务需要机构来协助处理。由于临时仲裁辅助机构是一种全新的规则机制,只有准确把握其内涵和外延,厘清其与临时仲裁指定机构、常设仲裁机构的关系,才能明晰临时仲裁辅助机构的真正价值。

---

① 陈磊:《临时仲裁程序僵局及其机构介入》,《新疆大学学报(哲学·人文社会科学版)》2020年第4期,第47页。

1.临时仲裁辅助机构与临时仲裁指定机构

临时仲裁指定机构是指接受当事人委托或经当事人申请,为临时仲裁程序提供指定仲裁员、决定仲裁员是否回避、核准调整仲裁员费用等管理服务的第三方机构。

(1)二者的联系

首先,机构性质相同。二者均为中立、公正的独立第三方机构。其次,权限来源相同。二者均来自当事人的委托,经当事人申请而为临时仲裁案件提供服务。最后,职责目的相同。二者的职责目的都是管理临时仲裁案件,为临时仲裁程序的良好运行而服务,而不是仅为了单方当事人的利益。

(2)二者的区别

临时仲裁辅助机构的职能范围较临时仲裁指定机构更为广泛。临时仲裁指定机构的职能,通常只包括指定仲裁员、决定仲裁员是否回避以及调整仲裁员费用三项。临时仲裁辅助机构的职能范围则除上述三项外,包括但不限于协助当事人之间或仲裁庭与当事人之间的联络通信,提供仲裁庭审相关服务,推荐调解机构促成双方和解等。总体而言,相对于临时仲裁指定机构,临时仲裁辅助机构的职能更为更丰富,临时仲裁辅助机构更加突出的是服务当事人、推进临时仲裁程序的运行,这对于促进临时仲裁程序的功能发挥具有重要意义。

```
          ┌─────────────────────────────────┐
          │      临时仲裁辅助机构职能         │
          │   ┌──────────────────────┐      │
          │   │   临时仲裁指定机构职能  │      │
          │   └──────────────────────┘      │
          └─────────────────────────────────┘
```

2.临时仲裁辅助机构与常设仲裁机构

广义的仲裁机构分为常设仲裁机构、临时仲裁机构和专业性仲裁机构。临时仲裁机构就是临时仲裁庭。专业性仲裁机构指的是附设在特定行业内的专业性仲裁机构,例如我国的海事仲裁委员会,英国的伦敦羊毛协会、伦敦黄麻协会、伦敦油籽协会、伦敦谷物商业协会等。常设仲裁机构,在我国一般被称为仲裁委员会或者仲裁院,是指通过仲裁方式解决双方争议,作出仲裁裁决的机构,分为全国性的仲裁机构和地域性的仲裁机构,还有涉外国际仲裁机构,例如中国国际经济贸易仲裁委员会。

(1)二者的联系

不管是临时仲裁辅助机构还是常设仲裁机构,二者都是为了仲裁而设立,均具有对仲裁程序的管理服务职能。临时仲裁辅助机构本身就是为临时仲裁程序的管理服务而创设的,常设仲裁机构的职能范围也有很大一部分属于管理服务职能,常设仲裁机构亦可转化为临时仲裁辅助机构。

(2)二者的区别

首先,服务的仲裁案件性质不同。临时仲裁辅助机构服务的案件性质始终是临时仲裁案件,不可能通过机构辅助而使临时仲裁转化为机构仲裁。而仲裁机构作为裁决者直接介入仲裁案件,无论是何种仲裁案件,最终结果都是机构仲裁。

其次,机构组建方式不同。临时仲裁辅助机构可以由自然人或单位构成,在组建方式上并没有严格的要求。常设仲裁机构分为国内仲裁机构和涉外仲裁机构,国内仲裁机构在直辖市或省、自治区人民政府所在地的市设立,也可以根据需要在其他设区的市设立,不按行政区划层层设立,由市级人民政府组织有关部门和商会统一组建,且应当经省、自治区、直辖市的司法行政部门登记。对此,《仲裁法修订意见稿》第11条规定:"仲裁机构可以在直辖市和省、自治区人民政府所在地的市设立,也可以根据需要在其他设区的市设立,不按行政区划层层设立。仲裁机构由前款规定的市的人民政府组织有关部门和商会统一组建。其他确有需要设立仲裁机构的,由国务院司法行政部门批准后,参照前款规定组建。"第12条规定:"仲裁机构的设立,应当经省、自治区、直辖市的司法行政部门登记。中国国际商会设立组建的仲裁机构,由国务院司法行政部门登记。外国仲裁机构在中华人民共和国领域内设立业务机构、办理涉外仲裁业务的,由省、自治区、直辖市的司法行政部门登记,报国务院司法行政部门备案。仲裁机构登记管理办法由国务院制定。"第13条规定:"仲裁机构是依照本法设立,为解决合同纠纷和其他财产权益纠纷提供公益性服务的非营利法人,包括仲裁委员会和其他开展仲裁业务的专门组织。仲裁机构经登记取得法人资格。"

最后,机构职能内容不同。常设仲裁机构的职能大致可以分为两个部分:一为仲裁庭作出仲裁裁决职能,二为仲裁案件的程序管理服务职能。临时仲裁辅助机构的职能只包括仲裁案件的全部管理服务职能,而不包括常设仲裁机构作出仲裁裁决的职能。例如,临时仲裁的仲裁庭不代表临时仲裁辅助机构,临时仲裁裁决也不是经由临时仲裁辅助机构作出的仲裁裁决。因此,常设仲裁机构的职能范围包括临时仲裁辅助机构职能与仲裁庭职能。

常设仲裁机构职能

| 仲裁庭职能 | 临时仲裁辅助机构职能 |

(二)临时仲裁辅助机构设置的可行性

1.临时仲裁案件数量增加,须有专业机构服务

临时仲裁制度自2016年在我国自由贸易试验区落地施行后,随着我国自贸区建设纵深推进,临时仲裁制度的适用面亦呈扩大趋势。临时仲裁制度的影响范围逐步扩大,但这也将导致临时仲裁案件数量在自贸区逐步增多。如果无法提高临时仲裁的适用效率,很有可能导致国际商贸案件大范围堆积,当事人之间的纠纷无法得到快速解决,反而与临时仲裁高效、便捷地解决纠纷的特性背道而驰。这既阻碍了临时仲裁制度在我国的发展,也不利于提升我国仲裁制度在国际上的竞争力。同时,临时仲裁案件数量增加也会扩大临时仲裁管理需求市场。通过经济学原理分析,当出现新兴市场或者市场需求增加时,就会催生出新的行业。基于此,临时仲裁案件数量的增多,将会催生专业性的临时仲裁辅助机构。

2.现有机构无法直接满足临时仲裁制度的需要

如果临时仲裁辅助机构纯粹是自然人,实际上没有认识到"辅助机构"的实质,很可能达不到有效管理临时仲裁案件的目的,或者最终成为一方代理,为一方当事人谋利益。如果临时仲裁辅助机构纯为仲裁机构等单位,则不具有辅助机构所要求的观念和职能,仲裁机构不可能只负责程序事项却不裁决。以中国国际经济贸易仲裁委员会为例,因在临时仲裁中不能正确对待自身地位,才会导致主观上欲服务于临时仲裁,客观上却改变了其案件的性质,从而阻碍了临时仲裁制度的进一步发展。

因此,有必要打破纯粹自然人或单位的观念约束,适用"临时仲裁辅助机构"概念,使临时仲裁的辅助机构既可以是自然人,也可以是单位。具体而言,在双方当事人自行约定临时仲裁规则、仲裁员、仲裁地等事项后,双方当事人可以委托中国国际经济贸易仲裁委员会、其他常设仲裁机构或专业仲裁人士作为(组成)临时仲裁辅助机构。如此一来,既能让当事人享受程序管理上的方便,亦不会改变临时仲裁案件的性质。虽然现有的自然人或单位,无法直接满足临时仲裁案件的管理要求,但可以转变思维和职能设置,使其成为合格的临时仲裁辅助机构。特别是仲裁机构,若遇到机构仲裁案件,可以仲裁机构身份管理案件;若遇到临时仲裁案件,则可以临时仲裁辅助机构身份管理、服务案件。

3. 临时仲裁要求当事人有较高专业水准，需要辅助机构弥补不足

临时仲裁案件的特点是尊重当事人意思自治。但事物均有两面性，高度的意思自治一方面可以让当事人享受到仲裁自治的便利，但同时也对当事人提出了相对较高的专业要求。如果当事人不懂仲裁程序，则可能使临时仲裁程序进展缓慢，进而降低仲裁效率。仲裁当事人委托临时仲裁辅助机构后，借助临时仲裁辅助机构提供的管理和服务，可以在一定程度上缓解当事人因专业知识限制等主客观因素的影响，而导致仲裁程序进展缓慢的问题。

(三)临时仲裁辅助机构的制度构建

1. 临时仲裁辅助机构的性质

由于临时仲裁辅助机构的主要职能是为临时仲裁案件提供管理或服务，而不涉及临时仲裁案件的审理和裁决，因而临时仲裁辅助机构应是中立第三方仲裁程序管理服务机构。临时仲裁辅助机构是为双方当事人而非仅为一方当事人利益而推动临时仲裁程序进行，以使仲裁庭更为迅速地解决双方当事人之间矛盾纠纷的服务机构。

2. 临时仲裁辅助机构的特性

临时仲裁是一种诉讼外纠纷解决机制，国家公权力不能在临时仲裁程序进程中随意介入。因此，临时仲裁辅助机构的性质应当是民间性的机构。由于相比机构仲裁，临时仲裁更重视当事人意思自治，因而临时仲裁辅助机构需要双方当事人委托才可以行使相应权力，对临时仲裁案件进行管理或服务。双方当事人可以合意限制临时仲裁辅助机构的管理服务事项。

3. 临时仲裁辅助机构的主体资格

临时仲裁辅助机构的主要目的是为临时仲裁案件提供服务，但仲裁的专业性也要求临时仲裁辅助机构具有相当程度的专业性，应对其设置一定的资质条件。一般而言，临时仲裁辅助机构可以由以下自然人或单位担任。

(1)专业仲裁人士

专业仲裁人士系具备一定年限的仲裁机构工作、仲裁程序管理工作等仲裁相关工作经验的专业人士，如仲裁员、仲裁秘书、仲裁机构负责人等。仲裁强调公平正义，须对服务仲裁的人士提出诸多要求，不仅取决于提供服务的人的学识、工作经验,还关系人的品质道德、工作能力。①我国现行《仲裁法》第13条提出的"三八两高"要求,在某些情况下可以将其用来当作挑选临时仲裁辅助机构专业仲裁人士的标准。

值得注意的是,法官是否可以成为临时仲裁辅助机构中的成员?有学者认为,法官及法院都可以组成(成为)临时仲裁辅助机构,但未特别说明理由。②在德国法上,法官可以指定仲裁员。《德国民事诉讼法》第1035条第3款规定:"当事人如就仲裁员的指定未能达成一致,且不能就独任仲裁员的指定达成一致,则经一方当事人的请求,法院应当指定独任仲裁员。"但就我国而言,法官和法院都不宜组成(成为)临时仲裁辅助机构。首先,临时仲裁辅助机构必须为民间第三方机构,才能尽可能保证其民间服务性。法院始终是公权力机关,若法院是临时仲裁辅助机构,很难保证在程序过程中不会透过公权力管理临时仲裁案件。其次,在"诉讼爆炸"的背景下,法院早已超负荷运转,部分发达地区法官的人均年案件量超500件,很难让法官再接手其他过多的仲裁工作。最后,临时仲裁辅助机构本身是一个全新的制度设计,须待实践检验后,视具体效果再决定法院及法官是否能组成(成为)临时仲裁辅助机构,这也是司法改革慎重的要求。

(2)仲裁机构

仲裁机构是成为临时仲裁辅助机构的首选,既满足专业性要求,亦满足民间服务性要求。不过,由仲裁机构来充当临时仲裁辅助机构,并不会将案件变更为机构仲裁案件,也即临时仲裁辅助机构并不能改变临时仲裁的本质。在我国,仲裁机构数量多、建设完整,可以最低成本转化为临时仲裁辅助机构,提供最专业和最完善的服务,极大地便利了仲裁庭和当事人。

(3)专门性临时仲裁辅助机构

专门性临时仲裁辅助机构指的是,为满足临时仲裁案件的管理服务市场,由仲裁机构或仲裁专业人士或仲裁专业院校等专门组建、按照市场规律运行的临时仲裁辅助机构。2015年9月25日,由中国广州仲裁委员会牵头,联合其他仲裁机构、高等院校、律师协会、仲裁员协会、互联网技术企业共同成立"中国互联网仲裁联盟"。成立初期,中国互联网仲裁联盟旨在通过各成员间的平等合作,建立一体化的网络仲裁平台,构建案例大数据,

---

① 高菲、徐国建:《中国临时仲裁实务指南》,法律出版社,2017,第99页。
② 高菲、徐国建:《中国临时仲裁实务指南》,法律出版社,2017,第186—187页。该书作者提出了"临时仲裁管理机构"概念,指接受当事人的授权委托,为双方当事人负责临时仲裁程序的管理的专业仲裁人士或仲裁专业机构或其负责人或法院负责仲裁司法监督的部门或其负责人。该管理机构要求全部管理案件,与我们倡议的临时仲裁辅助机构并不相同,临时仲裁辅助机构不要求全部管理案件,更强调的是服务于临时仲裁。

共享网络仲裁技术,为"互联网+"时代提供更好的法律服务。此后,广州仲裁委员会在2017年9月19日发布《临时仲裁与机构仲裁对接规则》,对中国互联网仲裁联盟进行改革。改革后的中国互联网仲裁联盟不再只是一个互联网平台,而是对接临时仲裁与机构仲裁的平台,可以为临时仲裁提供大量服务和管理,成为一个类似的专门性临时仲裁辅助机构。中国互联网仲裁联盟总协调人可以允许当事人委托特定仲裁员以及决定仲裁员是否回避;中国互联网仲裁联盟可以提供办案秘书、文书送达、联系当事人和仲裁庭等多项辅助服务。[1]但是,中国互联网仲裁联盟存在很强的"附属性",附属于广州仲裁委员会,并非完全由市场规律控制的专门性临时仲裁辅助机构,因此只是一个类似的专门性辅助机构。目前,中国互联网仲裁联盟正常有序地运行,接受了越来越多当事人的委托,为临时仲裁案件提供了大量的服务。

4.临时仲裁辅助机构的职能范围

临时仲裁辅助机构的主要职能在于推动临时仲裁程序的进行,服务于临时仲裁,但这仅是对临时仲裁辅助机构职能的笼统表述,需要对其进行具体化分析。

(1)管理类职能

临时仲裁辅助机构侧重管理,但是这种管理是市民社会中平等主体之间的管理,而非公法上的管理。在这一点上与临时仲裁指定机构的职能相同。

首先,指定仲裁员。临时仲裁辅助机构接受仲裁当事人委托,成为临时仲裁案件中的授权辅助机构后,在双方当事人没有自行指定仲裁员的情形下,可以根据当事人的要求或者案件需要,指定仲裁员或首席仲裁员。

其次,决定仲裁员是否回避。被申请的仲裁员是否回避,在适用临时仲裁模式的情况下,首先可以由仲裁庭其他仲裁员作出决定。如果仲裁庭其他仲裁员无法作出决定,在有公断人的情况下可由公断人作出;如果没有公断人,当事人可以请求临时仲裁辅助机构作出被申请的仲裁员是否回避的决定。这一项权力其实是由指定仲裁员的权力延伸而来的,既然允许临时仲裁辅助机构指定仲裁员,也理应允许临时仲裁辅助机构最终决定仲裁员是否回避。

---

[1]《临时仲裁与机构仲裁对接规则》第20条规定:"当事人或仲裁庭如有需要,可以委托联盟提供以下有偿服务:(一)办案秘书;(二)文书送达;(三)联系当事人和仲裁庭;(四)仲裁员的选定、回避、退出及更换;(五)保全措施;(六)庭审服务;(七)调查取证;(八)翻译服务;(九)鉴定服务;(十)专家论证;(十一)同类案件推送;(十二)其他法律服务。"

最后,核准并调整临时仲裁案件、仲裁员费用。这一职能同样是指定仲裁员职能的延伸。仲裁员的收费和开支数额应当相对合理,须考虑到案件标的额、案件复杂程度、仲裁员时间成本等仲裁案件中可能涉及费用的情形。有些仲裁规则甚至直接规定,指定机构对仲裁费用的调整可以约束仲裁庭。例如,《联合国国际贸易法委员会仲裁规则》第41条第3款规定,指定机构应对该提议(仲裁庭收费和开支建议)作出任何必要调整,该调整对仲裁庭具有约束力。

(2)服务类职能

临时仲裁辅助机构最大的特点体现在其服务于临时仲裁,虽然当事人可以自由协商确定该机构的服务内容,但通常来说,临时仲裁辅助机构的服务职能包括以下几类。

其一,协助联络通信,协助送达案件材料或案卷文书。临时仲裁辅助机构可以成为一个信息中转站,所有案件信息都从中转站经过然后到达相对方。这样既方便临时仲裁案件材料的保存,也有利于后期临时仲裁案件档案的制作。如果当事人认为这样将增加通信程序,造成程序繁杂,也可以避开临时仲裁辅助机构直接联络通信,但是所涉文书亦应递交给临时仲裁辅助机构一份。

其二,提供庭审服务。例如,通告开庭地点,提供录音录像设备,提供一定的安保服务,等等。临时仲裁辅助机构重在服务,对于临时仲裁程序中重要的仲裁庭审程序竭力提供物质帮助等诸项服务,有利于临时仲裁程序的高效进行。

其三,推荐调解机构。这一项职能既是管理职能,也是服务职能。临时仲裁辅助机构具有相当程度的专业性,当其发现临时仲裁案件可能通过和解或调解程序解决双方当事人之间的矛盾纠纷时,可以在征得案件当事人同意的前提下,推荐调解机构进入临时仲裁程序。

其四,推荐临时仲裁办案秘书。与仲裁员不同的是,当事人可以借助仲裁机构推荐的名册来选择仲裁员,但无法通过名单选择仲裁办案秘书。临时仲裁辅助机构可以直接向仲裁当事人推荐办案秘书,当事人可以自行决定是否接纳。

其五,协助调查取证。临时仲裁辅助机构接受的是双方当事人的委托,可以独立或协助当事人、仲裁庭开展某些特定的调查取证活动。

其六,协助鉴定。鉴定程序往往复杂而烦琐,资料众多,鉴定时间较长。虽然临时仲裁辅助机构通常不能对案件所涉专业事项进行鉴定,但是可以协助当事人收集资料、跟进鉴定程序,为当事人提供某些程序服务。

其七，翻译服务。翻译服务在涉外临时仲裁案件中较为常见，大多数的临时仲裁辅助机构包括多种专业人士，临时仲裁辅助机构可以提供该项服务，免却当事人自己寻找翻译人员的麻烦，推动临时仲裁程序的快速进行。

其八，协助专家论证。临时仲裁辅助机构可受当事人委托或仲裁庭请求，协助组织专家或专家会论证。

其九，协助保管、查询案件资料。标的额大、案情复杂、周期长的临时仲裁案件，案件资料通常都是十分繁杂的，如果全部由当事人或仲裁庭保管，可能会出现丢失、查阅不便等情形。临时仲裁辅助机构可以通过电子化信息系统帮助当事人保管案件资料，方便仲裁庭与当事人在临时仲裁程序进行过程中，甚至是在临时仲裁裁决的确认、执行和撤销等过程中进行查阅。

其十，数据服务。临时仲裁辅助机构大多为常设仲裁机构等专业仲裁机构，拥有专业仲裁人士，享有数据管理平台或者能够熟练运用数据云平台。这可以使得仲裁当事人借助在线服务、网络服务等方式应用临时仲裁解决纠纷。特别是在纠纷主体希望通过网络方式适用临时仲裁时，临时仲裁辅助机构提供的数据云平台可以起到莫大作用。

除此之外，双方当事人还可以通过与临时仲裁辅助机构协商，扩大或缩小其职能范围。但无论如何，临时仲裁辅助机构不得代替或者成为临时仲裁的仲裁庭（仲裁员）作出仲裁裁决，否则将使案件性质发生根本转变。

5.临时仲裁辅助机构的委托

(1)委托的主体

其一，当事人委托。当事人委托临时仲裁辅助机构的，既可以由双方共同约定授权，也可以由单方申请。单方当事人提出申请的，应及时将授权委托书送达对方当事人，对方当事人在一定期限未表示异议的，视为同意委托授权。

其二，仲裁庭委托。仲裁庭组成后，如果当事人未委托临时仲裁辅助机构或者已委托的临时仲裁辅助机构不作为的，仲裁庭可以经当事人同意选择临时仲裁辅助机构。如果一方当事人不同意仲裁庭选择临时仲裁辅助机构的，应承担因此产生的不利后果。《横琴自由贸易试验区临时仲裁规则》第32条第2款也有类似规定，仲裁庭可以在征得纠纷主体同意的基础上，选择适用第三方提供的付费服务，以此来推动仲裁程序的进程。这些服务包括但不限于财务管理、秘书服务、场地租赁、案卷保存、代为送达、协助保全等。若一方当事人对使用该服务持反对意见的，应当承担由此产生的不利后果。

(2)被委托的临时仲裁辅助机构

被委托的临时仲裁辅助机构要求专业、公正、中立,具体资质前文已述,此处不赘。这里的问题是,当事人是否可以授权多个临时仲裁辅助机构？从临时仲裁辅助机构的工作职能来讲,没有必要授权多个临时仲裁辅助机构。其一,一个临时仲裁辅助机构足以完成所有管理服务事项,无需多个辅助机构。其二,若存在多个临时仲裁辅助机构,可能造成工作上的冲突,造成程序烦琐,例如在不同的地方安排开庭地点等。因此,在通常情况下,只能有一个临时仲裁辅助机构,如果双方当事人各自委托临时仲裁辅助机构的,双方当事人能够合意确定的,以约定的机构为临时仲裁辅助机构,如果当事人无法达成一致,则以在先被委托的机构为临时仲裁辅助机构。

(3)委托的方式

在临时仲裁协议中约定临时仲裁辅助机构的,一旦当事人欲申请临时仲裁,就可以将相关材料送达给临时仲裁辅助机构。在临时仲裁协议中未约定临时仲裁辅助机构的,可以在临时仲裁程序进行之前或者临时仲裁程序进行中,由当事人双方约定或单方申请,或仲裁庭经当事人同意后选择。由于临时仲裁特别强调当事人意思自治,因此,没有必要再设定严格的书面形式。也就是说,当事人自行委托的,口头委托即可。但由仲裁庭选择的,出于规范性的要求,书面形式则更为适宜。

6. 临时仲裁辅助机构的费用承担

无论是一方当事人委托,还是双方当事人委托,甚至是仲裁庭委托临时仲裁辅助机构,由于临时仲裁辅助机构系为推进临时仲裁进行而存在,服务的是双方当事人以及整个临时仲裁案件的进行。因此,临时仲裁辅助机构的费用,应由双方当事人共担。

参考文献

一、中文类参考文献

（一）著作类

陈荣宗、林庆苗:《民事诉讼法》(下),三民书局有限公司,2021。
樊堃:《仲裁在中国:法律与文化分析》,法律出版社,2017。
高菲、徐国建:《中国临时仲裁实务指南》,法律出版社,2017。
侯登华:《仲裁协议法律制度研究:意思自治视野下当事人权利程序保障》,知识产权出版社,2012。
黄进、宋连斌、徐前权:《仲裁法学》,中国政法大学出版社,2002。
黄进、宋连斌、徐前权:《仲裁法学》,中国政法大学出版社,2007。
江伟主编《仲裁法》,中国人民大学出版社,2009。
江伟、肖建国主编《仲裁法》,中国人民大学出版社,2016。
李浩培编著《国际民事程序法概论》,法律出版社,1996。
李璐玲、张娜主编《自由贸易区法律问题研究》,中国政法大学出版社,2014。
林一飞:《国际商事仲裁法律与实务》,中信出版社,2005。
刘景一、乔世明:《仲裁法理论与适用》,人民法院出版社,1997。
刘敏、陈爱武主编《现代仲裁制度》,中国人民公安大学出版社,2002。
刘晓红主编《国际商事仲裁专题研究》,法律出版社,2009。
罗楚湘:《英国仲裁法研究》,武汉大学出版社,2012。
吕太郎:《民事诉讼法》,元照出版有限公司,2021。
马德才编著《仲裁法学》,南京大学出版社,2016。
沈达明、冯大同编著《瑞典的法律与仲裁》,对外经济贸易大学出版社,2015。
宋朝武主编《仲裁法学》,北京大学出版社,2013。
宋连斌主编《仲裁法》,武汉大学出版社,2010。
谭秋桂:《民事执行法学》,北京大学出版社,2015。

王亚新:《社会变革中的民事诉讼》,中国法制出版社,2001。

吴光明、俞鸿玲:《国际商务仲裁理论与发展》,翰芦图书出版有限公司,2013。

肖建国主编《民事执行法》,中国人民大学出版社,2014。

谢石松主编《商事仲裁法学》,高等教育出版社,2003。

许进胜、陈曦:《中国涉外商事仲裁实务指引》,法律出版社,2014。

杨良宜:《国际商务仲裁》,中国政法大学出版社,1997。

杨良宜、莫世杰、杨大明:《仲裁法:从1996年英国仲裁法到国际商务仲裁》,法律出版社,2006。

张卫平:《民事诉讼法》,法律出版社,2019。

赵健:《国际商事仲裁的司法监督》,法律出版社,2000。

赵相林主编《中国国际私法立法问题研究》,中国政法大学出版社,2002。

赵秀文:《国际商事仲裁及其适用法律研究》,北京大学出版社,2002。

赵秀文:《国际商事仲裁法》,中国人民大学出版社,2008。

赵秀文:《国际商事仲裁法》,中国人民大学出版社,2012。

赵秀文主编《国际商事仲裁法》,中国人民大学出版社,2014。

周枏:《罗马法原论》(下册),商务印书馆,2014。

朱克鹏:《国际商事仲裁的法律适用》,法律出版社,1999。

《意大利民事诉讼法典》,白纶、李一娴译,中国政法大学出版社,2017。

[德]奥拉夫·穆托斯特:《德国强制执行法》,马强伟译,中国法制出版社,2019。

[德]罗伯特·霍恩、海因·科茨、汉斯·G.莱塞:《德国民商法导论》,楚建译,中国大百科全书出版社,1996。

[德]罗森贝克、施瓦布、戈特瓦尔德:《德国民事诉讼法》,李大雪译,中国法制出版社,2007。

[德]施米托夫:《国际贸易法文选》,赵秀文选译,中国大百科全书出版社,1993。

[美]加里·B.博恩:《国际仲裁:法律与实践》,白麟、陈福勇、李汀洁等译,商务印书馆,2015。

[美]拉斯·休曼:《瑞典仲裁法:实践和程序》,顾华宁译,法律出版社,2012。

[英]S.斯普林克尔:《清代法制导论:从社会学角度加以分析》,张守东译,中国政法大学出版社,2000。

[英]罗纳德·沃克:《英国证据法概述》,王莹文、李浩译,西南政法学院诉讼法教研室,1984。

(二)论文类

陈磊:《临时仲裁程序僵局及其机构介入》,《新疆大学学报(哲学·人文社会科学版)》，2020年第4期。

陈磊:《中国自由贸易区临时仲裁制度的实践与制度构建——以〈横琴自由贸易试验区临时仲裁规则〉为切入点》，《对外经贸实务》，2019年第8期。

陈磊:《适用〈横琴自由贸易试验区临时仲裁规则〉进行临时仲裁的现实困境及本土化推进》，《法治论坛》，2020年第4期。

陈忠谦:《仲裁的起源、发展及展望》，《仲裁研究》，2006年第3期。

初北平、史强:《自由贸易试验区临时仲裁制度构建路径》，《社会科学》，2019年第1期。

储永昌:《临时仲裁制度探析——兼论中国仲裁服务市场的开放》，《仲裁与法律》，2005年第5期。

邓瑞平、孙志煜:《论国际商事仲裁的历史演进》，《暨南学报(哲学社会科学版)》，2009年第6期。

段文波、高中浩:《德国独任法官制度改革与启示》，《西南政法大学学报》，2016年第1期。

范愉:《自贸区建设与纠纷解决机制的创新》，《法治研究》，2017第1期。

高薇:《互联网争议解决的制度分析——两种路径及其社会嵌入问题》，《中外法学》，2014年第4期。

苟应鹏:《我国临时仲裁裁决撤销制度的建构》，《北京仲裁》，2020年第3期。

何其生、万钧、秦红嫚等:《中国国际民事诉讼原则(建议稿)》，《武大国际法评论》，2015年第2期。

何悦涵:《中国建设自由贸易港临时仲裁制度问题研究》，《上海对外经贸大学学报》，2018年第6期。

胡轶:《机构仲裁和临时仲裁成本比较》，《人民法院报》，2005年1月31日。

姜丽丽:《论我国仲裁机构的法律属性及其改革方向》，《比较法研究》，2019年第3期。

赖震平:《我国商事仲裁制度的阙如——以临时仲裁在上海自贸区的试构建为视角》，《河北法学》，2015年第2期。

蓝瀛芳:《专案仲裁与机构仲裁的分野及其不同的程序机制》，《仲裁》，2015年第4期。

蓝瀛芳:《是否应承认非机构仲裁》，《仲裁》，2015年第12期。

李科:《论执行和解协议之执行力》，《政治与法律》，2008年第11期。

栗战书:《习近平法治思想是全面依法治国的根本遵循和行动指南》，《中国人大》，2021第2期。

刘冰:《构建〈海峡两岸仲裁中心仲裁规则〉临时仲裁制度研究——以〈横琴自由贸易试验区临时仲裁规则〉为借鉴》，《海峡法学》，2018年第1期。

刘洪波、卢盛羽:《健全和完善我国失信联合惩戒机制》，《宏观经济管理》，

2018年第12期。

刘力:《国际民事诉讼管辖权研究》,中国政法大学博士论文,2003年。

刘晓红:《非内国仲裁裁决的理论与实证论析》,《法学杂志》,2013年第5期。

刘晓红、周祺:《我国建立临时仲裁利弊分析和时机选择》,《南京社会科学》,2012年第9期。

吕勇、黄志勇:《WTO与中国仲裁机构的改革》,《仲裁与法律》,2004年第1期。

马敏:《商事裁判与商会——论晚清苏州商事纠纷的调处》,《历史研究》,1996年第1期。

毛晓飞:《"一带一路"倡议背景下我国商事仲裁制度的革新》,《人民法治》,2018年第2期。

牛磊:《伦敦海事仲裁与中国海事仲裁制度之比较研究》,《国际经济法学刊》,2006年第3期。

祁壮:《构建国际商事仲裁中心——以〈仲裁法〉的修改为视角》,《理论视野》,2018年第7期。

任云兰:《论近代中国商会的商事仲裁功能》,《中国经济史研究》,1995年第4期。

宋连斌:《论中国仲裁监督机制及其完善》,《法制与社会发展》,2003年第2期。

宋薇萍:《专家呼吁自贸区建立临时仲裁制度》,《上海证券报》,2013年12月23日,第2版。

苏艺靓:《新加坡仲裁制度新发展述评》,《东南司法评论》,2017年第10卷。

孙巍:《中国临时仲裁的最新发展及制度完善建议——〈最高人民法院关于为自由贸易试验区建设提供司法保障的意见〉与〈横琴自由贸易试验区临时仲裁规则〉解读》,《北京仲裁》,2017年第3期。

谭启平:《论我国仲裁机构的法律地位及其改革之路》,《东方法学》,2021年第5期。

汤霞:《临时仲裁制度在我国自贸区适用的困境与纾解》,《国际经济法学刊》,2020年第4期。

王翰、李广辉:《论仲裁庭自裁管辖权原则》,《中国法学》,2004年第2期。

王继福:《我国仲裁诉讼化之检讨》,《甘肃政法学院学报》,2008年第6期。

王利明:《海峡两岸仲裁立法的比较研究》,《法学评论》,2004年第1期。

王启:《临时仲裁中仲裁员的选任》,西南政法大学硕士论文,2012年。

武兰芳:《完善仲裁司法监督制度的现实价值评析——以构建多元化纠纷解决机制为视角》,《河北法学》,2010年第9期。

吴如巧、李震:《从国家到社会:中国商事仲裁制度的反思与完善》,《社会科学战线》,2020年第7期。

肖建国:《强制执行形式化原则的制度效应》,《华东政法大学学报》,2021年第2期。

肖建国、刘文勇:《论执行力主观范围的扩张及其正当性基础》,《法学论坛》,2016年第4期。

肖永平:《内国、涉外仲裁监督机制之我见——对〈中国涉外仲裁裁决监督机制评析〉一文的商榷》,《中国社会科学》,1998年第2期。

薛源、程雁群:《论我国仲裁地法院制度的完善》,《法学论坛》,2018年第5期。

杨玲:《香港国际仲裁中心(HKIAC)与中国内地:趋势与机遇》,《中国法律:中英文版》,2018年第4期。

张建:《构建中国自贸区临时仲裁规则的法律思考——以〈横琴自由贸易试验区临时仲裁规则〉为中心》,《南海法学》,2017年第2期。

张建:《中国自贸区临时仲裁规则的法律构建》,《石河子大学学报(哲学社会科学版)》,2017年第5期。

张庆元、陆薇:《国际商事仲裁中的国籍问题》,《仲裁研究》,2010年第2期。

张荣:《中国建立临时仲裁制度的困境及对策》,《经贸实践》,2018年第15期。

张申:《普通法不方便法院原则及其应用》,《人民法院报》,2020年9月18日,第8版。

张圣翠:《论我国仲裁裁决撤销制度的完善》,《上海财经大学学报》,2012年第1期。

张圣翠、傅志军:《我国自贸区临时仲裁制度创新研究》,《上海财经大学学报》,2019年第2期。

张铁铁:《我国法律制度对商事仲裁性质的误解——从临时仲裁谈起》,《北方法学》,2020年第4期。

张卫平:仲裁裁决撤销事由的解析及调整》,《经贸法律评论》,2018年第1期。

张卫平:《仲裁裁决撤销程序的法理分析》,《比较法研究》,2018年第6期。

张卫平:《现行仲裁执行司法监督制度结构的反思与调整——兼论仲裁裁决不予执行制度》,《现代法学》,2020年第1期。

张贤达:《我国自贸区临时仲裁制度的构建》,《国家检察官学院学报》,2017年第3期。

张勇健、刘敬东、奚向阳等:《〈关于为自由贸易试验区建设提供司法保障的意见〉的理解与适用》,《人民法院报》,2017年1月18日,第5版。

赵宁:《国际商事仲裁裁决撤销制度研究》,复旦大学博士论文,2008年。

赵秀文:《论国际商事仲裁裁决的国籍及其撤销的理论与实践》,《法制与社会发展》,2002年第1期。

郑戈:《区块链与未来法治》,《东方法学》,2018年第3期。

朱英:《论晚清的商务局、农工商局》,《近代史研究》,1994年第4期。

(三)其他类

牟笛:《域外仲裁、临时仲裁及域外机构——简评最高院涉自贸区仲裁的新举措》,http://www.sjzzc.gov.cn/html/ziliao/lilun/2017/0116/3098.html。

孝金波:《全国仲裁工作会议举行完善仲裁制度提高仲裁公信力》,http://legal.people.com.cn/n1/2019/0329/c42510-31001831.html。

乌利亚律师事务所拉丁美洲网络:《国际仲裁指南:拉丁美洲概述》,https://www.uria.com/documentos/areasgeograficas/2/documento/5130/latam_Int_Arbitration_CH.pdf? id=5130。

中国国际经济贸易仲裁委员会江苏仲裁中心:《关于成立中国仲裁协会的意见》,中国国际经济贸易仲裁委员会江苏仲裁中心官网,http://www.cietac-js.org/index.php? m=Article&a=show&id=1160。

二、外文类参考文献

(一)著作类

Baykitch A., *Law of Australia: Practice and Procedure*, Huntington, New York: Juris Net, LLC, 2013.

Casey J. B. and Mills J., *Arbitration Law of Canada: Practice and Procedure*, Huntington, New York: Juris Net, LLC, 2011.

Englmann A., *A History of Continental Civil Procedure*, Boston: Little, Brown and Company, 1927.

Fieber H. and Storskrubb E., *International Commercial Arbitration: Arbitration in Sweden—Features of the Stockholm Rules*, Cambridge: Cambridge University Press, 2013.

Giuditta Cordero-Moss, *International Commercial Arbitration*, Cambridge: Cambridge University Press, 2008.

Knudtzon S., *International Commercial Arbitration*, Cambridge: Cambridge University Press, 2013.

Lew J., Mistells L. and Kröll S., *Comparative International Commercial Arbitration*, New York: Kluwer Law International, 2003.

Moser M. J., *Arbitration in Asia*, Huntington, New York: Juris Net, LLC, 2008.

Nord N. and Cerqueira G., *International Sale of Goods: A Private International Law Comparative and Prospective Analysis of Sino-European Relations*, Berlin: Springer, 2017.

Redfern A. and Hunter M., *Law and Practice of International Commercial Arbitration*, London: Sweet and Maxwell Press, 1991.

Tirado J., *International Arbitration: Spain*, London: Global Legal Insights, 2017.

Tweeddale K. and Tweeddale A., *Arbitration Law*, London: Black Stone Press, 1999.

Zhang Tietie, *Ad Hoc Arbitration in China*, New York: Routledge Press, 2019.

(二)论文类

Arkin H.L., "International Ad Hoc Arbitration: A Practical Alternative," *International Business Lawyer*, 1987, 15(1).

Azzall S., "Arbitration in Italy: Features of the Milan Chamber of Arbitration," in *International Commercial Arbitration* ed. Jay E. Grenig, Cambridge: Cambridge University Press, 2013.

Blanke G., "Institutional versus Ad Hoc Arbitration: A European Perspective," *ERA Forum*, 2008, 9(2).

Henrik F. and Storskrubb E., "Arbitration in Sweden: Features of the Stockholm Rules," in *International Commercial Arbitration*, ed. Jay E. Grenig, Cambridge: Cambridge University Press, 2013.

Katsoris C.N., "Symposium on Arbitration in the Securities Industry Foreword," *Fordham Law Review*, 1995, 63(5).

Kerr J. J., "Arbitrability of Securities Law Claims in Common Law Nations," *Arbitration International*, 1996, 12(2).

Knudtzon S., "Arbitration in Norway: Features of the Oslo Chamber of Commerce," in *International Commercial Arbitration* ed. Jay E. Grenig, Cambridge: Cambridge University Press, 2013.

Leung W., "China's Arbitration System: Changes in light of CIETAC Arbitration Rules 2012 and the Civil Procedure Law 2012," *Arbitration*, 2013, 79(2).

Li Yunqi, "Ad Hoc Arbitration in Mainland China," City University of Hong Kong, 2018.

Liang Yaning, "The Admission of Ad Hoc Arbitration in Mainland China," City University of Hong Kong, 2016.

Martin J. and Hunter H., "Arbitration Procedure in England: Past, Present and Future," *Arbitration International*, 1985, 1(1).

Nicholas Geoffrey Lempriere Hammond, "Arbitration in Ancient Greece," *Arbitration International*, 1985, 1(1).

Onyema E., "Selection of Arbitrators in International Commercial Arbitration," *International Arbitration Law Review*, 2005, 8(2).

Prpic M., "Setting Aside Recourse and Enforcement of Awards Annulled in the Country of Their Origin," *Croatian Arbitration Yearbook*, 2003, 10(1).

Ulmer N. C., "Drafting the International Arbitration Clause," *The International Lawyer*, 1986, 20(4).

Wolaver E. S., "The Historical Background of Commercial Arbitration," *University of Pennsylvania Law Review*, 1934(83).

(三)其他类

Alfonso López-Ibor, "Arbitration Procedures and Practice in Spain: Overview," https: //uk. practicallaw. thomsonreuters. com/w0133979? navId=9132A17D6ABB92D6B7B1F82840AD9BF6&comp=pluk&transitionType=Default&contextData= % 28sc. Default%29.

Grigoriou S., "Arbitration in Greece Domestic and International," http://www.greeklawdigest. gr/topics/judicial-system/item/207-arbitration-in-greece-domestic-and-international.

Inigo Rodriguez Sastre and Elena Sevila Sanchez, "Spain: International Arbitration 2018," https: //iclg. J. com/practice-areas/internationalarbitration-laws-and-regulations/spain.

Lundblad C., "Arbitration World, 3rd edition. Sweden(2010)," https:// www.europeanlawyer.com.uk/referencebooks_20321.html.

Pohl J., Mashigo K.L. and Nohen A., "Dispute Settlement Provisions in International Investment Agreements: A Large Sample Survey," http://xueshu.baidu.com/usercenter/paper/showpaperid=fedc144dcbfde48322959e0c0cda3ff4&site=xueshu_se.

后记

临时仲裁制度在国际上并不是一个新问题,但在我国却是一个新生事物。严格意义上,最高人民法院通过《自贸区司法保障意见》建立起来的临时仲裁样态也是出于我国自贸区建设发展的需要,而不是基于仲裁理论而生。我国临时仲裁制度基本是实践先行于理论。虽然理论研究也不时倡议我国《仲裁法》应当确立临时仲裁制度,但基本上是围绕临时仲裁制度建立的必要性展开的,缺乏体系性,因而也很难为我国仲裁立法提供有力支撑。诚然,在国际上,多数国家的国内仲裁立法或者国际商事仲裁规则并没有非常明确地区分临时仲裁与机构仲裁,大多适用同一套仲裁规则,但仍然不能忽视临时仲裁与机构仲裁的制度差异。临时仲裁既强调双方当事人的高度意思自治,又极为注重仲裁效率,因而在国际民商事案件中备受青睐。但与此同时,临时仲裁因其固有特性,极易陷入程序僵局,导致临时仲裁程序停滞不前。基于临时仲裁制度的这种特性,我们对临时仲裁制度进行了立法论层面的研究。

我们从历史长河中找寻临时仲裁制度的演进轨迹,分析其存在的社会历史背景,认真看待国内外临时仲裁制度走向不同位面的政治、经济、文化因素,以发现其本质特性。在新时代,世界正处于百年未有之大变局,国际经济文化深入交流,这不可避免地导致国际民商事纠纷不断增多,强调迅速、便捷地解决国际纠纷的临时仲裁制度出现在了我们的视野当中,但囿于我国临时仲裁制度立法缺位,即使在最高人民法院的推动下,临时仲裁制度的现实适用也难免处处受限,从临时仲裁的内在优势和制度功能、我国法治环境的现实支持、我国仲裁机构的实践转向以及我国打造国际仲裁中心的现实需求考虑,在立法上正式确立临时仲裁制度既有必要性也有可行性。在这样的认识下,我们对临时仲裁制度的适用条件、临时仲裁协议的构成要件、临时仲裁中的仲裁员选任、临时仲裁程序的进行、临时仲裁裁决确认程序、临时仲裁的监督机制以及临时仲裁程序的机构介入路径进行了立法论上的讨论,既提出了自己的看法,也留下了尚待解决的问题。

坦白地讲,我们在研究临时仲裁制度之初,对该制度同样半知半解,萦绕心头的始终是:我国临时仲裁制度如何与机构仲裁制度有效区分和衔接?带着这样的问题意识,我们对书中不少观点进行了多次讨论和研究,甚至在观点之间反复俳徊。虽然最终形成了书中的观点,但这并不代表我们的认识是正确的,毕竟我们的学识很有限。如果我们和你很有缘分地在本书的文字中相识,你开始疑惑书中某些观点的正确性,不用怀疑自己,你极有可能就是正确的,我们也很希望与你进行讨论,共同推动我国临时仲裁制度的发展,这样本书的目的就达到了。我们也并不奢求立法者能够接纳书中的观点,如果能有像你这样的人指出我们的错误,那么本书就不枉面世一场。一本书有一本书要做的事情,本书要做的事情就是抛砖引玉。

本课题能够顺利结项并出版了本书作为一项重要课题成果,得益于西南政法大学不少师生的亲切关心和热情帮助,他们为我们提供了诸多宝贵的修改意见,法学院可爱的学生们为本书的文字校对更是提供了细致、认真的帮助,在此向他们表示感谢!祝愿他们与我们都有一个美好的人生路途!

最后,要特别感谢西南大学出版社王玉竹编辑,感谢他对本书的辛勤付出!